Paul Gerhard Schoenborn
Alphabete der Nachfolge

PH
V

Paul Gerhard Schoenborn

Alphabete der Nachfolge

Märtyrer des politischen Christus

Peter Hammer Verlag

Für
Ida und Hendrikus
Boers

Der Autor:
Paul Gerhard Schoenborn, geboren 1934 in Bochum, ist evangelischer Theologe und Autor von Sachbüchern, Arbeitshilfen und Medienpaketen zu Themen der politischen Theologie.

Die Deutsche Bibliothek – CIP-Einheitsaufnahme

Schoenborn, Paul Gerhard:
Alphabete der Nachfolge : Märtyrer des politischen Christus / Paul Gerhard Schoenborn. – Wuppertal : Hammer, 1996
ISBN 3-87294-737-0

Lektorat: Friedrich Grotjahn
Umschlaggestaltung: Magdalene Krumbeck
Satz: Data System, Wuppertal
Druck: GRAFO S.A.
Printed in Spain

INHALT:

ALPHABETE DER NACHFOLGE

»Es gibt Zeiten, in denen Reden und Schriften nicht mehr ausreichen, um die notwendige Wahrheit verständlich zu machen. In solchen Tagen müssen Taten und Leiden der Heiligen und Märtyrer ein neues Alphabet schaffen, um das Geheimnis der Wahrheit neu zu enthüllen.«
(Michael Baumgarten)

Märtyrer sind Menschen, die mit einer solchen Unbedingtheit für eine Sache eintreten, daß sie bereit sind, auch ihr Leben dafür hinzugeben. Das bezeugen sie durch ihren gewaltsamen Tod. Christliche Märtyrer leben und sterben um der Sache Jesu willen. Sie wurden und werden getötet, weil sie Jesus von Nazaret nachfolgen. Sie wurden und werden verfolgt, weil sie mit ihm das Reich Gottes für diese Erde erhoffen, in dem den Niedrigen und Geringen Gerechtigkeit widerfährt.

Unser 20. Jahrhundert ist nicht »das Jahrhundert der Kirche« geworden, wie es der deutsche Bischof Otto Dibelius erwartete. Es wurde das Jahrhundert der christlichen Märtyrer. In ihm wurden mehr Christinnen und Christen um ihres Glaubens willen ermordet als in jedem anderen zuvor. Einige, so Dietrich Bonhoeffer und Oscar Arnulfo Romero, wurden weltweit bekannt. Andere kennt man nur in ihrem eigenen Land. Die allermeisten sind unbekannt geblieben – kleine Leute, die verfolgt wurden und ihre christliche Existenz mit dem Märtyrertod besiegelten.

Der salvadorianische Befreiungstheologe Jon Sobrino mahnt, die Märtyrer zu ignorieren, heiße, sich zu weigern, die Zeichen der Zeit zu erkennen. Die Vielzahl von Märtyrern in diesem Jahrhundert, besonders in den Kirchen Lateinamerikas, sei ein Kennzeichen unserer Epoche – und ein Anzeichen der Anwesenheit Gottes. Auch seien die Märtyrer heute eine Hilfe, um Jesus von Nazaret besser zu verstehen; denn sie starben wie er, weil sie so lebten und für dieselbe Sache kämpften wie er.[1]

In der christlichen Theologie galten lange Zeit nur die als Märtyrer, die in Glaubensverfolgungen standhaft bei ihrem Bekenntnis zu Jesus Christus blieben und, ohne sich zu wehren, von denen umgebracht wurden, die gegen den christlichen Glauben wüteten.[2] Allerdings starb auch früher niemand allein wegen seines Glaubensbekenntnisses eines gewaltsamen Todes, sondern immer auch wegen der damit verbundenen politischen Konsequenzen. Menschen, die das Martyrium erlitten, waren mit ihrer Lebenspraxis eine Gefahr für den Status quo. »Wenn die Botschaft Jesu eine bloße Philosophie wäre, über die man zu diskutieren hätte, jahrelang, jahrhundertelang, würde es keine Märtyrer geben,« schrieb Erik Peterson. »Angesichts des Offenbarwerdens Jesu Christi muß auch die Sphäre des Politischen offenbar werden.«[3] Die Blutzeugen Jesu Christi weisen über sich hinaus auf den politischen Christus.

Schaut man auf die Märtyrer unserer Tage, so erkennt man, daß viele den Tod fanden, weil sie an Jesus von Nazaret glaubten und sich deshalb für die Geltung des ersten Gebots und die Gerechtigkeit des Reiches Gottes im alltäglichen Leben einsetzten. Aber noch mehr Frauen und Männer wurden getötet, weil sie wie Jesus die Armen verteidigten und sich für Gerechtigkeit und Frieden einsetzten. Und unzählige Menschen werden auch heute stumme Opfer imperialer Politik, so wie einst die Kinder von Bethlehem.

Es ist an der Zeit, den christlichen Begriff des Martyriums zu erweitern.[4] Der brasilianische Bischof Dom Pedro Casaldáliga schlägt vor, diejenigen, die *an Jesus glauben* und in ihrer engagierten Nachfolge den Märtyrertod erleiden, als »christliche Märtyrer« zu bezeichnen, und die, die *wie Jesus sterben* für die größere Sache des Reiches Gottes, »Märtyrer des Reiches Gottes« zu nennen.[5]

Zu den notwendigen Reflexionen über christliche Märtyrer und der theologischen Gewichtung des Martyriums gehört heute, so Jon Sobrino, die Reflexion über das »Martyrium der gekreuzigten Völker«. Ja, sie gehöre zentral in in die christlichen Überlegungen, wer Jesus Christus für uns heute sei, hinein.[6] Das Leiden Jesu setzt sich in der Geschichte fort. Die Kreuzigung der Völker wahrzunehmen, wehrt der Gefahr, den Kreuzestod Jesu »rein theologisch« zu interpretieren und aus dem Bereich der irdischen Geschichte herauszunehmen. Die Ermordung Jesu als Martyrium zu verstehen, verhindert, das Leiden der gekreuzigten Völker theologisch zu überhöhen, als ob es ohne weiteres zu Auferstehung und Leben führte. [7]

Ich habe mich viele Jahre mit dem Kampf der Bekennenden Kirche gegen die Gleichschaltung der evangelischen Kirche mit dem Hitlerregime befaßt. In diesem Kontext begegnet Dietrich Bonhoeffer als ein wegen seines politischen Widerstands umstrittener Märtyrer. Bonhoeffer vertiefte die Theologie der Nachfolge in doppelter Weise: zum einen durch seine theologische Arbeit, wie sie sich in seinem Buch »Nachfolge« erschließt, zum anderen durch seine Existenz und die Aufopferung seines Lebens. Bei den Brüdern der Bekennenden Kirche erkannte er die dogmatische Rechtgläubigkeit an, sah aber, daß sie in der Gefahr stand, zur Rechthaberei zu verkommen; er vermißte den persönlichen Christusglauben[8] und die politische Entschlossenheit. Ich habe mich immer gefragt, warum es nur wenige andere Märtyrer der Bekennenden Kirche außer Dietrich Bonhoeffer gibt.[9]

Gleichzeitig habe ich die Bekehrung der lateinamerikanischen Kirche zu den Armen, die Neuentdeckung der Bibel durch die Basisgemeinden und die auf Jesu Ruf zur Gerechtigkeit des Reiches Gottes ausgerichtete Befreiungstheologie sehen und verstehen gelernt. Dabei beunruhigte mich die Tatsache, daß die Kirche der Armen und die sie begleitenden Befreiungstheologen innerkirchlich beargwöhnt und bekämpft werden, obwohl unzählige Märtyrer das christliche Zeugnis dieser Bewegung bekräftigen.[10]

Die Problematik verschärfte sich für mich durch die Erkenntnis, daß die meisten Märtyrer unseres Jahrhunderts nicht in einem atheistischen Umfeld verfolgt und umgebracht wurden, sondern in Ländern, die zum christlichen Kulturkreis gehören, in Lateinamerika, aber auch in Europa. So ergaben sich weitere Fragen sowohl nach den politischen und wirtschaftlichen Machtstrukturen und den sie verteidigenden Ideologien als auch nach dem Leben der Kirche, ihren Optionen und Konflikten. Verfolgung und Martyrium von

Christen sind nicht in erster Linie durch die Bosheit der Verfolger zu erklären. Sie entlarven vielmehr die Verharmlosung der Verhältnisse, denn sie legen die tatsächlichen Strukturen bloß. Zugleich zeigen sie, worum es im christlichen Glauben und in der Nachfolge Jesu wirklich geht.

Der Blick auf die christlichen Märtyrer im europäischen wie im lateinamerikanischen Kontext hat mir die politischen, existentiellen, theologischen Zusammenhänge tiefer erschlossen, in denen ich mich zu bewähren habe. Daß Jesus von Nazaret die Wahrheit Gottes ist und den Weg zu Gottes Reich zeigt, wie die erste These der Barmer Theologischen Erklärung von 1934 bekennt, ist kein theoretischer Satz. Es ist die Aufforderung zur Nachfolge und führt geradewegs in die politische Auseinandersetzung. Das ist eine Wahrheit, die im Leben und Sterben der Märtyrer der heutigen Ökumene unabweisbar wird.

1982 fand ich auf dem kleinen Friedhof des Kloster La Tourette in Eveux-sur-L'Arbressle bei Lyon das Grab des brasilianischen Dominikaners Tito de Alencar.[11] 1993 besuchte ich erstmals das Grab des dänischen Pfarrers Kaj Munk in Vedersoe an der jütländischen Nordseeküste. Beide begaben sich in politische Auseinandersetzungen und erlitten dabei das Martyrium. An den Gräbern heutiger Märtyrer zu stehen, bringt Erschütterungen mit sich. Doch Erschütterung allein reicht nicht aus. Es kommt darauf an, die den Märtyrern gemäßen Schlüsse für das eigene Leben zu ziehen und sich für die richtige Sache einzusetzen.

Jeder der Blutzeugen Jesu entspricht auf seine Weise dem Ruf »Trachtet zuerst nach dem Reich Gottes und seiner Gerechtigkeit, so wird euch das andere alles zufallen.« (Matthäus 6, 33) Und jeder von ihnen ist ein Beweis dafür, wie recht Jesus hatte: »Wer sein Leben findet, der wird's verlieren, und wer sein Leben verliert um meinetwillen, der wird's finden.« (Matthäus 10, 39)

Schon lange beschäftigt mich das Wort eines umstrittenen lutherischen Theologen aus dem letzten Jahrhundert, Michael Baumgarten,[12] das Eberhard Bethge, der Freund Dietrich Bonhoeffers, zitiert: »Es gibt Zeiten, in denen Reden und Schriften nicht mehr ausreichen, um die notwendige Wahrheit verständlich zu machen. In solchen Tagen müssen Taten und Leiden der Heiligen und Märtyrer ein neues Alphabet schaffen, um das Geheimnis der Wahrheit neu zu enthüllen!«[13]

Die »neuen Alphabete« der Märtyrer des politischen Christus zu entziffern und nachzuvollziehen, heißt, selbst in die Nachfolge eingewiesen zu werden. Wer auf die Märtyrer heute schaut, beginnt, die Alphabete der Nachfolge »durchzubuchstabieren« und zu lernen, was es heute heißt, Jesus Christus in politischen Zusammenhängen zu entsprechen, nicht nur *an ihn* zu glauben, sondern auch *so wie er* zu glauben, zu hoffen und zu lieben.

»Das Martyrium ist ein Werkzeug des Heiligen Geistes zur Verbreitung des Reiches Gottes, denn wohl kommt der Glaube von dem, was gehört wird, aber der Glaube kommt nicht weniger von dem, was getan wird.«[14]

FRANZ JÄGERSTÄTTER – KRIEGSDIENSTVERWEIGERER

»Christus verlangt aber auch ein öffentliches Bekenntnis unseres Glaubens, genau wie der Führer Adolf Hitler selber es von seinen Volksgenossen verlangt, kann man also zwei Herren auf einmal dienen? Die Gebote Gottes lehren uns zwar, daß wir auch den weltlichen Oberen Gehorsam zu leisten haben, auch wenn sie nicht christlich sind, aber nur soweit sie nichts Schlechtes befehlen. Denn Gott müssen wir noch mehr gehorchen als den Menschen.«
(Franz Jägerstätter, 1943)

Eine Hinrichtung unter vielen

Am 9. August 1943 wurden im Zuchthaus Brandenburg-Görden 16 Männer enthauptet. Der erste hieß Franz Jägerstätter, ein Bauer aus St. Radegund an der Salzach in Oberösterreich.[1] Sieben der Hingerichteten waren wegen »Wehrkraftzersetzung«, die anderen wegen »Fahnenflucht« zum Tode verurteilt worden. Jägerstätter war der einzige Katholik unter den »Wehrkraftzersetzern«, die anderen sechs waren Zeugen Jehovas.[2]

In den Stunden vor der Hinrichtung schrieb er einen Abschiedsbrief an seine Frau und seine übrigen Verwandten:

»An Franziska Jägerstätter

Brandenburg, 9. August 1943

Gott zum Gruß. Herzallerliebste Gattin. Und alle meine Lieben.

Deine Briefe vom 13. und 25. Juli noch mit Freude erhalten, wofür ich mich noch herzlich bedanke. Heute sind es nun vier Wochen, da wir uns zum letzten Mal auf dieser Welt gesehen. Heute früh um zirka halb 6 Uhr hieß es sofort anziehen, das Auto wartet schon, und mit mehreren Todeskandidaten ging dann die Fahrt hierher nach Brandenburg, was mit uns geschehen wird, wußten wir nicht. Erst zu Mittag teilte man mir mit, daß das Urteil am 14. bestätigt wurde und heute um 4 Uhr nachmittags vollstreckt wird. Will Euch nun kurz einige Worte des Abschieds schreiben.

Liebste Gattin und Mutter! Bedanke mich nochmals herzlich für alles, das Ihr mir in meinem Leben alles für mich getan, für all die Liebe und Opfer, die Ihr für mich gebracht habt und bitte Euch nochmals, verzeiht mir alles, was ich Euch beleidigt und gekränkt habe, sowie Euch auch von mir alles verziehen ist. Ich bitte auch alle anderen, die ich jemals beleidigt oder gekränkt habe, mir alles zu verzeihen, ganz besonders Hochw. Herr Pf. wenn ich ihn durch meine Worte vielleicht noch sehr gekränkt habe, als er mich mit Dir besuchte. Ich verzeihe alles von Herzen. Möge Gott mein Leben hinnehmen als Sühn-Opfer nicht bloß für meine Sünden, sondern auch für andere.

Liebste Gattin und Mutter. Es ist mir nicht möglich, Euch von diesen Schmerzen, die Ihr meinetwegen zu leiden habt, zu befreien. Wie hart wird es für unseren lieben Heiland gewesen sein, daß er durch sein Leiden und Sterben seiner lieben Mutter so große Schmerzen bereiten mußte, und das haben sie alles aus Liebe für uns Sünder gelitten. Ich danke auch unsrem Heiland, daß ich für ihn leiden durfte und auch für ihn sterben darf. Und vertraue auch auf seine unendliche Barmherzigkeit, daß mir Gott alles verziehen hat und mich auch in der letzten Stunde nicht verlassen wird. Liebste Gattin denke auch daran, was Jesus denen verheißen hat, für die, welche die 9 Herz-Jesu-Freitage halten. Und auch jetzt wird dann Jesus in der heiligen Kommunion noch zu mir kommen und mich stärken auf die Reise in die Ewigkeit. In Tegel hatte ich auch noch die Gnade, viermal die heiligen Sakramente zu empfangen. Grüßet mir auch noch herzlich meine lieben Kinder, ich werde den lieben Gott schon bitten, wenn ich bald in den Himmel komme, auch für Euch alle ein Plätzchen anzuschaffen. Habe in der letzten Woche die Himmelmutter noch öfter gebeten, wenn es Gottes Wille ist, daß ich bald sterbe, daß ich das Fest Maria Himmelfahrt schon im Himmel mitfeiern darf. Viele Grüße auch noch an Schwiegereltern, Schwägerin und allen Verwandten und Bekannten. Grüßet mir auch noch Bruder Mayer und ich laß mich noch schön für seinen Brief bedanken, der mich noch sehr gefreut hat. Auch bei Hochw. Karobath laß ich mich noch bedanken für sein Schreiben.

Und nun alle meine Lieben lebet alle wohl und vergesset meiner nicht im Gebet, haltet die Gebote, und wir werden uns durch Gottes Gnade bald im Himmel wiedersehen! Herzliche Grüße auch noch an meine Firmpaten. Es grüßt Euch alle noch vor seiner letzten Reise Euer Gatte, Sohn und Vater, Schwiegersohn.

Jesu Herz, Maria Herz und mein Herz seien ein Herz, verbunden für Zeit und Ewigkeit. Maria mit dem Kinde lieb, uns noch allen Deinen Segen gib!«[3]

Der katholische Pfarrer Albert Jochmann leistete Franz Jägerstätter in den letzten Stunden seelsorgerlichen Beistand. Er schrieb noch am gleichen Tag an Franziska Jägerstätter: » ... Ich habe Ihren Mann erst heute Nachmittag aufgesucht als Vertreter des abwesenden Anstaltsgeistlichen. ... Er hat noch sehr andächtig gebeichtet und kommuniziert. Er erzählte mir, daß Sie selbst wie auch Ihr Pfarrer sich bemüht hätten, ihn umzustimmen, aber daß er glaubte, es sei so seine Pflicht zu handeln, wie er es getan habe. ... Er ist beherrscht und ergeben geblieben bis zu den letzten Augenblicken, die ich bei ihm war ....«[4]

Die Leiche Jägerstätters wurde eingeäschert, die Urne blieb zunächst in Brandenburg. Nach dem Krieg brachte eine österreichische Ordensfrau sie nach St. Radegund, wo sie am 9. August 1946 an der Westseite der Kirche beigesetzt wurde.

Pfarrer Josef Karobath schrieb damals in die Pfarrchronik von St. Radegund: »Wenn es in diesem gemeinen Krieg einen Helden gegeben hat, dann war es Jägerstätter Franz. Er war ganz sicher ein Heiliger von Format.«[5] Er setzte nach heftigen Kontroversen im Dorf durch, daß der Name Franz Jägerstätters unter den Toten des Zweiten Weltkriegs auf dem Kriegerdenkmal in St. Radegund aufgeführt wurde.

Ganz anders verhielt sich der zuständige Bischof. Als 1946 in der Kirchenzeitung der Diözese Linz auf Initiative von Pfarrer Karobath ein Artikel über Franz Jägerstätter erscheinen sollte, lehnte es der zuständige Redakteur ab. In einem Brief vom 27. Februar 1946 berief er sich auf eine Weisung von Bischof Josephus Calasanctius Fließer und zitierte diesen wörtlich: »Ich kenne Jägerstätter persönlich, da er vor seinem Einrücken über eine Stunde bei mir war. Ich habe umsonst ihm die Grundsätze der Moral über den Grad der Verantwortlichkeit des Bürgers und Privatmannes für die Taten der Obrigkeit auseinandergesetzt und ihn an seine viel höhere Verantwortung für seinen privaten Lebenskreis, besonders für seine Familie erinnert. ... Ich sah, daß der Mann nach dem Martyrium und nach dem

Sühneleiden dürstet ... Darum ist Jägerstätter ein ganz besonderer Fall, der mehr zu bewundern als nachzuahmen und darum nur in der entsprechenden, eindeutigen Darstellung dem Volk bekannt zu machen ist.«[6]

Einem einfachen Mann wie Jägerstätter stand es nach Ansicht des Bischofs nicht zu, zu prüfen, ob es gerecht sei und dem Worte Gottes entspräche, was die Obrigkeit, in diesem Fall das gottlose nationalsozialistische Regime, von ihm forderte. Er hielt Jägerstätter für religiös überspannt. Daher war dieser Einzelne ein »ganz besonderer Fall«. Die Erinnerung an ihn störte bei den Aufgaben, die die Kirche nach Kriegsende bewältigen mußte: die Heimkehrer zu integrieren, die Kriegerwitwen und -waisen zu trösten, die zum Nationalsozialismus Abgeirrten wieder heimzuholen. Mit diesem Toten ließ sich kein »Sinn stiften«. Wenn Jägerstätter recht hätte, hätten ja alle anderen unrecht. Der Tod derer, die als Angehörige der deutschen Wehrmacht fielen, wäre sinnlos gewesen!

Deshalb fuhr Bischof Fließer fort: »Ich halte jene idealen katholischen Jungen und Theologen und Priester und Väter für die größeren Helden, die in heroischer Pflichterfüllung und in der tiefgläubigen Auffassung, den Willen Gottes auf ihrem Platz zu erfüllen, wie einst die christlichen Soldaten im Heer des heidnischen Imperators, gekämpft haben und gefallen sind. Oder sind die Bibelforscher und Adventisten, die »konsequent« lieber im KZ starben, als zur Waffe griffen, die größten Helden? Alle Achtung vor einem schuldlos irrenden Gewissen; es wird vor Gott seine Würdigung finden. Für die Pädagogik an den Menschen sind die Beispiele der Helden, die aus einem eindeutig richtigen Gewissen konsequent gehandelt haben, die besseren Vorbilder.«[7] Es ist heute nicht mehr zu klären, ob für Bischof Fließer nur die Kriegsdienstverweigerer unter den Bibelforschern und Adventisten, oder auch Franz Jägerstätter zu jenen mit dem »schuldlos irrenden Gewissen« zählten.

Das Todesurteil

Am 6. Juli 1943 hatte das Reichskriegsgericht in Berlin Franz Jägerstätter »wegen Zersetzung der Wehrkraft zum Tode sowie zum Verlust der Wehrwürdigkeit und der bürgerlichen Ehrenrechte« verurteilt. Das Urteil wurde am 14. Juli 1943 bestätigt. Jägerstätter verzichtete darauf, ein Gnadengesuch an den Führer und Reichskanzler Adolf Hitler zu richten.

Die Hauptverhandlung gegen Franz Jägerstätter fand vor dem zweiten Senat des Reichskriegsgerichts statt. Die Verhandlung führte Reichskriegsgerichtsrat Werner Lueben, Beisitzer waren Vizeadmiral Arps, General der Flieger Musshoff, Oberkriegsgerichtsrat Ranft, Generalmajor Schreiber. Als Vertreter der Anklage fungierte Oberkriegsgerichtsrat Dr. Kleint. Dem Angeklagten war ein Pflichtverteidiger, Rechtsanwalt Dr. Friedrich Leo Feldmann, zur Seite gestellt.

Das Urteil gegen Franz Jägerstätter befindet sich im Prager Militärarchiv. Die Urteilsbegründung lautet wörtlich: » ... *Im Februar 1943 wurde der Angeklagte durch schriftlichen Befehl für den 25. Februar 1943 zum aktiven Wehrdienst erneut zur Kraftfahrer-Ersatzabteilung 17 nach Enns einberufen. Er leistete der Einberufung zunächst keine Folge, weil er den Nationalsozialismus ablehnt und deshalb keinen Wehrdienst leisten will. Auf Drängen seiner Familienangehörigen und auf das Zureden seines Ortspfarrers meldete er sich schließlich am 1. März 1943 bei der Stammkompanie Kraftfahrer-Ersatzabteilung 17 in Enns, erklärte aber sofort, daß er auf Grund seiner religiösen Einstellung den Wehrdienst mit der Waffe ablehne. Bei seiner Vernehmung durch den Gerichtsoffizier blieb er trotz eingehender Belehrung und Hinweise auf die Folgen seines Verhaltens bei seiner ablehnenden Haltung. Er erklärte, daß er gegen sein religiöses Gewissen handeln würde, wenn er für den nationalsozialistischen Staat kämpfen würde. Diese ablehnende Haltung nahm er auch bei seiner Vernehmung durch den Untersuchungsführer des Gerichts der Division Nr. 487 in Linz und durch den Vertreter der Reichskriegsanwaltschaft ein. Er erklärte sich jedoch bereit, als Sanitätssoldat aus christlicher Nächstenliebe Dienst zu tun. In der Hauptverhandlung wiederholte er seine Erklärungen und fügte hinzu: Er sei erst im Laufe des letzten Jahres zu der Überzeugung gelangt, daß er als gläubiger Katholik keinen Wehrdienst leisten dürfe, er könne nicht gleichzeitig Nationalsozialist und Katholik sein; das sei unmöglich. Wenn er den früheren Einberufungsbefehlen Folge geleistet habe, so habe er es getan, weil er es damals als Sünde angesehen habe, den Befehlen des Staates nicht zu gehorchen; jetzt habe Gott ihm den Gedanken gegeben, daß es keine Sünde sei, den*

Dienst mit der Waffe zu verweigern; es gebe Dinge, wo man Gott mehr gehorchen müsse als den Menschen; auf Grund des Gebotes ›Du sollst Deinen Nächsten lieben wie Dich selbst‹ dürfe er nicht mit der Waffe kämpfen. Er sei jedoch bereit, als Sanitätssoldat Dienst zu leisten.

Als deutscher Staatsangehöriger ist der Angeklagte, der sich im wehrpflichtigen Alter befindet, wehrpflichtig. Mit dem Tage seiner Einberufung ist er Soldat geworden. Dadurch, daß er der Einberufung nicht sofort, sondern erst nach einer Woche nachkam und daß er es auch danach ablehnte, den geforderten Dienst mit der Waffe zu leisten, hat er es unternommen, sich dem Wehrdienst zu entziehen. Er hat sich dadurch der Zersetzung der Wehrkraft schuldig gemacht. und ist dadurch gemäß § 5 Abs. 1 Ziffer 3 KSSVO zu bestrafen. Die Strafbarkeit seiner Handlung wird nicht dadurch ausgeschlossen, daß er sein Verhalten nach seinem Gewissen und seiner religiösen Überzeugung für geboten erachtet (§ 48 MStGB). Anhaltspunkte dafür, daß er für sein Verhalten nicht verantwortlich sei, sind nicht gegeben. Nach dem Gutachten des Truppenarztes Oberstabsarzt Dr. Nitze vom Wehrmachtsuntersuchungsgefängnis Berlin-Tegel ist der Angeklagte völlig normal, so daß an seiner Zurechnungsfähigkeit nicht zu zweifeln ist. Fälle von Geistes- oder Erbkrankheiten sind in seiner Familie nicht festgestellt worden.

Das Verbrechen der Zersetzung der Wehrkraft ist mit dem Tode zu bestrafen. Nur in minder schweren Fällen kann auf Zuchthaus oder Gefängnis erkannt werden. Ein solcher minder schwerer Fall ist nicht gegeben. Der Angeklagte war bereits sechs Monate Soldat, hat den Fahneneid auf den Führer und Obersten Befehlshaber der Wehrmacht geleistet und ist während seiner Dienstzeit über die Pflichten des deutschen Soldaten hinreichend belehrt worden. Gleichwohl lehnt er es hartnäckig trotz Hinweises auf die Folgen seines Verhaltens aus persönlichen Gründen ab, in Deutschlands schwerem Daseinskampf seine vaterländische Pflicht zu erfüllen. Danach ist auf Todesstrafe zu erkennen.«[8]

Die Rolle der Militärrichter

Die fünf Richter wurden nach § 56 der Kriegsstrafverfahrensordnung jeweils zu Beginn jedes Verfahrens mit einer religiösen Eidesformel verpflichtet und schworen »bei Gott, dem Allmächtigen und Allwissenden, die Pflichten eines Richters getreulich zu erfüllen und ihre Stimme nach bestem Wissen und Gewissen abzugeben.«[9]

Religiös motivierte Kriegsdienstverweigerung galt aufgrund der Kriegssonderstrafrechtsverordnung vom 17. August 1938 als »schwerer Fall von Wehrkraftzersetzung«. In den Grundsätzen des Reichskriegsgerichts von 1940 hieß es: »Gegen den hartnäckigen Überzeugungstäter (Bibelforscher) wird wegen der propagandistischen Wirkung seines Verhaltens im Normalfall nur die Todesstrafe angezeigt sein.«[10] Der einschlägige Paragraph war § 5 Abs. 1 Ziffer 3 KSSVO und lautete: »Wegen Zersetzung der Wehrkraft wird mit dem Tode bestraft, ... wer es unternimmt, sich oder einen anderen durch Selbstverstümmelung, durch ein auf Täuschung berechnetes Mittel oder auf andere Weise der Erfüllung des Wehrdienstes ganz, teilweise oder zeitweise zu entziehen.« Ein solcher Fall mußte grundsätzlich vor dem obersten Gericht, dem Reichskriegsgericht in Berlin, verhandelt werden.

Die Gewissensbindung der fünf militärischen Richter an »Gott, den Allmächtigen und Allwissenden« bei der Eröffnung der Hauptverhandlung gehörte zum ideologischen Inventar des Justizapparats des Dritten Reiches. Doch nahmen die Richter auch wahr, daß Jägerstätter in seinem Gewissen gebunden war. Der Pflichtverteidiger erinnerte sich an mehrere Versuche der Richter, Franz Jägerstätter zur Rücknahme der Verweigerung zu bewegen. Der habe sich nicht darauf eingelassen. Denn er wollte nicht zum Schein auf eine Dienstverpflichtung eingehen und durch die Sünde der Lüge und des Betrugs der Todesstrafe entgehen.[11]

Die Aufarbeitung des Verhaltens des obersten Kriegsgerichtes in den Fällen, wo das Verbrechen der »Wehrkraftzersetzung« durch Verweigerung des Kriegsdienstes aus religiöser Gewissensbindung erfolgte, steht erst am Anfang. Aber soviel ist klar: Die Vorgaben für die Richter waren eindeutig. Die Todesstrafe sollte weitere Verweigerer abschrecken. Zuvor aber sollte versucht werden, den Angeklagten umzustimmen, um die Verhängung der Todesstrafe zu vermeiden und der Wehrmacht einen zusätzlichen Soldaten zu erhalten.

Das Unbehagen der Richter war groß, über anständige, wenngleich in ihren Augen »religiös verbohrte« Volksgenossen das Todesurteil fällen zu müssen. So gaben sie sich große Mühe, den

Verweigerer umzustimmen. Dabei spielten auch inoffizielle Zusicherungen für den Fall der bedingungslosen Rücknahme eine Rolle. Ging der Angeklagte nicht darauf ein, fühlten sich die Richter entlastet: sie hatten sich ja Mühe gegeben, das Todesurteil zu vermeiden. Der hartnäckige Verweigerer sprach sich das Todesurteil selbst.

Wieviele Gerichtsverfahren im Dritten Reich gegen Verweigerer aus Gewissensgründen durchgeführt wurden, ist nicht genau zu klären. Wohl aber ist die Zahl derer auszumachen, die aus diesem Grund sterben mußten: ungefähr 250 Zeugen Jehovas, zwölf Katholiken, darunter Franz Jägerstätter, acht Adventisten, vier evangelische Christen und vier Angehörige anderer christlicher Gemeinschaften. Ferner sind 13 andere mit dem Tode bestrafte Kriegsdienstverweigerer aus Gewissensgründen bekannt, über deren Motivation im einzelnen nichts überliefert ist.[12]

Als beim Reichskriegsgericht wegen der vielen Verfahren gegen Zeugen Jehovas, in denen auf Todesstrafe zu erkennen war, Skrupel auftauchten, teilte der Chef des Oberkommandos der Wehrmacht, Generaloberst Wilhelm Keitel, am 1. Dezember 1939 das Ergebnis einer Besprechung mit dem Führer mit. Es gipfelte in der Direktive, wenn der Wille des Mannes, der den Wehrdienst verweigere, nicht gebrochen werden könne, müsse das Urteil vollstreckt werden.[13]

Werner Lueben, der Vorsitzende im Verfahren gegen Franz Jägerstätter, beging 1944 Selbstmord. Es wird vermutet, daß er dem seelischen Druck in einem ähnlich gelagerten Prozeß – gegen Provikar Carl Lampert aus Innsbruck und zwei andere katholische Geistliche, die sämtlich zum Tode verurteilt werden sollten – nicht mehr gewachsen war.[14]

Versuche, das Todesurteil abzuwenden

Weil Jägerstätter wegen einer Haltung verurteilt worden war, die er noch immer verändern konnte, leitete der Pflichtverteidiger vor der Bestätigung des Urteils Versuche ein, seinen Mandanten umzustimmen: »Jägerstätter ist nur noch zu retten, wenn er seine doch wohl unvernünftige Haltung aufgibt und sich bereit erklärt, Wehrdienst zu leisten. Dann könnte unter Umständen ein Wiederaufnahmeverfahren anhängig gemacht werden. Ich darf Ihnen, sehr geehrter Herr Pfarrer, anheimstellen, die Angehörigen des Jägerstätter zu benachrichtigen. Vielleicht ist es diesen möglich, schnell hierher zu kommen und zu versuchen, selbst auf den Mann nochmals Einfluß zu nehmen. ...« schrieb er noch am Verhandlungstage an Vikar Ferdinand Fürthhauer, den katholischen Provisor von St. Radegund.[15] Dieser reiste mit Franziska Jägerstätter sofort nach Berlin. Im Gebäude des Reichskriegsgerichts in der Witzlebenstraße sprachen sie am 13. Juli 1943 sowohl mit Jägerstätter wie mit Rechtsanwalt Feldmann. Zuvor hatte Franziska Jägerstätter zufällig mit angesehen, wie ihr Mann beim Verlassen des Wagens mißhandelt wurde.

Während der insgesamt nur zwanzig Minuten Redezeit konnten die Eheleute wenig miteinander sprechen. Vor allem gab der Vikar in einem harten Disput Franz Jägerstätter zu verstehen, er sündige gegen das vierte Gebot. Nach gängiger katholischer Lehre, wie sie in allen Katechismen – auch heute noch im sogenannten »römischen Weltkatechismus« – dargelegt wird, bezieht sich dieses Gebot nicht nur auf Gehorsam und Ehrfurcht gegenüber den Eltern, sondern auch auf Respekt und Folgsamkeit gegenüber Vorgesetzten sowie staatlicher und kirchlicher Obrigkeit.[16]

Was der Priester »Gehorsam gegen Gottes Gebot« oder »Gehorsam gegen die von Gott gegebene Obrigkeit« oder vielleicht auch »Einsicht« genannt haben mag, erschien Jägerstätter als eine Versuchung. Die Rücknahme der Verweigerung wäre für ihn nicht Gehorsam, sondern Lüge und Betrug gewesen, also Sünde. Das lehnte er ab. In seinem vorletzten Brief reflektiert er diesen entscheidenden Punkt des Gesprächs: »Glaubt Ihr wirklich, Euch könnte dann kein Leid mehr treffen, wenn ich jetzt durch eine Lüge mir das Leben noch zu verlängern suchen würde? Wenn Ihr das wirklich glaubt, wie ich nach Euren Reden vernehmen konnte, daß ich mich dadurch gegen das vierte Gebot versündige, dann habt Ihr freilich Schweres durchzumachen.«[17]

Fürthauer riet Jägerstätter auch, Sanitätssoldat zu werden und ohne Waffen der Wehrpflicht genügen. Wie die Urteilsbegründung zeigt, hatte Jägerstätter das selbst angeboten. Schon aus der Untersuchungshaft hatte Jägerstätter seiner Frau geschrieben, er sei bereit, Sanitätssoldat zu werden.[18] Allerdings ging das Gericht nicht darauf ein. Es erwartete die bedingungslose Rücknahme der Verweigerung, ohne Verknüpfung mit der Zusicherung des Sanitätsdienstes. Im anschließenden Gespräch mit Rechtsanwalt Feldmann erfuhren Frau Jägerstätter und Vikar Fürthhauer, daß die Möglichkeit eines Dienstes als Sanitäter in der Hauptverhandlung gar nicht erst erwogen worden war.

Franziska Jägerstätter schrieb später an Pfarrer Karobath: » … zur Sanität hätten sie ihn schon tun können, da waren sie natürlich zu stolz, denn da hätten sie ja nachgegeben.«[19] Die Bäuerin kennzeichnete so die Unnachgiebigkeit der Vertreter der Staatsmacht. Die Richter erwarteten die bedingungslose Unterwerfung unter den Einberufungsbefehl. Die Direktive Hitlers sprach davon, den Willen des Mannes zu brechen. Aber Franz Jägerstätter ließ seinen Willen nicht brechen.

Auch der für das Militäruntersuchungsgefängnis Tegel zuständige katholische Pfarrer Heinrich Kreutzberg versuchte vergeblich, Jägerstätter umzustimmen. Nach der Hinrichtung setzte er sich sogleich mit Franziska Jägerstätter in Verbindung, um ihr Trost zuzusprechen und Hilfeleistungen anzubieten. Nach Kriegsende, am 18. Februar 1946, berichtete er in einem Brief von den Gesprächen, die er mit ihrem Mann geführt hatte: »Sie wissen, daß ich damals bei der ersten Besprechung mit Ihrem Mann zweieinhalb Stunden das Für und Wider seines Entschlusses durchsprach. Als ich ihn nach acht Tagen wieder besuchte, fand ich ihn bei seinem gleichen festen und unabänderlichen Entschluß, in den Tod zu gehen. Ich erzählte ihm dann von dem Tod seines österreichischen Landsmannes Franz Reinisch. Sie können sich gar nicht denken, wie er da aufatmete und hoch erfreut war und mir sagte: ›Das habe ich mir doch immer gesagt, ich kann doch nicht auf einem falschen Wege sein. Wenn aber sogar ein Priester sich so entschieden hat und dafür in den Tod gegangen ist, dann darf ich es auch tun.‹ Als er am 9. August 1943 starb, da war es mir klar, daß der Tod des Priesters Franz Reinisch ein Abbild gefunden habe in einem schlichten Mann aus dem Volke und daß Gottes Kraft und Gnade sich den Kleinen wohl nicht weniger offenbart, wenn sie Gottes Wege gehen und sein Wort ernst und heilig nehmen. Seien Sie überzeugt, so wie Ihr Mann gestorben ist, sind nicht viele gewesen in Deutschland. Er starb als ein Held, als ein Bekenner, Märtyrer und Heiliger! ...«[20]

Wer war Franz Jägerstätter?

Franz Jägerstätter kam am 20. Mai 1907 als uneheliches Kind in St. Radegund, Bezirk Braunau, Oberösterreich zur Welt. Seine Eltern, die Kleinbauerntochter Rosalia Huber, die auf einem Bauernhof in Tarsdorf in Stellung war, und der Bauernsohn Franz Bachmeier aus Tarsdorf waren zu arm, um eine eigene Familie zu gründen. Den Familiennamen Jägerstätter erhielt der Franz, als Rosalia Huber 1917 Heinrich Jägerstätter, den Besitzer des Leherbauernhofes in St. Radegund, heirate und dieser das Kind seiner Frau adoptierte. Franz wuchs zunächst bei der Großmutter auf. Die Verhältnisse dort waren ärmlich. Elisabeth Huber war seit 1896 Witwe und lebte ohne irgendeine Rente von dem Ertrag einer kleinen Landwirtschaft. Sie gebar neun Kinder. Außer für Franz sorgte sie noch für weitere uneheliche Enkelkinder. Jägerstätter hat sie später als eine »gute Frau« bezeichnet. Ihre Lage hatte sie nicht verbittert. Sie war stark, liebevoll und eine gläubige Katholikin und prägte die Persönlichkeit des Jungen entscheidend.

Ab 1913 besuchte Franz Jägerstätter die einklassige Volksschule in St. Radegund, wo gleichzeitig sieben Jahrgänge, zusammen ungefähr 60 Kinder, von einem Lehrer unterrichtet wurden. In einem mundartlichen Gedicht erinnerte er sich später:

»Von all den Kinderlustbarkeiten
blieb mir gar viel versagt;
und mußt ich auch Hunger leiden,
danach hat mich niemand gfragt.
Abgehärtet für mei' Lebensbahn
wurde ich als Kind schon fest;
dann fängt man nicht gleich zu murren an,
wenn's einem auch geht noch so schlecht.«[21]

Nach Abschluß der Schule arbeitete er auf dem Hof des Adoptivvaters. Dessen Vater, Matthäus Jägerstätter, besaß zahlreiche Bücher. Auf sein Vorbild ist wohl zurückzuführen, daß Jägerstätter selbst sich mit Gedrucktem beschäftigte und seine Gedanken niederschrieb. So verfaßte er im Jahre 1935 oder 1936 einen langen »Patenbrief« für seinen fünfzehnjährigen vaterlosen Patensohn Franz Huber. Er wollte ihm an Vaters Stelle verantwortungsbewußtes Verhalten ans Herz legen.[22] Dabei kommt er auch auf die Wichtigkeit eigener Lektüre zu sprechen: » ... Warum soll der junge Mensch nur gute Bücher und Schriften lesen? Weil der Mensch nicht bloß körperliche, sondern auch geistige Nahrung braucht. ... Wenn auch nicht jedes den gleichen Eifer hat zum Lesen, aber ein bißchen in den langen Winterabenden geht schon, denn ein Mensch, der nicht liest, wird sich nie so recht selbst auf die Füße stellen können ...«[23]

Die Radegunder Bevölkerung erinnert sich – so die übereinstimmenden Ergebnisse der Gespräche, die Zahn 1961 führte – des jungen Jägerstätters als eines »kreuzfidelen Kerls, wie eben alle jungen Leute sind«, der Kegel und Kartenspiel liebte, leidenschaftlich gern tanzte und bei den Mädchen gut gelitten war. Als immer »zum Raufen bereit« nahm er unter den jungen Männern des Dorfes eine Anführerrolle ein, vor allem bei Kämpfen mit den Burschen der Nachbarorte. Eine Schlägerei mit ortsfremden Angehörigen der halbmilitärischen »Heimwehr«, die den Mädchen im Dorf nachstellten, brachten ihm und einem Freund eine Strafe von drei Tagen Arrest ein.[24]

Im Jahre 1927 verließ er St. Radegund, um für drei Jahre im Erzabbau in der Steiermark Geld zu verdienen. Es heißt auch, daß er in den Streit um ein Mädchen verwickelt war und deswegen zeitweise das Dorf verließ.

Franz Jägerstätter suchte in dieser Zeit nach einem eigenen Lebenskonzept. War er bis dahin in ein selbstverständliches katholisches Milieu eingefügt, so gab er in der Fremde seine religiöse Praxis auf. Jedoch die meist materialistischen Vorstellungen seiner Arbeitskollegen befriedigten ihn auch nicht. Als er nach St. Radegund zurückkehrte, wandte er sich wieder dem heimatlichen Katholizismus und seinen Wertvorstellungen zu.

Von seinem ersparten Lohn kaufte er sich als erster im Ort ein Motorrad. Jägerstätter galt vielleicht auch deswegen als jemand, der Neues versuchen und »aus der Menge ragen« wollte.[25] Im Jahre 1933 wurde er Vater einer Tochter, Hildegard. Die Mutter, Theresia Auer, kam von einem benachbarten Hof. Die kurze Beziehung der beiden führte nicht zur Eheschließung, denn Jägerstätters Mutter war dagegen.[26]

Im Jahre 1936 übernahm Franz Jägerstätter den Leherbauernhof und heiratete die Bauerntochter Franziska Schwaninger aus der Nachbargemeinde Hochburg. Sie stammte aus einem frommen Elternhaus und hatte sich in einer katholischen Jugendgruppe engagiert. Als Hochzeitsreise unternahm das junge Paar eine Pilgerfahrt nach Rom, etwas im Dorf bis dahin Unerhörtes. Es fiel in der Folgezeit auf, daß Jägerstätter häufiger zur Kommunion ging. Franziska Jägerstätter hatte mit ihrer persönlichen Frömmigkeit offenbar großen Einfluß auf ihren Mann. Umgekehrt paßte die Unbedingtheit Jägerstätters gut zu dieser Frau. Franziska Jägerstätter sagte Jahrzehnte später: »Wir haben eins dem anderen weitergeholfen im Glauben.« Das Ehepaar hatte drei Töchter miteinander.

Entschiedenes Nein zum Nationalsozialismus

Bis zum »Anschluß« Österreichs an das Deutsche Reich am 12. März 1938 fiel Franz Jägerstätter in keiner Weise politisch auf. Als man einen den neuen Machthabern genehmen Bürgermeister für St. Radegund suchte, fragte man auch ihn; er lehnte jedoch ab. Daß er mit der neuen Situation nicht einverstanden war, zeigte sich am 10. April 1938, bei der Volksabstimmung über den Anschluß Österreichs. Er stimmte offen mit »Nein«.

Dieses bewußte »Nein« war der erste, entscheidende Schritt. Er gab Jägerstätter die Freiheit zu weiteren Akten der Distanzierung vom Nationalsozialismus. Die Familie verweigerte sich bei Sammlungen der Partei, vor allem für das Winterhilfswerk. Denn Jägerstätter erkannte, daß dabei der Bevölkerung ein Bekenntnis zu Hitler abgefordert wurde: »In Mautern sah ich ein Plakat angeschlagen, darauf zu lesen war: ›Dein Opfer zum WHW sei dein Bekenntnis zum Führer.‹ Der Führer will also ständig sein Volk prüfen, wer für ihn ist oder gegen ihn.«[27] Er lehnte Beihilfen für seine Kinder ab, auf die er Anspruch gehabt hätte, weil er nicht von den Sozialeinrichtungen des neuen Staates abhängig sein wollte. Er mied fortan Wirtshäuser, um nicht in politische Diskussionen verwickelt zu werden. Im übrigen gab es in St. Radegund auch nur wenige überzeugte Nationalsozialisten.

Wie kam Franz Jägerstätter zu seiner offen ablehnenden Haltung gegenüber dem Nationalsozialismus? Die Gemeinde St. Radegund, ungefähr 17 Kilometer Luftlinie südöstlich des bayerischen Wallfahrtsortes Altötting gelegen, war stolz auf eigene, sechsstündige (!) Passionsspiele. Im Jahre 1930 waren mehr als 27000 Besucher gekommen, die meisten von der anderen Seite der Grenze. Nach der Machtergreifung Hitlers aber blieben deutsche Besucher aus. Unter großen Mühen fand 1933 noch einmal ein Marienspiel statt, danach riß diese für das Selbstbewußtsein der Radegunder wichtige Tradition ab. Daher herrschte im Ort generell eine ablehnende Stimmung gegenüber den neuen Verhältnissen in Deutschland. Daran hatte auch Franz Jägerstätter teil.

Als gläubiger Katholik nahm er aber auch wahr, daß seine Kirche sich skeptisch zum Nationalsozialismus verhielt. Ob er als Christ den Nationalsozialismus bejahen und unterstützen konnte, war für ihn daher keine nebensächliche Frage. Glaube, Alltagsentscheidungen und Politik bildeten für ihn eine Einheit. In seiner Lebenspraxis stand die ewige Seligkeit auf dem Spiel.

Im April 1937 ließ der Linzer Bischof Johannes Maria Gföllner eine eigene Kurzfassung der päpstlichen Enzyklika »Mit brennender Sorge« gegen die Gefahren des Nationalsozialismus verlesen – nicht aber die gleichzeitig erschienene gegen den Bolschewismus. Darin hieß es »...endlich sind die Gefahren, denen die Kirche in Deutschland ausgesetzt ist, auch unsere eigenen Gefahren.« Es sei unmöglich, schreibt Gföllner in Abwandlung einer Erklärung Papst Pius XI gegen den Sozialismus –, »gleichzeitig guter Katholik und wirklicher Nationalsozialist zu sein.«[28] Dieser Satz prägte sich Jägerstätter tief ein. Um so unverständlicher blieb es ihm, daß die Bischöfe seiner Kirche sich dem »Anschluß« Österreichs an das Deutsche Reich nicht widersetzten, sondern ihn in einer offiziellen Verlautbarung begrüßten.[29] Er bezeichnete den 10. April 1938 – den Tag der Volksabstimmung über den Anschluß – als den Tag, an dem sich die österreichische Kirche gefangennehmen ließ.[30]

Als im Januar 1938, in den Wochen vor der erzwungenen Angliederung Österreichs an das Deutsche Reich, in den Nachbarorten Propaganda für Hitler gemacht wurde, hatte Jägerstätter einen Traum. Er sah einen schönen Eisenbahnzug, in dem viele junge und alte Menschen in bester Stimmung um einen Berg fuhren. Danach habe er zu seinem Schrecken eine Stimme gehört, die sagte: »Dieser Zug fährt in die Hölle!« Anschließend habe ihn jemand an die Hand genommen und ihm die Schrecken des Fegefeuers gezeigt. Als er diesen Traum niederschrieb, fügte er hinzu: »Anfangs war mir dieser fahrende Zug ziemlich rätselhaft, aber je länger die ganze Sache ist (Jägerstätter meint: die nationalsozialistische Herrschaft andauert), desto entschleierter wird mir auch dieser fahrende Zug. Und mir kommt es heute so vor, als stellte dieses Bild nichts anderes dar als den damals hereinbrechenden oder schleichenden Nationalsozialismus mit all seinen verschiedenen Gliederungen. .... Somit glaub ich, hat mir Gott es durch diesen Traum oder Erscheinung klar genug gezeigt und ins Herz gelegt, mich zu entscheiden: ob Nationalsozialist – oder Katholik!«[31]

Nach dem Einmarsch der Deutschen war die katholische Kirche gerade im Innviertel manchen Pressionen ausgesetzt. Im Bezirk Braunau, in der Heimat Adolf Hitlers, vollzog sich die Gleichschaltung mit dem Nationalsozialismus nicht in der gewünschten Schnelligkeit. Statt dessen verstärkte sich die Teilnahme der Bevölkerung an volkstümlichen Frömmigkeitsübungen wie Wallfahrten und Maiandachten. Die kirchliche Jugendarbeit nahm zu. Die NSDAP machte für ihre Mißerfolge die Gemeindearbeit der katholischen Pfarrer verantwortlich. Anders als im alten Reichsgebiet stand die katholische Kirche nicht unter dem Schutz eines Konkordats. Die Folge war, daß mehr katholische Pfarrer als im Altreich vorübergehend festgenommen und verhört wurden, Strafverfahren wegen politischer Äußerungen in ihren Predigten erhielten, in Konzentrationslager eingewiesen wurden. Das betraf im Dekanat Ostermiething, zu dem St. Radegund gehörte, acht von elf Seelsorgern.[32]

Im Jahre 1940 wurde auch der Pfarrer von St. Radegund, Josef Karobath, wegen regimekritischer Passagen in einer Predigt inhaftiert und mit einem Aufenthaltsverbot belegt. Die Repressalien gegen seine Kirche bestätigten Franz Jägerstätter in seinem negativen Urteil über Hitler und das Dritte Reich; die Kirche hätte sich aber noch eindeutiger widersetzen sollen.

Franz Jägerstätter wurde 1940 zweimal für kurze Zeit zum Militärdienst eingezogen und dabei auch vereidigt. Er folgte der Einberufung, weil er es zu der Zeit als Ungehorsam gegen Gottes Gebot angesehen hätte, staatlichen Anordnungen nicht zu gehorchen. Weil er auf seinem Hof dringend gebraucht wurde, wurde er aber dann als »unabkömmlich« reklamiert. Seine Briefe aus der Kaserne zeigen, wie abstoßend diese Zeit auf ihn wirkte: schikanöse Ausbildung, miserable Behandlung der Pferde – er bat seine Frau einmal, ihm einen Sack Hafer für sein Gespann zu schicken – unkameradschaftliches Verhalten, Gemeinheiten gegen die Christen.

Und er berichtet mit vorsichtigen Worten, was er über Euthanasiemorde in der Umgebung erfuhr: »Ybs ist eine ganz schöne Stadt an der Donau, es ist hier auch eine ziemlich große Irrenanstalt, die schon einmal stark besetzt war, jetzt sind wahrscheinlich auch die Narren gescheit geworden, weil nicht mehr viele in dieser Anstalt untergebracht sind. Liebe Gattin, es soll schon auf Wahrheit beruhen, wie Du mir einmal erzählt hast, was mit diesen Leuten geschieht. ...«[33]

Am 8. Dezember 1940 wurde Franz Jägerstätter – zusammen mit einem anderen Soldaten – in Enns in den Dritten Orden der Franziskaner aufgenommen. Die Mitglieder dieses Laienordens verkörperten seit den Anfängen eine Gegenbewegung im Geist der Bergpredigt gegen den jeweiligen Zeitgeist. Im Mittelalter war es ihnen verboten, Eide zu leisten und Waffen zu tragen.

Jägerstätter hatte diesen Schritt schon in St. Radegund erwogen, vollzog ihn jedoch erst als Soldat. In dem katholischen Milieu seines Dorfes wurde sein Christsein nicht so sehr in Frage gestellt wie in der Kaserne. Nun aber durfte er sichtbar zu einer Gruppe gehören, der es Ernst war mit ihrem Christsein in der gottlosen Welt. Franz Jägerstätter wollte sich nicht für das Dritte Reich engagieren, sondern als Laienapostel für die Sache des Reiches

Gottes. Auch Franziska Jägerstätter trat später in den Dritten Orden ein.

Als Franz Jägerstätter ab April 1941 wieder daheim war und die normale Arbeit auf dem Hof verrichtete, ging er täglich zur Messe und empfing die Kommunion. Als der Mesner (Küster) der Kirchengemeinde starb, wurde er dessen Nachfolger. Die Menschen im Dorf, besonders seine Mutter, reagierten entsetzt, als er sie wissen ließ, er sei entschlossen, nicht wieder Soldat zu werden. Sie drangen in ihn, diese Absicht aufzugeben. Auch seine Frau bat ihn, sein Leben nicht aufs Spiel zu setzen. »Aber dann, wie alle mit ihm gestritten und geschimpft haben – die Verwandten sind gekommen – hab' ich es nicht mehr getan. ... Wenn du jemand recht gern hast und der hat niemand, der ihn versteht.« und: »Wenn ich nicht zu ihm gehalten hätte, dann hätte er ja gar niemand gehabt.«[34]

Einsame Vergewisserung

Es wurden zwei einsame, harte Jahre für Franz Jägerstätter. Alle Menschen, die es gut mit ihm meinten, bis hin zum Dorfpolizisten, stellten seine Argumente, aber mehr noch, seine christliche Verantwortung in Frage. Helfen konnten sie ihm damit nicht, sie belasteten nur sein Gewissen. In dieser Zeit begann er, seine Gedanken niederzuschreiben, um für sich zu Vergewisserung und Klarheit zu gelangen. Außerdem wollte er wohl seinen nächsten Menschen ein Zeugnis seiner Glaubenshaltung hinterlassen. Nach Vorarbeiten auf losen Blättern schrieb er alles säuberlich in mehrere Hefte. Erna Putz gab 1987 eine vollständige Sammlung der »Gefängnisbriefe und Aufzeichnungen« Jägerstätters heraus – Zeugnisse seines Glaubens und seiner politischen Einsichten.

Ein Heft[35] beginnt mit der Widmung: »Meinen Lieben. Alle diese Worte und Zeilen, die ich Euch in diesem Hefte hinterlasse, sollen Euch Glücksbringer sein für Zeit und Ewigkeit.

Wer ohne Ziel auf Reisen geht,
der wandert sich arm und müd,

wer ohne Ziel sein Leben lebt,
der hat umsonst geblüht.«

Auf 72 Seiten schreibt der katholische Hausvater Franz Jägerstätter eine Art Laienkatechismus für die Seinen, besonders wohl für seine Kinder. Vielleicht befürchtete er, daß die katholische Erziehung bald verboten würde. So gab er Rechenschaft darüber, was für ihn im Leben und im Sterben wichtig war.

Das Heft enthält geistliche Betrachtungen wie: »Vom Glauben«, »Von der Demut«, »Vom Beten«, »Von der Sünde«, »Von den vier letzten Dingen«,«Von der Menschenfurcht«, »Vom Hl. Altarsakrament«, »Seien wir vor Gott wie ein Kind!«, »Von der Liebe«. Sie spiegeln katholische Volksfrömmigkeit wider: kindliches Gottvertrauen und Hoffnung auf die Hilfe der Mutter Gottes, Streben nach dem ewigen Leben, Mahnung zu Demut, zum Verzeihen, zum häufigen Eucharistieempfang, zur christlichen Erziehung der Kinder durch das eigene Vorbild.

Den Abschluß bilden »Noch kurze Gedanken über die gegenwärtige Zeit«. Darin vergleicht er den Kampf der Christen gegen den Nationalsozialismus mit dem Kampf von Schwimmern, die einen reißenden Fluß durchqueren müssen. Viele wollen die bedrohliche Lage nicht erkennen, anderen versagen die Kräfte. Die Gottesmutter Maria aber hört am jenseitigen Ufer die Hilferufe. »Geschrieben in den Kriegsjahren 1941-42 von Franz Jägerstätter. – Habt Nachsicht mit meinen Fehlern und über die schlechte Schrift, denn ich war in meiner Schulzeit ein etwas schlampiger Schüler.«

Ein anderes Heft[36] enthält Reflexionen Franz Jägerstätters über sein Verhalten gegenüber der nationalsozialistischen Kriegspolitik. Ausgangspunkt sind Meinungen, mit denen er sich auseinandersetzen mußte. Daß es unmöglich ist, zugleich überzeugter Christ und Nationalsozialist zu sein, sagte ihm sein Traum im Januar 1938, als er den Zug des Nationalsozialismus in die ewige Verdammnis fahren sah. Auch bei scheinbaren Kleinigkeiten wie den Sammlungen mit den »roten Büchsen« des Winterhilfswerks geht es um das Bekenntnis zum Nationalsozialismus. Jägerstätter erkennt hellsichtig, daß die Partei sich als eine Art Religion darstellt. Dieser anderen Religion kann er sich nur verweigern.[37]

Die Abstimmung über den »Anschluß« Österreichs vergleicht er mit dem Gründonnerstag. Indem die Christen sich – auf Empfehlung der österreichischen Bischöfe[38] – für Hitler entschieden, haben sie Christus verworfen, so wie man einst in Jerusalem Barrabas anstelle Jesu wählte: »Der Gründonnerstag war halt für uns Österreicher der unglückselige 10. April 1938. Dort ließ sich die Kirche Österreichs gefangen nehmen und liegt seitdem noch immer in Fesseln.«[39]

Wagen aber Christen jetzt ein entschlossenes »Nein«, so werden sie verfolgt. »Soll es in unserem schönen Österreich noch einmal soweit kommen, daß Christus regieren wird, so muß auf den Gründonnerstag auch noch der Karfreitag kommen, denn Christus mußte auch erst sterben, bis er von den Toten auferstehen konnte. Auch für uns gibt es kein glückliches Auferstehen, bis wir nicht bereit sind, für Christus und unseren Glauben zu leiden und, wenn es sein muß, auch zu sterben.«[40]

»Christus verlangt aber auch von uns ein öffentliches Bekenntnis unseres Glaubens, genau wie der Führer Adolf Hitler von seinen Volksgenossen. Die Gebote Gottes lehren uns zwar, daß wir auch den weltlichen Oberen Gehorsam zu leisten haben, auch wenn sie nicht christlich sind, aber nur soweit sie uns nichts Schlechtes befehlen. Denn Gott müssen wir mehr gehorchen als den Menschen.«[41] Jägerstätter orientiert sich am Bekennermut der Christen in den ersten Jahrhunderten. Die haben kein Doppelspiel getrieben, indem sie dem Kaiser öffentlich opferten, im geheimen aber als Christen ihren Glauben lebten. Sondern sie haben gläubig das Martyrium auf sich genommen.

Diesen Krieg damit zu rechtfertigen, daß er die Menschen in der Sowjetunion vom gottlosen Bolschewismus befreie, läßt Jägerstätter nicht gelten. »Was bekämpft man in diesem Land, den Bolschewismus, oder das russische Volk? … Hat ein Herrscher ein andres Land mit Krieg überfallen, so sind sie gewöhnlich nicht in das Land eingebrochen, um sie zu bessern oder ihnen vielleicht gar etwas zu schenken, sondern sich für gewöhnlich etwas zu holen. Kämpft man gegen das russische Volk, so wird man sich auch aus diesem Lande so manches holen, was man bei uns gut gebrauchen kann, denn kämpfte man bloß gegen den Bolschewismus, so dürften doch diese anderen Sachen wie Erze, Ölquellen oder ein guter Getreideboden doch gar nicht so stark in Frage kommen.«[42]

Hitlers Kriegspläne waren abzusehen: »Denn fast alle wußten wir durch Radio, Zeitungen, Versammlungen usw., was Hitler mit seinem Programm durchzuführen geplant ...«[43]

Vor Gott ist es keine Sünde, dieser Obrigkeit die Gefolgschaft aufzukündigen: »Ich glaube kaum, daß Gott es uns zur Sünde anrechnen wird, wenn wir endlich dieses verhängnisvolle ›Ja‹, das vielleicht viele schon bereut, mit einem ›Nein‹ vertauschen. Andere Völker haben doch wenigstens ein Recht, Gott um Frieden zu bitten und daß er uns Deutschen die Waffen aus der Hand schlage. Ist es für uns nicht ein Hohn, wenn wir Gott um Frieden bitten, wenn wir ihn doch gar nicht wollen, denn sonst müßten wir doch endlich die Waffen niederlegen? ... Wir dürfen höchstens Gott noch bitten, daß er uns zur Vernunft kommen lasse, um endlich zu erkennen, daß andere Menschen und Völker auch noch ein Lebensrecht auf dieser Welt besitzen. ... An der Diebsbeute wollen wir uns zwar fast alle ergötzen, die Verantwortung über das ganze Geschehen wollen wir nur einem in die Schuhe schieben.«[44]

Über das, was ein einzelner erreichen kann, macht Jägerstätter sich keine Illusionen. »Aber sich selbst retten, und vielleicht noch einige Seelen für Christus zu erobern, glaub' ich, ist für uns Menschen nie zu spät, solange wir auf dieser Welt leben.«[45] Viele Seelsorger sind in seinen Augen zu furchtsam. »... Ich seh es auch ein, daß viele Worte heute oft wirklich nicht viel mehr erzwecken würden als höchstens Kerkerhaft. Und trotz allem ist es nicht gut, wenn unsere Seelenführer Jahre hindurch schweigen. Worte, heißt es zwar, belehren, aber Beispiele reißen hin.« Das erkennt er auch als Auftrag an sich selbst: »Will man denn nicht Christen sehen, ... die nicht sind wie ein schwankendes Schilfrohr, das von jedem leichten Winde hin und her getrieben, die nicht bloß schauen, was machen meine Kameraden oder Freunde, sondern sich nur fragen, was lehrt zu all dem unser Glaube. ... Würden die Wegzeichen einmal so lose in die Erde gesteckt werden, daß sie jeder Wind verdrehen oder umwerfen kann, sollte sich da einer, der des Weges unbekannt ist, noch zurechtfinden können?«[46]

In diesem Krieg geht es für Jägerstätter um die Weltherrschaft des

Nationalsozialismus. Ist der Krieg erst mit Hilfe der Katholiken gewonnen, so würden sie danach als Feinde verfolgt. »Diese Gedanken allein müßten eigentlich einem schon genügen, nicht für diesen Staat oder die nationalsozialistische Volksherrschaft zu kämpfen.«[47]

Die Meinung, man verteidige das Vaterland, lehnt er als Österreicher ab. Das Großdeutsche Reich ist nicht sein Vaterland und der Krieg kein Verteidigungs-, sondern ein Eroberungskrieg. »Man spricht auch heute noch von einer Vaterlandsverteidigung. Haben wir Österreicher denn in so kurzer Zeit das Jahr 1938 vergessen? Kann ich denn noch sagen, ich hab noch ein Vaterland, wenn ich in einem Lande bin, wo ich nur Pflichten und keine Rechte mehr besitze? Kann da überhaupt noch von einer Vaterlandsverteidigung die Rede sein, wenn man ganz einfach in Länder einbricht, die einem nichts schuldig sind und darinnen raubt und mordet? Was können denn wir katholische Österreicher noch verlieren, wenn wir für den deutschen Staat nicht mehr kämpfen? Würden wir dadurch vielleicht erst die Glaubensfreiheit oder die wirtschaftliche Freiheit verlieren?«[48] (S. 152)

Die gefährlichste Waffe des Nationalsozialismus ist nicht eine militärische Vernichtungswaffe, sondern der planmäßige Versuch, den Kindern »den wahren kath. Glauben aus dem Herzen« zu reißen. »Es soll zwar für alles mögliche gekämpft und das Leben aufs Spiel gesetzt werden, und zur Verteidigung dieser Kinderseelen will man nichts wagen.«[49]

Jägerstätters Fazit lautet: »Daß wir Katholiken uns zum Werkzeug der schlimmsten und gefährlichsten antichristlichen Macht, die bis jetzt existiert hat, ganz einfach zur Verfügung stellen müssen, kann und werde ich niemals glauben können.«[50]

Und die Seelsorger?

Bis zur erneuten Einberufung im Februar 1943 besprach Jägerstätter mit einigen katholischen Priestern seinen Verweigerungsentschluß. Er sah offensichtlich erst seit seiner ersten Einberufung klarer, daß es Sünde war, den gottfeindlichen Nationalsozialismus zu unterstützen und als Soldat Hitlers in diesem ungerechten Krieg mitzukämpfen. Dazu wollte er aber auch die Stellungnahme seiner Seelsorger hören. Unter seinen Aufzeichnungen befindet sich ein einzelner Bogen. Hier hatte er sich die entscheidenden Fragen für solche Gespräche notiert.

»Wer gibt uns die Garantie, daß es nicht im geringsten mehr sündhaft ist, einer Partei beizutreten, deren Bestreben es ist, das Christentum auszurotten?

Wann hat das kirchliche Lehramt die Entscheidung oder Gutheißung gegeben, daß man jetzt alles tun und befolgen darf, was die nationale Partei oder Regierung uns befiehlt oder von uns wünscht? …

Welcher Katholik getraut sich, diese Raubzüge, die Deutschland schon in mehreren Ländern unternommen hat und noch immer weiterführt, für einen gerechten und heiligen Krieg zu erklären?

Wer traut sich zu behaupten, daß vom deutschen Volk in diesem Kriege nur einer die Verantwortung trägt, weshalb mußten dann noch so viele Millionen Deutscher ihr »Ja« oder »Nein« hergeben? …

Wenn also die deutschen Soldaten, die im Kampf für den nationalsozialistischen Sieg ihr Leben lassen müssen, für Helden und Heilige erklärt werden können, um wieviel besser muß es dann noch für die Soldaten in den anderen Ländern bestellt sein, die von den Deutschen überfallen wurden und hinausziehen, um ihr Vaterland zu verteidigen. …

Wer bringt es fertig, zu gleicher Zeit Soldat Christi und Soldat für den Nationalsozialismus zu sein, für den Sieg Christi und seiner Kirche und zugleich auch für den nationalsozialistischen Sieg zu kämpfen?«[51]

Alle Priester rieten ihm ab, den Soldatendienst zu verweigern. Vikar Fürthhauer warf ihm gar vor, sein Verhalten trage den Vorsatz des Selbstmords in sich. Das belastete Jägerstätter dermaßen, daß er nicht mehr wagte, zur Kommunion zu gehen, bis seine Frau ihm in einer Aussprache das schlechte Gewissen nehmen konnte.[52]

Pfarrer Karobath, als Invalide des Ersten Weltkriegs zum Pazifisten geworden, war sich mit ihm einig in der Ablehnung Nationalsozialismus. Aber er riet Jägerstätter, »Hitler mehr zu pflanzen«, das heißt mit der List der kleinen Leute das beste aus der Situation zu machen, um Hitler und den Nationalsozialismus zu überleben. »Wir haben ihn abhalten wollen, aber er hat uns immer geschlagen mit der Schrift.« Am Ende habe er gesagt: »Ich rede Dir nimmer drein!«[53]

Das Gespräch mit dem Linzer Bischof Fließer, an das dieser sich nach 1945 noch sehr genau erinnerte,[54] verlief für Franz Jägerstätter enttäuschend. Frau Jägerstätter berichtete, ihr Mann sei anschließend sehr betrübt gewesen und habe nur gesagt: »Sie trauen sich selber nicht, sonst kommens selber dran.«[55]

Jägerstätters Weg in den Tod

Als Franz Jägerstätter am 23. Februar 1943 die erneute Einberufung zur Wehrmacht erhielt, zögerte er. Bereits zwei Tage später hatte er sich in der Kaserne von Enns zu melden. Er tat es erst am 1. März. Die Verzögerung zeigt seine inneren Kämpfe an. Daß er der Einberufung Folge leistete, nicht untertauchte oder sich daheim abführen ließ, geschah aus Rücksicht auf seine Familie. Der Abschied von seiner Frau und seinen Kindern war unendlich schwer. Bis zuletzt hatte Franziska Jägerstätter gehofft, ihr Mann würde seinen Entschluß ändern, um sein Leben zu retten. In ihrem ersten Brief schrieb sie: »Hatte noch immer eine kleine Hoffnung, vielleicht könntest Du Dich auf der Fahrt noch anders entschließen, weil Du mir fürchterlich erbarmst und ich gar nicht helfen kann, werde die liebe Gottesmutter schon recht innig bitten, daß sie dich wieder zu uns heimführen wird, wenn es Gottes Wille ist.«[56]

Nachdem Franz Jägerstätter in der Kaserne am Vormittag des 2. März die Verweigerung ausgesprochen hatte, begannen die Verhöre. Noch am gleichen Tag wurde er in das Wehrmachtsgefängnis nach Linz transportiert. Mithäftlinge aus Lothringen, die den Krieg überlebten, teilten Franziska Jägerstätter mit, daß ihr Mann gute Kameradschaft mit ihnen hielt, ihnen von der kargen Essensration noch abgab, ihnen Mut zusprach und mit ihnen manchen Rosenkranz gemeinsam betete: » … Er fürchtete sich nicht, seinen Glauben offen zu bekennen, trotz der Belästigungen des Aufsichtspersonals und seiner Mitgefangenen.«[57]

Weil Kriegsdienstverweigerung aus religiösen Gründen als schwerwiegender Fall von Wehrkraftzersetzung galt, mußte sein Fall vor dem Reichskriegsgericht in Berlin verhandelt werden. Am 4. Mai 1943 wurde er in das Wehrmachtsgefängnis Berlin-Tegel verlegt – in dem sich zur selben Zeit auch Dietrich Bonhoeffer befand.

Gleich zu Beginn seiner Haft konnte er einen Brief unter Umgehung der Zensur an seine Frau senden. Darin riet er ihr, offen ihre Meinung zu sagen, wenn sie wegen seiner Verweigerung vernommen werden sollte: » ... wenn man Dich frägt, ob Du mit dem einverstanden, daß ich nicht mehr kämpfen will, so sage ganz ehrlich aus, wie es Dir am liebsten gewesen, denn für mich, glaub ich, kannst nichts erleichtern und auch kaum beschweren, denn würde ich vor Lügen und Schwindeln keinen so großen Schrecken haben, dann würde ich ohnehin nicht hier sitzen, und will mir auch weiterhin durch keine Lügen das Leben retten.« Er teilte auch etwas über die bisherigen Vernehmungen mit: » Man wollte mich auch in Enns mit allen Tricks fangen und mich doch wieder zum Soldaten machen. Es war nicht so leicht, bei meinem Entschluß zu bleiben. Es kann auch weiterhin noch schwer werden, aber ich vertraue doch auf Gott, wenn es anders besser wäre, mir doch noch eine Weisung zu geben.« Schließlich berichtete er auch, daß er von Mithäftlingen erfuhr, daß sich auch andere Menschen dem Nationalsozialismus verweigerten, sogar solche, die einst illegal in Österreich für die NSDAP gearbeitet hatten: »So erfährt man halt allerhand, daß es auch anderswo noch Menschen gibt, die sich nicht von der Masse mitreißen lassen.«[58]

In einem anderen unzensierten Brief, den er während der Fahrt nach Berlin schrieb, bekräftigte er seinen Weg: »Kann Dir mitteilen betreffs meinem Fall, daß ich bis jetzt noch zu keiner anderen Überzeugung gekommen bin, durch all diese Vorgänge, die sich hier abspielen, kam ich eher noch mehr zur Überzeugung, nicht anders zu handeln. ... Bei den Verhören wollte man mir halt alles abstreiten, daß der Natsz. gegen die Kirche geht. ... Betreffs meines seelischen Zustands brauchst noch nicht besorgt zu sein. Wenn es mir in Berlin vielleicht auch schlechter ergehen sollte, so macht euch deswegen keinen Kummer. ... Ich bin noch immer auf alles gefaßt.«[59]

Die zensierten Briefe nehmen Anteil am Leben und der Arbeit auf dem Leherbauernhof und am Wohlergehen der Kinder. Jägerstätter will vor allem seine Frau und seine Mutter zu trösten: » ... ich fürcht halt immer, Ihr habt viel zu leiden um meinetwillen, verzeiht mir alles, wenn ich Unrecht getan. Teile Dir auch mit, daß ich mich zur Sanität bereit erkläre, denn hier kann man ja eigentlich doch Gutes tun und die christliche Nächstenliebe im praktischen Sinne ausüben, wozu sich auch mein Gewissen nicht mehr sträubt. Strafe werde ich deswegen schon erhalten. Es wird alles zu ertragen sein, wenn Gott es will, wir uns auch auf dieser Welt noch sehen werden.«[60]

Jägerstätter denkt in seinen Briefen auch an das Leben der Kirche daheim. Er schöpft für sich selbst Kraft aus den Gedanken, wie seine Familie für ihn betet. »Besuchet fleißig die Maiandachten, damit Ihr das hereinbringt, was mir hier nicht möglich ist, denn Maria hat immer geholfen und sie wird auch weiter helfen.«[61]

Seinen Weg versteht er als Leidensnachfolge Christi. Ihn trägt die unerschütterliche Hoffnung auf das ewige Leben. Zwei Tage nach der Verkündung des Todesurteils schreibt er: »Aber wenn der liebe Gott es anders für uns bestimmt hat, so ist es auch gut, es ist auch eine Freude, für Jesus und unsern Glauben leiden zu dürfen, wir haben ja die frohe Hoffnung, daß uns die wenigen Lebenstage, die wir hier getrennt sein müssen, in der Ewigkeit ja aufs Tausendfache ersetzt werden, wo wir dann in ungetrübter Freude und Glückes ewig uns mit Gott und unserer himmlischen Mutter erfreuen dürfen. Wenn wir nur in der Liebe Gottes verbleiben können ...«[62]

Stärkung durch die Heilige Schrift

Während der Haft in Tegel hat Franz Jägerstätter das Neue Testament – wahrscheinlich Abschnitt um Abschnitt – durchmeditiert. Davon zeugt ein Heft, in das er sich Einsichten seiner Bibellektüre notiert. Er überschreibt es: »Was jeder Christ wissen soll«.[63] Die Aussagen zeigen das Bibelverständnis eines mündigen Christen, der zugleich die biblische Botschaft und die gegenwärtige Realität überdenkt.

Die ersten 187 Abschnitte, ungefähr die Hälfte des Heftes, enthalten Jägerstätters Kernsätze zu einzelnen Perikopen, zum Beispiel:

Abschnitt 16: Die Nachfolge Christi fordert Heldensinn. Weichliche und unentschlossene Charaktere taugen nicht dazu. (Vgl. Mt 8, 18ff.)

Abschnitt 17: Die Zugehörigkeit zu Christus fordert Bekennermut. (Vgl. Mt 10, 17ff.)

Abschnitt 20: Jesus fordert seine Jünger auf, den Frieden mit Gott und der Kirche höher zu stellen als den Frieden mit den Anverwandten, seine Nachfolge höher als die Furcht vor Schmerz und Tod, das Leben der Seele höher als den des Leibes. Er will keinen Unfrieden in die Familie bringen, der aus Lieblosigkeit und Eigennutz entsteht; er will aber auch keinen faulen Frieden unter Verletzung der Gewissenspflicht. (Vgl. Mt 10,34-39)

Abschnitt 24: Wer alles für die Sache Gottes opfert, hat den besten Tausch gemacht. (Vgl. Mt 14ff.)

Abschnitt 76: Keiner irdischen Macht steht es zu, die Gewissen zu knechten. Gottes Recht bricht Menschenrecht.

Abschnitt 87: Für den, der Gott liebt, gibt es nur ein einziges Unglück: die Sünde.

Abschnitt 91: Zwischen Christentum und Weltgeist besteht allzeit ein unversöhnlicher Gegensatz. Wer es mit der Welt nicht verderben will, wird sicher Christus untreu werden.

Abschnitt 111: Alle äußeren Leiden und Verfolgungen können den inneren Widerstand dessen nicht brechen, in dem Christus lebt und wirkt. Wenn der Blick aufs Ewige gerichtet ist, verlieren zeitliche Drangsale ihre Schrecken. (Vgl. 2 Kor 4, 7-18)

Abschnitt 180: Die Liebe zur gottfeindlichen Welt ist unvereinbar mit der Liebe zu Gott, denn niemand kann zwei Herren dienen. (Vgl. 2 Joh 2,15)

Danach schreibt er, ausgehend von den Johannesbriefen, ganze Textpartien wörtlich ab. Diese Bibelabschnitte sind auch sein Bekenntnis: 1 Johannes 2,3 bis 4, 21, Jakobus 1, 5 bis 5, 13, 1 Petrus 1,22 bis 4,19, Römer 8, 31-39, 1 Korinther 13, 1-13, 2 Korinther 4,13 bis 5, 10, Matthäus 7, 13f., Lukas 11,5-13, Matthäus 10, 26-42.

»... besser die Hände als der Wille gefesselt ...«

Den Häftlingen, die auf ihre Hinrichtung warteten, wurden Tag und Nacht die Hände gefesselt, damit sie nicht selbst versuchten, ihrem aussichtslosen Leben ein Ende zu setzen. So geschah es auch mit Franz Jägerstätter für etwas mehr als einen Monat.

Auch aus dieser Zeit sind Aufzeichnungen von ihm erhalten, Entwürfe zu Briefen an seine Lieben in St. Radegund, Reflexionen über sein Geschick, Mahnungen, den Glauben festzuhalten und die Kinder als Christen zu erziehen. Er ist seines Weges gewiß, er ist fest geblieben und hat seinen Willen nicht brechen lassen, Gott hat ihm dazu seine Gnade gegeben:

»Werde hier nun einige Worte niederschreiben, wie sie mir gerade aus dem Herzen kommen. Wenn ich sie auch mit gefesselten Händen schreibe, aber immer noch besser, als wenn der Wille gefesselt wäre. Offensichtlich zeigt Gott manchmal seine Kraft, die er den Menschen zu geben vermag, die ihn lieben und nicht das Irdische dem Ewigen vorziehen. Nicht Kerker, nicht Fesseln, auch nicht der Tod sind imstande, einen von der Liebe Gottes zu trennen, ihm seinen Glauben und den freien Willen zu rauben. ... Zu was hat denn Gott alle Menschen mit einem Verstande und freien Willen ausgestattet, wenn es uns, wie so manche sagen, gar nicht einmal zusteht, zu entscheiden, ob dieser Krieg, den Deutschland führt, gerecht oder ungerecht ist? Zu was braucht man dann noch eine Erkenntnis zwischen dem, was gut oder böse ist? ... Hätte mir Gott nicht die Gnade und Kraft verliehen, für meinen Glauben auch zu sterben, wenn es verlangt wird, so würde ich vielleicht dasselbe tun, wie die Mehrzahl es tut. Gott kann eben jedem soviel Gnaden geben, wie er will.«[64]

Nachwirkungen

Nach der Hinrichtung gab man in St. Radegund Franziska Jägerstätter die Schuld am Tode ihres Mannes. Sie hätte ihn umstimmen müssen, sagte nicht nur ihre Schwiegermutter, es war die allgemeine Meinung im Ort. Nach Kriegsende änderte sich dieses nicht, im Gegenteil. Die Dorfbevölkerung verhielt sich ihr gegenüber feindselig. Die staatlichen Behörden verweigerten ihr zunächst die Pension als Überlebende eines Opfers des Nationalsozialismus, denn ihr Mann habe nicht für ein freies Österreich gekämpft. Ausschlaggebend dafür war die Stellungnahme des Ortspolizisten, Jägerstätter habe den Kriegsdienst wegen Depressionen und sonderbaren religiösen Vorstellungen verweigert.[65] Franziska Jägerstätter hat sich davon nicht anfechten lassen dank ihres starken Glaubens.

Franz Jägerstätters Bild bekam in der Erinnerung der Dorfbewohner immer mehr die Züge eines religiös überspannten Einzelgängers.[66] Daß sein Christsein ihn zu politischen Konsequenzen führte, wurde nicht anerkannt. Daß er nicht »unnormal« war, sondern genau wußte, was er tat, wenn er als Christ den Nationalsozialismus ablehnte und sich nicht an dem mörderischen Eroberungskrieg beteiligte, das zuzugeben hätte das Selbstverständnis der übrigen Dorfbewohner als Christen in Frage gestellt.

Der Märtyrer aus ihrer Mitte blieb ein Ärgernis für die Überlebenden in St. Radegund: für die ehemaligen Soldaten in der deutschen Wehrmacht und für alle, die sich dem politischen System angepaßt hatten. Bischof Fließer wußte, was er tat, als er kurz nach dem Krieg eine Erinnerung an Jägerstätter als beispielgebenden Märtyrer der nationalsozialistischen Ära in der Linzer Kirchenzeitung verhinderte. Das Bekenntnis dieses Todes durfte nicht zur Anfrage an die Überlebenden werden.

Andere katholische Seelsorger, vor allem Pfarrer Karobath und der Tegeler Gefängnispfarrer Kreutzberg, setzten sich gleich nach Kriegsende dafür ein, daß die Erinnerung an Jägerstätters Tod nicht verblaßte. Kreutzberg stellte 1948 fest: »Unter den Hunderten von Männern, die ich 1942/45 in Berlin auf den Tod vorbereitete, blieben mir zwei Österreicher lebhaft in Erinnerung: der Priester Franz Reinisch aus Innsbruck und der Landwirt Franz Jägerstätter aus St. Radegund. Beide verweigerten den Kriegsdienst und gingen dafür in den Tod.«[67]

Durch Kreutzberg wurde der amerikanische Soziologe und katholische Pazifist Gordon C. Zahn auf Jägerstätter aufmerksam. Ihn beeindruckte tief, wie ein einfacher Bauer wagte, seinen Verstand bei der Analyse des Unrechts des Hitlerkrieges zu gebrauchen und als Katholik urkirchliche Maßstäbe gegenüber den Vertretern der Amtskirche zur Geltung zu bringen. Er veröffentlichte 1964 seine Forschungen in dem Buch »In Solitary Witness – The Life and Death of Franz Jägerstätter«. Es wurde im angelsächsichen Raum sehr beachtet und inspirierte die christliche Friedensbewegung vielfältig. Zahn selbst berichtete Jahre später über die wohl spektakulärste Auswirkung: »Das vielleicht eindrucksvollste Beispiel, wie eine solche Inspiration wirkte, ist ein Ereignis, das wirklich die US-amerikanische Geschichte veränderte. Daniel Ellsberg bekam nach Jahren gehobenen und spezialisierten Militärdienstes ein Exemplar meines Buches. Er war von der Franz-Geschichte so inspiriert, daß er einen Gefängnisaufenthalt riskierte, indem er äußerst geheime Dokumente des ... Pentagon veröffentlichte. Indem er das tat, beschleunigte er das Ende des Vietnamkrieges. Wie viele Leben durch seine Aktion gerettet wurden, wieviel Vernichtung dadurch vereitelt wurde, werden wir nie genau wissen ...«[68]

Aufgrund der deutschen Ausgabe von Zahns Werk wurde Franz Jägerstätter endlich auch im deutschsprachigen Raum von einer größeren Öffentlichkeit wahrgenommen. 1971 löste Axel Cortis Dokumentarfilm »Der Fall Franz Jägerstätter«[69] besonders in Österreich heftige Kontroversen über diesen Wehrdienstverweigerer und das Verhalten der Amtskirche ihm gegenüber aus.

Die österreichische Bischofskonferenz verhielt sich Jägerstätter gegenüber ambivalent, vielleicht wegen dieser Kontroversen. Obwohl der Prozeß zu seiner Seligsprechung in Gang gekommen ist, gibt es Vorbehalte auch in Rom: Franz Jägerstätter sei eher das Opfer seiner politischen Einstellung. Und vor allem: Würde er seliggesprochen, wäre das eine kirchenamtliche Unterstützung der Wehrdienstverweigerung und des Pazifismus.[70] Andererseits bezeichnete der jetzige Wiener Erzbischof Christoph Schönborn schon 1980 Franz Jägerstätter als »echten Märtyrer im christlichen Sinne«, der die Frage nach dem Wesen von Gewalt, Macht und Herrschaft stelle. »Sein Zeugnis, das ihn zur Ablehnung des Waffendienstes in Hitlers Reich führte, offenbart die Mächte, die hier im Kampf sind. ... Man staunt, mit welcher Sicherheit dieser einfache Mann die geistige und auch politische Situation seiner Zeit erfaßte, Lüge von Wahrheit unterschied und selbst Priestern und seinem Linzer Bischof gegenüber bestimmt und demütig seinen Weg rechtfertigte.«[71]

Erst 1983, am 40. Todestag, stellte der damalige Linzer Bischof Maximilian Aichern Franz Jägerstätter als Beispiel christlichen Verhaltens schlechthin dar, ohne jedes »Aber«. Seit vielen Jahren wird der Tag seiner Hinrichtung in St. Radegund von in- und ausländischen Friedensgruppen als ein Tag der Besinnung begangen. Großen Anteil an dieser Entwicklung hat Erna Putz, die 1985 eine umfassende Biographie Jägerstätters veröffentlichte und 1987 seine Aufzeichnungen und Briefe edierte. 1993, am 50. Jahrestag der Hinrichtung, wurde der Leherbauernhof als nationale Gedenkstätte »Franz-Jägerstätter-Haus« eingeweiht.

»Märtyrer wie Jägerstätter sollten nie das Gefühl haben, daß sie allein sind!«

Im Jahre 1965, während des 2. Vatikanischen Konzils, verwies Erzbischof Thomas D. Roberts SJ – von 1939 bis 1958 Bischof von Bombay – bei der Arbeit an der pastoralen Konstitution über die Kirche in der Welt von heute »Gaudium et spes« – auf die einsame Gewissensentscheidung Jägerstätters.[72] Er erreichte, daß der Passus gestrichen wurde, im Zweifelsfall habe man der Obrigkeit das Urteil darüber anheim zu stellen, ob ein Krieg gerecht sei oder nicht. Damit setze man Märtyrer wie Jägerstätter von vornherein ins Unrecht. Und er ging von Jägerstätters einsamem Weg aus, als er sich für den kirchlichen Schutz von Kriegsdienstverweigerern aus Gewissensgründen einsetzte:

»Ehrwürdige Väter! Statt meine Bemerkungen mit Beweisen aus abstrakten Prinzipien zu untermauern, ziehe ich es vor, ein Einzelbeispiel anzuführen, das die Aufgabe dieses Konzils beleuchtet. Es handelt sich um einen jungen Christen, einen österreichischen Bauern mit Namen Franz Jägerstätter, der am 9. August 1943 in Berlin hingerichtet wurde wegen seiner Gewissensbedenken gegenüber einem Krieg, der später in Nürnberg als ›Verbrechen an der Menschheit‹ verurteilt wurde. ... Dieser junge Mann, Gatte und Vater, war gerufen, Zeugnis abzulegen dafür, daß ein Christ in einem Krieg, den er für ungerecht hält, keinen Wehrdienst leisten darf, und daß er, wenn es nötig ist, auch sein Leben lassen muß, wo immer das von Gott in sein Herz geschriebene Gesetz mit den Befehlen der zeitlichen Macht in Widerspruch gerät.

Das Zeugnis dieses Mannes war ein einsames Zeugnis. Alle befreundeten Katholiken in seinem kleinen Dorf, die Priester, an die er sich um geist-

lichen Rat wandte, auch sein Bischof, den er privat aufsuchte, sagten ihm, er müsse den Militärdienst leisten, denn es sei nicht seine Sache, zu entscheiden, ob der Krieg seines Landes gerecht oder ungerecht sei. Dennoch sagte ihm sein Gewissen, er könne es nicht der Staatsgewalt überlassen, zu entscheiden, was hier seine sittliche Pflicht war. Er war überzeugt, daß dieser Krieg ungerecht sei und er deswegen nicht an ihm teilnehmen dürfe. ... Am Tag der Enthauptung gab er freiwillig sein Leben hin für die Sünden der Welt und dankte Gott für die Gnade, auf diese Weise seinen Glauben bezeugen zu dürfen. So starb er.

Ich spreche von dieser Begebenheit, damit sie uns als Leitbild diene. Darum handelt es sich, wenn wir vom Widerstand aufgrund des Gewissens reden. Hier müssen wir das Maß nehmen für das, was wir schließlich aussagen wollen. Ich fürchte sehr, daß das vorliegende Schema – (der Entwurf des Konzilsdokuments) – wenigstens in zwei Punkten versagt:

Erstens: Der Text billigt die sogenannte ›Rechtsvermutung‹, wonach der Christ gehalten ist, der legitimen weltlichen Autorität zu gehorchen, wenn nicht offensichtliches Unrecht vorliegt. Das Tragische dabei ist, daß die Ungerechtigkeit der Nazi-Sache Hunderttausenden von Mitkatholiken Jägerstätters, die den Militärdienst leisteten, offensichtlich nicht deutlich bewußt war. Sie war auch den geistlichen Führern, selbst in den höchsten Rängen, nicht klar, die den Militärdienst lobten und zur Dienstleistung aufforderten. Da die Ungerechtigkeit dieses Krieges nicht genügend offenbar wurde, bis weite Gegenden der Welt verwüstet und die Verbrecher dem Nürnberger Gericht ausgeliefert wurden, frage ich, ob es jetzt an uns ist, zu erklären, daß Jägerstätter und andere unbekannte Zeugen der gleichen Art sich geirrt hätten, daß sie die ›Rechtsvermutung‹ gegenüber Hitler und seinen Vasallen hätten anwenden müssen. Gott möge das verhüten!

Zweitens: Das Schema empfiehlt den Staaten, die Rechte des Gewissens in der Gesetzgebung zu berücksichtigen. Das ist betrüblich schwach, völlig unzureichend. Jägerstätter wußte immer, daß seine Gewissensweigerung ihm den Tod bringen werde. Er war bereit, ihn auf sich zu nehmen. In den letzten Tagen der Haft aber quälte ihn die Angst, ob er nicht unrecht tue, wenn er den Rat der geistlichen Führer seiner Kirche nicht befolge.

Was wir hier am Konzil tun müssen, ist das Folgende: Wir sollen öffentlich erklären, die Kirche bejahe das Recht des Einzelgewissens, einen ungerechten Militärdienst zu verweigern. Wir sollen versichern, daß die Kirche jene Gläubigen, die ein solches Zeugnis ablegen, voll unterstützen werde.

Wenn wir das getan haben, werden Märtyrer wie Jägerstätter nie das Gefühl haben müssen, daß sie allein sind.

Ich bitte die Väter, zu diesem Mann und zu seinem Opfer mit Dankbarkeit aufzuschauen. Sein Beispiel möge unsere Beratungen befruchten. Damit soll nicht gesagt sein, daß unsere Gedanken bei diesem einen Krieg stehen bleiben können. ... Vielleicht bestand das größte Ärgernis der Christen durch allzu viele Jahrhunderte hindurch gerade darin, daß fast jede nationale Hierarchie in beinahe jedem Krieg sich als moralische Stütze ihrer Regierung gebrauchen ließ – auch bei Kriegen, die später als offensichtlich ungerecht anerkannt wurden.

Laßt uns mit dieser tragischen Vergangenheit brechen! Laßt es uns klar und unzweideutig hier aussprechen, daß ein jeder Christ das Recht und die Pflicht hat, der Stimme seines informierten Gewissens vor und in einem Krieg zu folgen!«[73]

Buchstaben im neuen Alphabet des Märtyrers Franz Jägerstätter

An Märtyrern wie Franz Jägerstätter sehen wir, wie die »ewige Wahrheit in neuen Alphabeten« (Michael Baumgarten) erkennbar wird. Nachfolge Jesu bewährt sich in politischen Zusammenhängen.

Einsamer Rebell: Franz Jägerstätter ging als einzelner entschlossen seinen Weg. Wenn er sagte, man solle sich nicht von der Masse mitreißen lassen, so entsprach das seiner eigenen Lebenspraxis. Daß er sich eher auf eigene Lektüre, eigenes Überprüfen, eigenen Willensentschluß verließ als auf weltliche und kirchliche Autoritäten, bildete und stärkte sein Gewissen. Er wagte, Ausnahme zu sein, seinen eigenen Kopf zu haben: ein einsamer Rebell.

Katholische Frömmigkeit: Jägerstätters Leben war geprägt von den Glaubensvorstellungen der katholischen Landbevölkerung, alles steht an seinem wohlgeordneten Platz: Gott, der himmlische Vater, und Maria, die Himmelskönigin, Fegefeuer und höllische Verdammnis, Bibel und Altarsakrament, heilige Messe, Maiandacht und persönliches Gebet, Beherzigung der Gebote und Vermeidung von Sünden, Nachfolge Jesu Christi im Leiden und Gewißheit des ewigen Lebens, katholische Kindererziehung und demütiges Vergeben. Dieser Kosmos umgab sein Leben mit Sinn.

Politischer Durchblick: Jägerstätter betrachtete die politischen Verhältnisse sehr nüchtern. Zudem hatte er biblische Maßstäbe für das, was gut und böse ist, verinnerlicht. Das befähigte ihn zu eigener Analyse und Ideologiekritik. Deshalb prallten die Sprachregelungen der nationalsozialistischen Propaganda an ihm ab. Deshalb schloß er sich auch nicht den Anpassungsstrategien seines Dorfes an und hielt den vorsichtigen politischen Kurs der Repräsentanten seiner Kirche für verfehlt.

Entlarvung des Pseudomessias Hitler: Franz Jägerstätter erkannte hellsichtig, wie sich in Hitler ein Pseudomessias den Menschen präsentierte und daß der Nationalsozialismus als eine Pseudoreligion die Herzen der Menschen erobern wollte. Darum fragte er: Kann ein gläubiger Katholik zugleich überzeugter Nationalsozialist sein? Dahinter aber stand die Frage: Wer ist mein Herr: Gott, der Leben schenkt – oder der Teufel Hitler, der Verderben bringt? Die Entscheidungen im Bereich der Politik hatten für Franz Jägerstätter Konsequenzen in Zeit und Ewigkeit.

Mündiger Glaube: Franz Jägerstätter hörte auf die Weisungen seiner Kirche. Er holte den Rat seiner Seelsorger ein, sah aber auch deren Kurzsichtigkeit und Ängstlichkeit. Ihre Argumente prüfte er gewissenhaft. Aber er entschied dann selbständig – mit seiner eigenen Erkenntnis der Heiligen Schrift, mit einem eigenständigen Wissen darum, was wesentlich zum Christentum gehört. Er emanzipierte sich von den kirchlichen Autoritäten – und blieb doch auch als mündiger Laie ein treuer Sohn der Kirche.

Selbständiges Urteil: Jägerstätter wagte, seinen eigenen Verstand zu gebrauchen: Er verschloß seine Augen nicht vor dem Verbrechen der Euthanasie. Er erkannte, daß das deutsche Volk für die verbrecherischen Kriegsziele der Nationalsozialisten bluten mußte. Er durchschaute, wie die Ideologie des Antibolschewismus nur die materialistischen Ziele des Rußlandfeldzugs verschleierte. Das war Sünde, daran wollte er sich nicht beteiligen.

Freier Wille, an Gott gebunden: Der Obrigkeit zu gehorchen, war für Franz Jägerstätter Gottes Gebot – sofern die Obrigkeit nichts verlangte, was gegen Gottes Gebote verstieß. Jägerstätters Gewissen war an Gottes Wort gebunden, Gott hatte ihm aber auch eine prüfende Vernunft und einen freien Willen zur Entscheidung geschenkt und erwartete von ihm, Sünden zu vermeiden. Davon ließ Jägerstätter sich nichts abmarkten.

Kompromisslosigkeit: Franz Jägerstätter lehnte jegliches Ansinnen ab, diplomatisch klug vorzugehen, sich wie viele andere an die nationalsozialistische Herrschaft anzupassen und durch Zugeständnisse sein Leben zu retten. Mit der Sünde wollte er keinen Kompromiß schließen. Seine Entscheidungen klärten sich erst in längeren Reflexions- und Diskussionsprozessen, danach hielt er sie aber standhaft fest.

Verpflichtung zum Laienapostolat: Jägerstätter gab seinen Glauben weiter: als Hausvater, als Nachbar und Freund, als Soldat und Mithäftling. Er realisierte das allgemeine Priestertum der Gläubigen bewußt auch im Dritten Orden des Heiligen Franziskus. Er lebte sein ganzes Leben in Worten und Taten als ein Bekenntnis zu Jesus Christus.

Gewissheit des ewigen Lebens: Weil ihm das ewige Leben bei Gott im Himmel gewiß war, lebte Franz Jägerstätter mutig auf der Erde. Er suchte nicht den Tod, aber er fürchtete ihn auch nicht. Weiter als der Tod reicht Gottes Liebe.

KAJ MUNK – MÄRTYRER UM DES OFFENEN WORTES WILLEN

»Die Wahrheit kann man nicht konservieren. Sie existiert nur in lebendigem Zustand. Und sie muß gerade in dem Augenblick benutzt werden, in dem sie sich kundtut. Denn die gefährlichste von allen Lügen ist die tote Wahrheit.« (Kaj Munk, 1943)

Der Mord

Am frühen Morgen des 5. Januar 1944 wurde der dänische Pfarrer und Dichter Kaj Munk[1] bei Hoerbylunde Banke in der Nähe von Silkeborg erschossen aufgefunden. In seiner Manteltasche steckte ein Zettel in fehlerhaftem Dänisch: »Du Schwein hast doch für die Deutschen gearbeitet.« Ging der Mord zu Lasten der dänischen Widerstandsbewegung? Jedenfalls sollte dieser Anschein erweckt werden. In Wirklichkeit war Kaj Munk am Abend zuvor in seinem Pfarrhaus in Vedersoe – bei Ulfborg, unmittelbar an der Nordsee – von Deutschen verhaftet worden. Einige der fünf SS-Männer[2] gehörten zur Gruppe Skorzeny, die im Jahr zuvor Mussolini in einer spektakulären Aktion befreit hatte. Zu dieser Mordtat, die von höchster Stelle angeordnet wurde, waren sie eigens aus Berlin angereist. Es gibt nur Spekulationen darüber, warum die SS-Leute ihr Opfer so weit von seinem Heimatort wegbrachten, ihm unterwegs eine Beruhigungsspritze gaben und dann in der Nacht des 4. Januar 1944 erschossen.

Der dänische Widerstand sollte mit diesem Mord getroffen werden. Kaj Munk war das Symbol der dänischen Opposition gegen die deutsche Besatzung und ein scharfer Kritiker der Kollaboration seiner Landsleute mit den Feinden. Was er öffentlich sagte, war Ausdruck des politischen Protestes und stärkte den Widerstandswillen der anderen Dänen, die sich mit dem Zustand der Unterwerfung nicht abfinden wollten. Seine Stimme sollte endgültig zum Schweigen gebracht werden. Der Terror sollte auch die Widerstandsgruppen im Lande einschüchtern.

Der Ermordete wurde unter großer Anteilnahme der Bevölkerung neben seiner Kirche in Vedersoe begraben. Im Land wehten die dänischen Fahnen auf halbmast. Im Königlichen Theater in Kopenhagen wurde zum Gedenken an seinen Tod die Vorstellung unterbrochen.

Eine kleine Ausstellung im alten Schulhaus neben der Kirche, eine Gedenktafel in dem Seitenschiff der Kirche und ein Denkmal mit seiner Büste nahe der Kirche in Vedersoe erinnern noch heute an ihn. An der Stelle der Straße bei Hoerbylunde Banke, wo man den Ermordeten fand, steht als Mahnmal ein granitenes Kreuz ohne Namen oder sonstige Inschrift. Stets sieht man frische Blumen davor. In seinem Vaterland gedenkt man Kaj Munks noch heute als eines Märtyrers des dänischen Widerstands. Als Dichter, Schriftsteller und Dramatiker wird er in Dänemark weniger erwähnt, weil Formen und Inhalte seines literarischen Schaffens stark zeitgebunden waren.

Kaj Munk wurde am 13. Januar 1898 in Maribo auf Lolland geboren. Zwanzig Jahre war er mit Leib und Seele Dorfpfarrer in Jütland. Seit im Jahre 1928 das Königliche Theater in Kopenhagen sein Bühnenstück »En Idealist« aufgeführt hatte, galt er zugleich als einer der angesehensten Dichter und Dramatiker Dänemarks. Sein umfangreiches Werk umfaßt über zwanzig Schauspiele, Lyrik, Kirchenlieder, vaterländische Gedichte, Erzählungen, Presseberichte, Kommentare und Essays zum Zeitgeschehen, eine Selbstbiographie, einige Filmskripte und Predigtbände. Seine Theaterstücke wurden in ganz Skandinavien häufig aufgeführt, seine Gedichte und Betrachtungen gern in den dänischen Zeitungen abgedruckt. Die königliche Regierung ehrte ihn seit den dreißiger Jahren durch einen jährlichen »Dichtersold«. 1948/49 erschien eine neunbändige Gedächtnisausgabe seiner Werke.

Das Milieu, in dem Munk aufwuchs, war das von Handwerkern und Kleinbauern. Als Kind prägten ihn die dänische Erweckungsbewegung der »Indre Mission« wie auch Pastoren und Lehrer in der Tradition des christlichen Volkserziehers Grundtvig. Zwanzig Jahre war Kaj Munk sowohl im alltäglichen Umfeld seiner Dorfgemeinde Vedersoe als auch in der Welt der dänischen Volksbildung und des Theaters zuhause. Es ging ihm – ob auf der Bühne oder der Kanzel, ob in seinen Zeitungskommentaren, ob ausdrücklich benannt oder zwischen den Zeilen – stets um die Aktualisierung der christlichen Werte – wie er sie als Nachfolger Jesu und als Lutheraner verstand.

Er liebte Deutschland, das er einigemal bereiste, und bewunderte dessen kulturelle Tradition. Aber mehr noch war er stolz darauf, ein Däne, ein Skandinavier zu sein.

Bis in die dreißiger Jahre hat Kaj Munk, wie so viele europäische Intellektuelle, den Faschismus Mussolinis und die Faszination, die von Hitler und der scheinbaren Erneuerung Deutschlands ausging, öffentlich positiv beurteilt. In Dänemark wird noch heute unter Fachleuten diskutiert, wieso das bei einem Mann geschehen konnte, der später so eindeutig zum Widerstand gegen Hitler aufrief. War es die Anziehungskraft starker Charaktere auf den Dichter? Oder politische Naivität, die sich positive Folgen von der Konzentration der Macht in der Hand eines charismatischen Führers versprach? Oder kleinbürgerlicher Protest gegen die vielen Kompromisse einer Demokratie? Oder gar romantische Stilisierung der »Führer« zu einsamen Gerechten, die leidend ihr Kreuz tragen, um ihre Völker zu erlösen? Von all dem findet man etwas bei Kaj Munk.[3] Aber er hatte auch eine solide, an Jesus von Nazaret orientierte, biblische Fundierung. So mußte er schließlich erkennen, daß eine große Kluft besteht zwischen dem Geist Jesu und dem Charisma politischer Führer. Und daß man dem Teufel widerstehen muß. So zog er die Konsequenzen.

Bestürzt berichtete er noch nach Jahren in einer Predigt, wie schrecklich der Enthusiasmus eines dänischen Arztes auf ihn gewirkt habe. Dieser habe bei einer Versammlung einen Toast auf Hitler ausbringen wollen und mit glänzenden Augen gesagt, Hunderttausende seien bereit, für den »Führer« ihr Leben hinzugeben, und dann noch spöttisch hinzugefügt, aber offenbar keiner der Christen für Jesus und seine Sache.[4]

Protest des Dichters

Als Mussolini einen mörderischen Eroberungskrieg gegen den Negus Heile Selassi von Äthiopien begann, schlugen die Sympathien Kaj Munks in ihr Gegenteil um. Es empörte ihn, daß ein zivilisiertes, hochgerüstetes Land ein schwächeres, unterentwickeltes Volk überfiel und daß wegen wirtschaftlicher Interessen Weniger das Leben Tausender unschuldiger Menschen ausgelöscht wurde. Er verfaßte im Januar 1936 das Theaterstück »Sejren« – »Der Sieg«, in dessen Hauptfigur man unschwer den Duce erkennen kann. Wegen der überdeutlichen Kritik an der verantwortungslosen Machtpolitik des Faschistenführers wurden die Aufführungen sowohl in Dänemark wie in Schweden von den Behörden wie von den italienischen Botschaften beargwöhnt und behindert.

Der antisemitische Rassenhaß und die Judenpolitik im nationalsozialistischen Deutschland, aber auch die Versuche gewisser deutscher Christen, ein angeblich germanisches Christentum an Stelle des an der Bibel orientierten Glaubens zu setzen, ließen ihn in zahlreichen Zeitungskolumnen zum bissig-ironischen Kommentator der herrschenden deutschen Rassenideologie und deren kirchlichen Helfershelfer werden:

»Für uns Nordländer ist die deutsche Apotheose des Nordischen etwas Unerträgliches. Wir fragen mit spöttischem Lächeln, ob der Ariergeist etwas so Bemerkenswertes sein kann, da er sich fünfzehn Jahrhunderte lang von einem grünen Jungen wie Jehova tyrannisieren ließ. Wir zweifeln an der Kraft des deutschen Blutes, wenn wir hören, daß es ganz und gar verdorben sein soll bei einem Individuum, bei dessen Großmutter es vermutlich ein wenig nichtarischen Zusatz hatte. ... Und wir sind höchst erstaunt darüber, daß ein so stolzer und erhabener Stamm wie der germanische einen Bund mit den Italienern und Japanern suchen muß, um sich in der Welt zu behaupten. Schließlich notieren wir, daß ein germanisches Volk die Erde regiert, aber nicht das deutsche, sondern das englische, das es sich immer leisten konnte, auf eine Betonung der eigenen Vortrefflichkeit zu verzichten und es nie nötig hat, sich einen pfarramtlichen Ausweis über die Abstammung der Großmutter zu beschaffen.«[5]

Folgerichtig wurde er zum schroffen Kritiker Hitlers und der politischen Entwicklung im Deutschen Reich. Als die »Schleswig-Holsteinische Landeszeitung« Kaj Munk 1936 wegen eines kritischen Zeitungsartikels zum 400. Jahrestag der lutherischen Reformation in Dänemark rügte und den dänischen Theologen und Dichter als Beweis für die Einflüsse des »Asphaltjudentums« auch in dem skandinavischen Nachbarland vorführte – Munks Geschmiere stünde jüdischen Schmierereien nicht nach, wurde gegen ihn polemisiert –, verlangten die dänischen Kirchenbehörden von ihm eine Stellungnahme zu diesem Vorwurf der deutschen Presse. Voll sarkastischem Zorn schrieb Kaj Munk daraufhin seinem Ministerium:

»Ich bin ein geborener Petersen[6] und alles an mir ist, soweit ich es übersehe, »nordisch«. Nun aber wird mir also auf dem Dienstweg von Deutschland mitgeteilt, daß der munksche Geist jüdischer Asphaltliteratur gleichkomme, von diesem Deutschland, das sich – mit Herrn Streicher an der Spitze – in Ausdrücken gefällt, für die »Lokusschmierereien« noch ein zahmer Ausdruck ist. Von einem gewissen Zimmermann (Gott verzeih ihm, er war nur ein Jude!) habe ich das Asphalt-Auftreten gelernt, und weiter, daß es beim Kampf um den Geist in vielerlei Fällen unvorsichtig, herausfordernd und verletzend aufzutreten gilt, so daß man sowohl von denen mißverstanden werden kann, denen Gott das Verständnis verwehrt hat, wie auch von denen, die der Teufel mit gutem Willen zum Mißverständnis ausgestattet hat. In dieser Lehre gedenke ich zu verharren – in seiner Kirche – und auch außerhalb dieser, wenn es den darin Etablierten eines schönen Tages gefallen sollte, mich hinauszuwerfen.«[7]

Sein Versuch im Jahre 1938 mutete schon damals hilflos an, durch einen offenen Brief Mussolini dazu zu bewegen, Hitler von den sich steigernden Judenverfolgungen abzubringen. Aber Kaj Munk versuchte – und er gehört damit zu der winzig-kleinen Zahl derer, die etwas gegen die Verbrechen an den Juden unternahmen – mit seinem Mittel des veröffentlichten Wortes, gegen die unmenschlichen Leiden zu protestieren.

Im gleichen Jahr 1938 verfaßte Kaj Munk – übrigens bei einem Aufenthalt in Berlin – ein Bühnenstück gegen den Rassenwahn in Deutschland und den vergeblichen Versuch einiger nationalsozialistischer christlicher Gelehrter, Jesus von Nazaret zu arisieren: »Han sidder ved Smeltediglen« – »Er sitzt am Schmelztiegel«. Der Titel verdankt sich einem dänischen Kirchenlied, in dem es heißt, Jesus verändere die Menschenherzen; sein Bildnis solle den Menschenherzen eingeprägt sein. Der Konflikt, auf dem das Theaterstück aufbaut, entsteht dadurch, daß eine antike jüdische Tonskulptur eindeutig als die früheste Abbildung Jesu, des Juden aus Nazaret identifiziert wird, und das von einer deutschen jüdischen Archäologin. Für den nationalsozialistisch ausgerichteten Wissenschaftsbetrieb entsteht das Dilemma: Soll man entsprechend dem Ethos der intellektuellen Redlichkeit und der Verpflichtung zur Wahrheit in der Forschung diese wissenschaftliche Entdeckung bekannt machen – ohne Rücksicht auf die Folgen? Oder soll man dem nationalsozialistischen Staat einschließlich seiner Rassenlehre auch auf einem so abseitigen Gebiet wie der Archäologie und Orientalistik dienen, den Fund unterschlagen oder gar vernichten? Adolf Hitler, der in der Hauptszene in Person auftritt, ist glücklich, daß der Leiter des Forschungsprojektes, Professor Mensch, schließlich das tönerne Abbild des Juden Jesus vor seinen Augen zerstört. Denn höher als die wissenschaftlich dokumentierte Wahrheit steht dem Führer der politische Kampf um Deutschland. Die archäologische Widerlegung der Theorie vom arischen Jesus würde seine rassepolitischen Ziele und wesentliche Teile der Ideologie seiner Partei lächerlich machen.

Mit bloßstellender Ironie kontert ein tapferer Kirchenmann – Bischof Beugel – die platte antisemitische Propaganda, die ein opportunistischer nationalsozialistischer Gelehrter – Professor Dorn – äußert, der Hitlers Kultusminister werden möchte:

»*Professor Dorn:* Die Juden! Der Kehricht im Rinnstein der Völker! Diese vaterlandslosen Gesellen, die uns hassen, weil wir ein Vaterland haben! Diese aus allen Zusammenhängen Herausgerissenen, vom Glauben und von Idealen Entblößten – sie haben ihren widerwärtigen Zusammenhalt nur wie Ratten mit Krebsgeschwüren, denen die Schwänze zusammenwachsen. Alles Unglück kommt von ihnen: die Geldgier der Männer, die Liederlichkeit der Frauen, die Auflösung der Familien …

Bischof Beugel: Und dann regnet es immer genau an den Tagen, an denen meine Frau Wäsche trocknen will! Ja ja, es ist schon eine verdammte Nation.«[8]

Der stille Gelehrte, Professor Mensch, aber fordert Hitler und die Rassenpolitik des NS-Regimes frontal heraus. Er habe, sagt er dem Führer, seinem Volk ein Opfer gebracht, indem er das – für ihn als Archäologen unendlich wertvolle, weil einmalige – tönerne Bildwerk zerschmetterte, das den Juden Jesus wiedergibt. Aber er schulde auch der Menschheit ein Zeichen, denn das Bild Jesu lebe unauslöschlich in ihm. Deswegen – man bedenke: am 15. September 1935 waren die Nürnberger Gesetze » zum Schutz des deutschen Blutes und der deutschen Ehre« in Kraft getreten – werde er seine jüdische Mitarbeiterin heiraten, der er die Hälfte seiner Forschungsergebnisse, nicht nur die Identifizierung der tönernen Jesusdarstellung verdanke:

»Sie hat den Gedankenreichtum und die Ausdauer des deutschen Geistes, ist jedoch Jüdin. Ihr Name ist Sara Levi.«

Und zu Sara gewandt, die einwilligt, seine Lebensgefährtin zu werden:

»Du sollst mir einen Sohn gebären in meinem Alter, Sara, und der soll ein guter Deutscher und auch ein wahrer Mensch werden.«[9]

Es fand sich zunächst keine dänische Bühne, die »Han sidder ved Smeltediglen« aufzuführen wagte. Bei der Erstaufführung in Norwegen protestierten Anhänger der Partei des nationalsozialistischen Quisling. In Dänemark wurde das Schauspiel dann doch ein großer Erfolg, aber die deutsche Presse protestierte gegen diese Verächtlichmachung des Dritten Reiches, unterstellte Kaj Munk Ignoranz in Rassefragen und fragte: »Wie lange noch soll sich die Grenzlandbevölkerung mit einem solchen Stück abfinden?«

Die Gegnerschaft Munks gegenüber Hitler und dem Nationalsozialismus verschärfte sich seit der sogenannten Tschechenkrise und dem Überfall auf Polen. Zum Rassenhaß und den Judenverfolgungen kamen die Großmachtpolitik und die machtbesessenen, unzählige Menschenopfer einkalkulierenden Eroberungsfeldzüge des nationalsozialistischen Deutschlands, unter denen seit dem 9. April 1940 – dem Tag der Besetzung durch die großdeutsche Wehrmacht – auch Dänemark zu leiden hatte.

Der Schock des 9. April 1940

Kaj Munk trug schwer an dem Verlust der Unabhängigkeit und Freiheit seines Vaterlandes. Ihn empörte der Kurs der dänischen Regierung, die allzu willfährig mit den Invasoren kooperierte, »um Schlimmeres zu verhüten«, und hatte kein Verständnis dafür, daß viele Dänen das akzeptierten.

Am 28. Juli 1940 rechnete Munk in Ollerup auf Einladung einer Volkshochschule vor einer riesigen Zuhörerschar mit der Politik von Ministerpräsident Thorvald Stauning ab. Vor Jahresfrist habe der gesagt, die Diktatur käme nur über viele Leichen ins Land. Nun sei die Diktatur hier; morgens zwischen 3 und 5 Uhr sei sie eingeführt worden. Es habe auch Tote gegeben, aber Stauning lebe noch. Er habe die dänische Demokratie an Hitler ausgeliefert und im Parlament dem Deutschen Reich sogar »Verständnis und Sympathie« ausgesprochen. Offensichtlich rechtfertige der Erfolg alles. Die Danebrog – die dänische Fahne – sei eingeknickt, als die Hakenkreuzflagge auf sie zu kam. Hitler habe ein wehrloses Volk überfallen, dessen einziger Fehler gewesen sei, einem Nichtangriffspakt zu vertrauen. Dänemark werde nicht untergehen. Das dänische Volk solle die Besatzer nicht hassen, das sei nicht dänische Art und entspräche nicht christlicher Gesinnung. Aber mit mehr als mit Korrektheit und kalter Ablehnung könnten sie nicht rechnen.[10] Eine Mitschrift dieser Rede zirkulierte als illegales Flugblatt im Lande.

Daß aus politischer Verantwortung eine gewisse Zusammenarbeit mit der deutschen Besatzungsmacht erfolgen mußte, nahm Munk hin, und er orientierte sich dabei an der kritischen Distanz des dänischen Königs Christian X zur deutschen Politik. Dieser mißbilligte in demonstrativen, öffentlichen Äußerungen Übergriffe gegenüber den dänischen Juden und verhinderte die Durchführung der sogenannten Judensternverordnung in Dänemark.[11]

Was Kaj Munk vor allem erzürnte, war die Würdelosigkeit vieler Landsleute, die um ihres persönlichen Gewinns willen mit der Besatzungsmacht einträgliche Geschäfte machten. Bitter stellte er fest, während des Ersten Weltkriegs hätten manche Dänen am Hunger der Fremden profitiert; die Exporteure, die damals minderwertige Fleischkonserven nach Deutschland verkauften und mit dem Hunger dort Riesengewinne machten, nannte man abschätzig »Gulaschbarone«. Aber jetzt mache es vielen Dänen nichts aus, sogar am Elend des eigenen Vaterlandes reich zu werden.

Das kritisierte er permanent und in aller Öffentlichkeit, sogar noch in der denkwürdigen Neujahrspredigt in Vedersoe kurz vor seiner Ermordung. Ohne Talar, nur im Mantel und mit einem roten Schal um den Hals und an der Treppe zur Kanzel stehend, nicht von der Kanzel herab, hatte er da seiner Gemeinde ins Gewissen geredet: Viele hier aus der Umgebung hülfen ohne materielle Not, nur um den Geldes willen, den Deutschen beim Bau der Atlantikwall-Bunker. Sie wollten wohl damit verhindern, daß sie vorzeitig von den Alliierten befreit werden könnten.

Während der Zeit der Besetzung Dänemarks wurde Munks öffentliche Wirksamkeit durch die Zensur stark behindert. Es gab Hemmungen, Schriften von ihm zu drucken. Ein neues Stück konnte in dieser Zeit nur unter fremden Namen aufgeführt werden – ein befreundeter Schauspieler gab sich als Autor aus. Größere öffentliche Auftritte wurden ihm ab 1941 untersagt wegen seiner kritischen Kommentierung der politischen Situation, die er bei einem Vortrag in der Kathedrale zu Aalborg zu äußern gewagt hatte.[12] Doch hielt er, solange es nicht verhindert wurde, landauf, landab Lesungen und Vorträge zur Lage: »Übrig blieben ihm nur Schulen, Gymnasien, Pädagogische Hochschulen, Gemeindeversammlungen und dergleichen, in denen er sich durch Vortrag auf Vortrag, Rede auf Rede buchstäblich aufrieb.«[13] Der dänische Pfarrer Joergen Glenthoej erinnert sich, wie Kaj Munk am 7. November 1942 einen solchen Vortrag vor der christlich-akademischen Vereinigung mit den Worten schloß: »Alles können sie uns nehmen, aber nicht das Recht auf das Martyrium!«[14]

Vor allem redete Kaj Munk fortan zu den »inneren und äußeren Feinden« seines Vaterlandes von der Kanzel seiner kleinen Dorfkirche in Vedersoe aus. Er wurde zu einem weithin beachteten politischen Prediger, zu dessen Gottesdiensten die Menschen von nah und fern kamen, denn er sprach konkret und mit Zivilcourage:

»Es gibt Leute, die sich einbilden, man könne die Wahrheit einsalzen; einsalzen, glauben sie, in einem Bottich mit Salzlauge halten und dann bei Bedarf, wenn es einem paßt, etwas davon herausholen und verbrauchen. Die irren sich. Die Wahrheit kann man nicht konservieren. Sie existiert nur in lebendigem Zustand. Und sie muß gerade in dem Augenblick benutzt werden, in dem sie sich kundtut. Wenn das nicht geschieht, so stirbt sie; sie verwest und erweist sich sehr bald als Verderben. Denn die gefährlichste von allen Lügen ist die tote Wahrheit.«[15]

Vorher hatte er sein Pfarr- und Predigtamt eher in der Weise des großen dänischen Theologen und Pädagogen Grundtvig aus dem 19. Jahrhundert, volksnah und erbaulich, ausgeübt. Er konnte freilich auch seit seiner Frühzeit scharfe Kirchen- und Christentumskritik in der geistigen Nachfolge Kierkegaards üben.

Eine halbherzige, unentschlossene Haltung war ihm stets zuwider gewesen, sowohl in christlicher wie in moralischer Hinsicht.[16] Es kam ihm von Anfang seines Predigerdienstes auf einen aktiven Glauben an, auf einen Glauben, der an mehr interessiert ist als nur an sich selber:

»Mein Zuhörer, ich könnte mir denken, daß du einwenden möchtest: ›Welche unruhigen Predigten! Wir bekommen immer zu hören, daß wir kämpfen sollen und mancherlei, was wir ohnehin müssen; wir dürfen nie vom Frieden des Glaubens hören.‹ Aber wenn ich nicht mehr von ihm spreche, als ich es tue, so deshalb, weil ich weiß, welche Gefahren dies in sich birgt. Es gibt Menschen, die ich ›Friedenstrinker‹ nennen möchte. Sie trinken sich voll Gottesfrieden. Es ist schön für uns Christen zu wissen, daß wir unser Vertrauen auf Gott setzen können, aber es ist nur gut, wenn dieses Wissen uns aktiv macht. Den Gottesfrieden dürfen wir besitzen, nicht um uns darin zu sonnen, sondern damit wir durch die Ruhe, die er uns gewährt, Kräfte zum Kampf holen können. Wenn ich mich dem Altar zuwende und den Herrn bitte, daß er dir sein Antlitz zukehren und Frieden geben möge, so bedeutet das: daß er dir den Überschuß an Kraft schenken möge, der vonnöten ist, damit du für mehr als nur für dich selbst kämpfen kannst.«[17]

Zu Beginn einer Sammlung deutscher Übersetzungen von Predigten aus den Jahren 1941 bis 1943 – viele der dänischen Urfassungen mit ihren politischen Anspielungen wurden tatsächlich erst in der »Nationaltidende« abgedruckt, dann in zwei Bänden in Dänemark veröffentlicht, trotz der Zensur – gibt er Rechenschaft darüber, warum er nun solche politischen Predigten hält:

»›Du grundgütiger Heiliger Geist! Trockne mir die Tränen von meinen Augen, damit ich den Erlöser erblicke, den Erlöser, klar genug, daß ich meinem Volke jetzt in seiner Schicksalsstunde von ihm zu erzählen vermag.‹ So beten wir dänischen Pastoren im Jahre 1941. Die Kanzel ist uns eine Stätte solcher Verantwortung geworden, daß wir unter unserem Talar schlottern, wenn wir ihre Stufen betreten. Denn hier, in Gottes Haus, ist das Wort frei; aber nicht frei in dem Sinne, daß wir selbst darüber gebieten, sondern in dem Sinne, daß das Wort über uns gebietet. Hier drinnen gilt nur des Heiligen Geistes Zensur, und das ist die Zensur, die uns nicht zwingt zu schweigen, sondern zu reden! Welche Angst erfüllt uns, daß wir nicht ihre gehorsamen Diener sein könnten! Und wie verpflichtend ist für uns das Neue, das hinzugekommen ist. Früher war es der Einzelne, an den wir uns wandten, die Gemeinde (die ist es natürlich auch jetzt noch, und um unseres Lebens, unseres Todes, unserer Ewigkeit willen ist es wichtig, daß dieses Anliegen nicht zurückgesetzt wird), aber jetzt begreifen wir besser als je zuvor, daß Gott auch Dänemarks Gott, daß Jesus nicht nur der Erlöser eines jeden Einzelnen, sondern auch der Erlöser unseres Volkes ist. Und ist die Kirche nicht der Ort für die Einführung ... des ›neuen Europa‹ und einer Staatsideologie, so ist und bleibt sie doch der Ort, wo das Unrecht in den Bann getan, wo die Lüge entlarvt, die giftige Bosheit angeprangert werden muß – der Ort, wo Barmherzigkeit geübt werden soll als der Quell des Lebens, als der Herzschlag der Menschheit. Und wo man etwas anderes lehrt als diesen Glauben, da lehrt man Dschungel und Tod.«[18]

Kaj Munk sagt hier selbst, erst in dem neuen, mit dem deutschen Überfall gegebenen Kontext der scharfen Zensur, der behördlichen Sprachregelungen und nationalsozialistischen Propaganda habe er angefangen, politisch zu predigen. Aber ihm ist bewußt, daß es nicht eine freigewählte Aufgabe ist, sondern daß er so handeln muß – und eigentlich alle anderen Pastoren seines Landes so handeln müßten – als »Diener am Wort«. Es ist für ihn eine unabdingbare, prophetische Verpflichtung. Dem Bekenntnis zu seinem Dienst fügt er deshalb ein regelrechtes Anathema hinzu. Wie ein Prophet droht er, wo man etwas anderes lehre und nicht die politischen Sünden wider die Humanität anprangere, da lehre man »Dschungel und Tod«. Das Wort Gottes treibt ihn in die Verantwortung für sein dänisches Vaterland. Er handelt am gegebenen Ort und in der konkreten Situation als christlicher, dänischer Patriot und, wie man an vielen Stellen seiner Predigten bemerkt, als solidarischer Skandinavier, der starken Anteil nimmt am Kirchenkampf und der Resistance in Norwegen.

Was seit dem 9. April 1940 um ihn herum politisch geschah, in einem Land, das sich als ein christliches verstand, vertrug sich für Kaj Munk nicht mit den politischen Perspektiven, die er in seinen Predigttexten fand. Und das waren, der Tradition seiner lutherischen Staatskirche entsprechend, ausschließlich die vorgeschriebenen sonntäglichen Evangelientexte der in Deutschland sogenannten. »alten« Evangelienreihe! Sie zwangen ihn zu deutlichen Kampfansagen an den Zeitgeist und an den Tyrannen, an alle, die in seinem Heimatland mit den deutschen Besatzern kollaborierten, aber auch an die, die einfach so weiter Christen sein, predigen und glauben wollten, als sei nichts geschehen.

Im November 1941, am dreiundzwanzigsten Sonntag nach Trinitatis hielt Kaj Munk eine Predigt über die Perikope vom Zinsgroschen (Matthäus 22, 15-22). In ihr äußert er sich klar und grundsätzlich darüber, wie politisch christliches Leben und christliche Verkündigung sind:

»Es ist uns Christen zur Pflicht gemacht worden, dem Kaiser zu geben, was des Kaisers ist, und wir haben dem Befehl gehorcht; wir waren die gesetzestreuesten Bürger des Staates. Aber – wenn der Kaiser mehr forderte, als ihm zukam, so war niemand aufrührerischer als wir. Nicht zu unterdrücken waren wir, Jahr um Jahr, Jahrzehnt um Jahrzehnt, Jahrhundert um Jahrhundert, bis wir siegten. Der Kaiser konnte von uns unser Geld, unsere Arbeitskraft, unserer Jugend beste Jahre, unsere Gesundheit, ja unser Leben verlangen. Wenn er jedoch von uns forderte, daß wir schwarz als weiß, Tyrannei als Freiheit, Lüge als Wahrheit, Übergriff und Gewalt als Gerechtigkeit bezeichnen sollten, so antworteten wir ihm: ›Du sollst keine anderen Götter neben mir haben.‹ Und verlangte er es abermals und dringender, so entgegneten wir: ›Es steht geschrieben: Du sollst den Namen des Herrn, deines Gottes, nicht mißbrauchen.‹ Laß ihn nur kommen mit seinen Löwen und Tigern, seinen Galgen und Scheiterhaufen. ›Das Blut der Märtyrer ist der Same der Kirche‹, hieß es schon in der Urkirche. Wir siegen durch unsern Tod. Man muß Gott mehr gehorchen als den Menschen. Gib dem Kaiser, was des Kaisers ist, und Gott, was Gottes ist. Der Christ hat seine Heimat in beiden mächtigen Reichen. Aber sollte es geschehen, daß beide in Konflikt kommen, dann weiß er genau, wem er am meisten verpflichtet ist.

›Das tönt alles sehr schön; aber das Christentum soll unpolitisch sein‹, behauptet man. Die Kirche dürfe sich mit nichts anderem befassen als mit der Erlösung unserer Seele. … Das ist mir eine nette Religion. Wenn nur der kleine Jensen sich einrichten und in den Himmel kommen kann, was in aller Welt geht ihn die Welt sonst an? Laß sie zur Hölle fahren. Das ist Religion, die dem Kaiser gefällt; er will ihr gerne staatliche Unterstützung gewähren. Diese Religion wird ihm nie in die Quere kommen. Es ist eine Religion, die Gotteslästerung heißt. …

Die Wahrheit ist nicht ruhig und würdevoll und erhaben; sie beißt und reibt und schlägt drein. Die Wahrheit ist nichts für vorsichtige Menschen; die brauchen nicht die Wahrheit, sondern ein Sofa. Was ist das für eine sinnlose Forderung, daß die Kirche vorsichtig sein soll? War Christus etwa vorsichtig? Waren etwa die Märtyrer vorsichtig? ›Pst, pst, pst‹, heißt die Losung des Tages, ›sonst kann es die ernstesten Folgen für Land und Volk haben‹. Dies ist völlig richtig. Aber Verstellung und Doppelspiel können noch ernstere Folgen haben. … Es wird hier in Dänemark nicht besser werden, bevor das dänische Volk nicht von Christus Mut gelernt hat. Dieses Volk wird nicht würdig sein, als Volk zu leben, bevor es nicht seine Ängstlichkeit ablegt. Es ist im Begriff, vor lauter Vorsicht zu sterben«[19]

Über die Korrumpierung und Verführung der Menschen – leider auch in Dänemark – durch machtvolles Auftreten der Diktatoren sagt er: »Es gibt gar nichts, das die Gemeinheit des Menschen so offen zeigt, wie sein Verhalten gegenüber der Macht. Weder Begierde noch Sinneslust entblößen auf so düstere Art seine verachtungswürdige Natur. Die Macht droht, und schon schleicht sich die Feigheit ihr zu Füßen. Die Macht lockt, und schon kommt schwanzwedelnd die Gier. Und was den Idealismus betrifft – o, mit nichts hat die Macht ein leichteres Spiel als mit dem Idealismus. Der Idealismus hat keine Zeit zu fragen, ob das recht sei, was jetzt geschieht, nein, es genügt, daß es groß sei – auch wenn dabei göttliche und menschliche Gesetze mit Füßen getreten werden. Was macht das aus, wenn nur das Große vollendet wird! Die Macht diskutiert nicht, sie zeigt nur auf ihre Resultate, und siehe, junge Herzen strahlen und heiße Herzen schlagen im Takt. Über all das wußte unser Herr vollkommen Bescheid. Er lebte in einem Land, wo er das jeden Tag sehen konnte. Er wußte, wie sehr die Macht mit der Chance rechnet, die Resultat heißt.«[20]

Parallelen zu Dietrich Bonhoeffers Denkschrift: »Nach zehn Jahren« werden sichtbar, und zugleich wird deutlich, wie sehr man damals in Dänemark mit Hitlers Erfolgen einverstanden war und in welchem Maße man sich mit dem Großdeutschen Reich gleichschalten ließ.

Und die Kirche, die Pastoren? In seiner Neujahrspredigt 1943 warnt Kaj Munk: »Und glaubt den Pastoren nicht zu sehr. ... Sie sind im Geist des Humanismus erzogen. Sie haben entweder vergessen oder niemals erfahren, was Christentum ist. Sie haben sich schon als Flaschenkinder an ›Liiiebe‹ besoffen. ... Sie ›enthalten sich der Politik‹. Sie predigen Frieden um jeden Preis zum Ergötzen des Teufels, der mehr als gerne sieht, daß das Böse in Ruhe gelassen wird, damit es sich nur noch mehr ausbreiten kann. Das Wort der Schrift lautet nicht: ›Wenn dein Nächster einen Streich auf eine Backe bekommt, dann ist es deine Pflicht, mitzuhelfen und ihn festzuhalten, damit er auch einen auf die andere Backe bekommt!‹ Glaubt den Pastoren nicht zu sehr, bevor sie erwachen und sich daran erinnern, daß sie die Diener des ganzen Evangeliums sind, die Diener des Friedensfürsten, der da kam – nicht um den Frieden zubringen, sondern das Schwert; die Diener dessen, der Petrus verzieh und Judas sich erhängen ließ; dessen, der sanftmütig und demütig von Herzen war und gleichwohl die Tempelschänder vertrieb.«[21]

Trotz der Menschenfurcht, die in ihm steckt und deren er sich bewußt ist, muß Kaj Munk sprechen. »Warum? Darum, daß ich ein Christ bin, daß ich auf der Kanzel stehe; darum, daß das Evangelium heute den Namen Jesus nennt. Er ist's, der mich aufstehen heißt.«[22]

Alle seine Predigten zeigen seine starke persönliche Bindung an Jesus, den menschgewordenen Gott, den Heiland und Befreier, den Lehrer, der zur Nachahmung aufruft, und das Glaubensvorbild, dem die Nachfolge bis ins Martyrium entspricht:

»Das teuerste Kleinod der Kirche – das ist Christus selber; aber das nächst teuerste, das ist der Märtyrermut der Christen. Nicht daß sie Helden sein wollen und der Ehrgeiz sie plage, nicht daß sie sich krankhafter Befriedigung in Selbstquälereien hingeben – aber daß sie Christus so lieben, daß ihnen kein Opfer zu groß wäre für ihn! Mit diesem Märtyrermut haben wir einmal die Welt überwunden, und ohne ihn wird die Welt uns überwinden. ... Christus war ein Streiter, er stand in vorderster Front, aber er scheute sich auch nicht, die Seinen dorthin mit sich zuziehen, wo Tod und Qual und Verstümmelung der Lohn der Helden waren. Und sie folgten ihm ohne Zögern. ... dahin müssen wir wieder gelangen! ... Wie laue und verschlafene Christen wir auch sein mögen, so sind wir doch Christen, das Reich ist uns anvertraut.«[23]

Es ist ein todesmutiger Glaube aufgrund einer gläubigen Lebenshoffnung, die in Christus gegründet ist. Christus ist auferweckt worden, er ist die Brücke zu dem ewigen, unerforschlichen Geheimnis Gottes. Zeit seines Lebens – und erst recht als Seelsorger einer Gemeinde – hat Kaj Munk sich mit der Gewalt des zu frühen, zerstörenden, sinnlosen Todes auseinandersetzen müssen, der weder rational noch theologisch erklärbar ist. Er fand persönlich ein Gegengewicht in seinem starken, wenngleich auch oft angefochtenen Glauben an den auferweckten Jesus. Darüber hatte er schon 1925 ein ergreifendes Bauerndrama geschrieben: »Ordet« (Das Wort), das später von dem dänischen Regisseur Carl Theodor Dreyer verfilmt wurde.

In »Han sidder ved Smeltediglen« läßt Kaj Munk Bischof von Beugel, einen Gegner des Hitlerregimes aus christlicher Verantwortung, lächelnd sagen – und darin spiegelt sich ein Stück seiner eigenen Lebens- und Glaubenshaltung: ». … dann begegnete ich Martin Luther. Er lehrte mich, daß ein Christ ›guten Humor‹ hat. Und dann traf ich Christus selbst – er war noch besser . Er flüsterte mir ins Ohr: Sie sollen uns am Karfreitag nur totschlagen, am Ostermorgen halten wir sie zum Narren.«[24]

Die Orientierung an Jesus Christus und der Bergpredigt, aber auch die Sorge um sein Vaterland und eine stark entwickelte christliche Verantwortung für das öffentliche Wohl lassen ihn immer wieder prophetisch an die Seite der Opfer der politischen Repression treten:

»Aber diejenigen, die Protest erheben; diejenigen, die da wissen, daß die Jugend ins Verderben gerät, wenn man sie zwingt, untätig zu sein, und daß das Land um seine Zukunft bestohlen wird, wenn man immer nur an seine Gegenwart denkt; diejenigen, die sich gegen Nachgiebigkeit und Doppelspiel auflehnen – wie geht es denen? Gegen die Verfassung des Landes, gegen das Rechtsgefühl des Volkes, gegen Recht und Gerechtigkeit selber schleifen auf den Wunsch von Fremden hin Landsleute ihre Landsleute ins Gefängnis. So viele von Dänemarks besten Männern und Frauen sind mittlerweile überfallen, deportiert oder ins Exil getrieben worden, daß man mit vollem Recht sagen kann: wir leben im Bürgerkrieg.«[25]

Darum ist jetzt Politik und Protest auf der Kanzel notwendig; denn Glauben heißt, nach dem Willen Gottes zu fragen und ihn zu tun – und dem Teufel zu widerstehen, der nichts lieber will, als daß die Sünde verschwiegen wird. »Wer Gott untreu wird, stellt sich unter den Schutz des Teufels!« konnte er sagen.[26] Kaj Munk sieht, darin ist er ein treuer und nüchterner Schüler Martin Luthers, auf der Erde einen dramatischen Kampf zwischen Gott und dem Teufel toben, den letzterer verlieren wird, bei dem die Christen aber auf der richtigen Seite mitkämpfen müssen:

»Die weltlichen Machthaber sind mit den sogenannten frommen

Christen darin einig, daß keine Politik in der Kirche getrieben werden soll, und darin kommt die Kirche ihnen auch gerne solange entgegen, wie sie eine Politik führen, die Christus nicht fremd ist. Aber schlagen sie Wege ein, die Christus als Wege gegen Gottes Willen bezeichnet hat, Wege, die für die Völker in den Abgrund führen – dann wäre die Kirche, die dazu schweigt, nicht Jesu Christi Kirche! Denn die Sünde zu verschweigen, ist die Sprache des Teufels. Als Christus gegen die Reichen wetterte, als er die Pharisäer anprangerte, ging er ja auf ökonomische und juristische Gebiete ein. Wenn die ersten Christen sich weigerten, dem Bildnis des Kaisers Opfer darzubringen, begingen sie offenen Aufruhr. Gnade Gott uns, wenn wir nicht verstehen, daß die Kirche gerade dazu geschaffen ist, in jedem gegebenen Augenblick die Ewigkeit zu vergegenwärtigen.« [27]

Die Vergegenwärtigung der Ewigkeit führt die Kirche geradewegs zum Widerspruch durch das verkündigte Wort und zur politischen Widersetzlichkeit. Darin weiß Munk sich mit den norwegischen Lutheranern und ihrem Widerstand gegen die ihnen aufgezwungene nationalsozialistische Obrigkeit einig. Bereits am 27. April 1941 hatte Bischof Eivind Berggrav von Oslo in einem als Privatbrief getarnten Rundschreiben seinen Pfarrern eingeschärft: »Für Luther war Gottes Wort aktuell und in gegebenen Situationen alles andere als bloß ›erbaulich‹. Mit Gottes Wort meinte Luther auch nicht die Bibel an und für sich, sondern die gesamte Verkündigung, verbum vocale. Will man mich durch den Hinweis auf die Ewigkeitswerte daran hindern, mit diesen Ewigkeitsworten eine aktuelle Situation zu beleuchten, hat man dann nicht das Ewigkeitswort zum Museumsgegenstand gemacht? ... Luther betont stark, daß das Wort Gottes sowohl Evangelium als auch Gesetz ist. ... Es ist eine Versuchung: Durch die Lockung ›zentral‹ den Gekreuzigten und seine Sühne für uns zu verkündigen, soll man verführt werden, diesen gekreuzigten Herrn in seiner rügenden Rede an die gegenwärtigen Sünder zu verraten.« [28]

Als die dänischen Pastoren auf Veranlassung des Außenministeriums durch eine Verfügung des Kirchenministeriums angewiesen wurden, nichts über den norwegischen Kirchenkampf gegen das Quisling-Regime verlauten zu lassen, um die Beziehungen Dänemarks zur deutschen Besatzungsmacht nicht zu belasten, weigerte sich Kaj Munk. Er schrieb dem Kirchenministerium – und in einer Zweitausfertigung dem Ministerpräsidenten und gleichzeitigen Außenminister Erik Scavenius – im März 1943:

»An das Kirchenministerium in Kopenhagen

Heute habe ich ein Rundschreiben erhalten, das die Stellung der dänischen Geistlichen zu den Verhältnissen in Norwegen betrifft. Ich gestatte mir, dem hohen Ministerium hiermit ergebenst mitzuteilen, daß ich dieses Rundschreiben nicht nur nicht zu beachten, sondern strikt zu übertreten gedenke.

Anstatt das Außenministerium anzuhalten, die eigenen Angelegenheiten wahrzunehmen und die Kirche an die ihren zu erinnern (wozu Herr Scavenius kaum der rechte Mann sein dürfte), hat das Kirchenministerium in entgegengesetzter Richtung Front gemacht.

Die dänischen Pfarrer legen einen Eid auf die lutherischen Bekenntnisschriften und vieles andere Gute ab, aber nun doch wohl nicht auf den höchstgeehrten Herrn Außenminister. Und gerade auf dieses mein Amtsgelöbnis als Pfarrer berufe ich mich hier.

Ich fühle mich auf das engste mit meinen norwegischen Glaubensbrüdern verbunden, sowohl weil sie Norweger sind, wie auch weil ich sie für meine Brüder im Glauben ansehe. Sie kämpfen den Kampf für dieselben Ideale, für die auch ich zu kämpfen geschworen habe. Wenn ich mich aus Menschenfurcht als passiver Zuschauer hinsetzen würde, dann würde ich mir wie ein Verbrecher gegen meinen christlichen Glauben, meine dänische (das heißt: nordische) Gesinnung und meinen Eid als Pfarrer vorkommen.

Es ist besser, Dänemark in seinem Verhältnis zu Deutschland zu schaden als in seinem Verhältnis zum Herrn Jesus.

Vielleicht sollte man Klage gegen das Ministerium erheben. Rechtlich gesehen liegt ja hier der Fall vor, daß Vorgesetzte ihre Untergebenen zum Amtsmißbrauch verleiten wollen. Denn wir Pfarrer sind dazu eingesetzt, das Wort zu verkündigen, nicht dazu, es zu verschweigen. Sich mit dem Unrecht zu verbünden – das allein würde die ernstesten Folgen für Land und Volk haben. Das hat uns Christus gelehrt.

Falls das Kirchenministerium nicht umgehend Schritte unternimmt, dieses unbedachte Rundschreiben zurückzunehmen, sehe ich mich gezwungen, mich an alle meine Amtsbrüder zu wenden, um an einem Sonntag in unseren Kirchen eine gemeinsame christliche Demonstration für unsere liebe und tapfere Bruderkirche in Norwegen zu veranstalten.

Hier stehe ich, ich kann nicht anders. Denn es ist nicht ratsam für einen Menschen, gegen sein Gewissen zu handeln.
Hochachtungsvoll
K. H. L. Munk, Gemeindepfarrer in Vedersoe«.[29]

So bezog er sich in seinen Predigten und sonstigen öffentlichen Äußerungen nun gerade auf das mutige Verhalten der skandinavischen Mitchristen.

Der Widerstand der norwegischen Kirche

Seit dem Überfall der Deutschen auf Norwegen am 9. April 1940 übte dort der norwegische Nationalsozialist Vidkun Quisling als Ministerpräsident – unter dem »Reichsstatthalter« Josef Terboven – die Macht aus und versuchte, das Volk ideologisch mit dem deutschen Nationalssozialismus gleichzuschalten. Es formierte sich sogleich breiter politischer Widerstand dagegen. Parallel setzte ein an Geschlossenheit beispielloser Kirchenkampf der gesamten lutherischen Staatskirche in enger Verbindung mit den überaus starken Kräften der norwegischen Erweckungsbewegung gegen das Naziregime ein.[30] In dessen Verlauf legten 92,9 Prozent der Pfarrer ihr Amt in der Staatskirche nieder, erklärten sich aber weiter an ihr Ordinationsgelübde gebunden und unterstellten sich einer vorläufigen, vom Staat unabhängigen Kirchenleitung![31] Elftausend, das sind 90 Prozent, der norwegischen Lehrer traten aus dem norwegischen Lehrerverband aus. In persönlichen Erklärungen begründeten sie vor ihren Klassen diesen Schritt: sie hätten die Pflicht zur christlichen Erziehung ihrer Schüler in Gerechtigkeit und Wahrheit, das sei unter der neuen Obrigkeit nicht mehr gewährleistet. [32] Gegen diese norwegische Kirche im Widerstand waren die harten Repressionsmaßnahmen der Quisling-Regierung wie der deutschen Besatzungsmacht machtlos.

Bischof Eivind Berggrav von Oslo, der theologische und strategische Kopf des norwegischen Kirchenkampfes, hielt ab 1941 an vielen Orten seiner Heimat einen Vortrag über das Thema: »Wenn der Kutscher trunken ist – Luther über die Pflicht zum Ungehorsam gegen die Obrigkeit«. Darin begründet er in der gegebenen Situation die Pflicht der norwegischen lutherischen Kirche zum Widerstand gegen die Quisling-Regierung theologisch und zwar – in deutschen lutherischen Landeskirchen undenkbar – von Martin Luther her. Er beschreibt mit Luthertexten das offene Wort als Waffe des Christen im Widerstand: Sünde sei es, zu seinem Wort nicht zu stehen und sich vor Unannehmlichkeiten zu verkriechen. Dann würden wir, sagt Berggrav, »zu Mördern unseres eigenen Rechts«. Luther mahne, auch mit Vertretern einer Obrigkeit, die Unrecht tut, offen zu sprechen: »Du sollst Gottes Wort sein zu ihm. Laß deinen Mund einen Mund sein des Geistes Christi« (WA 8, 682, 31-36). Unrecht durch die Obrigkeit zu erleiden und zu ihrem Unrecht zu schweigen, sei für Luther zweierlei: »Wir sollen und wollen von jenen leiden, was sie an uns tun. Aber dazu stille schweigen und sie lassen recht haben, wenn sie unrecht tun, das können und sollen wir nicht tun. Denn die Wahrheit soll man bekennen und das Unrecht strafen. Es ist ein großer Unterschied zwischen diesen beiden, Unrecht oder Gewalt leiden und zu Unrecht und Gewalt schweigen« (Predigt über Johannes 19,10-11, 1529. WA 28, 361). Und: »Deines Widersachers Sünde sollst du nicht billigen, sondern ihn warnen und strafen; das heißt eine große Barmherzigkeit getan mitten im Bösen. Also errettest du dein Gewissen, und ist dennoch da kein Rächen, sondern eitel lauter Wohltat« (Predigt über Johannes 16, 1529. WA 28, 361). Berggrav folgert daraus für den Widerstand seiner Kirche gegen das Unrecht der Quislingregierung, wer schweige, mache sich mitschuldig und er verrate Gottes Gerechtigkeit. »Wenn sie die Macht über uns haben, darf uns das nicht hindern.« Eine Regierung, die nicht der Gerechtigkeit allen Menschen gegenüber verpflichtet ist, ist für Berggrav eine gottlose, das Recht brechende Obrigkeit, der man widerstehen und die man mit dem Wort und der Wahrheit bekämpfen muß.[33]

Abschriften des Vortragsmanuskriptes kursierten in ganz Skandinavien. Kaj Munk war durch Didrik Arup Seip, den Schwager Berggravs und Rektor der Osloer Universität, ausgezeichnet über den Widerstand im skandinavischen Bruderland informiert und kannte Berggravs Ausführungen. Als Berggrav am 7. April 1942 zusammen mit den anderen norwegischen Bischöfen verhaftet wurde und später unter Hausarrest stand, schrieb er eine christliche Staatslehre: »Der Staat und der Mensch«, die mit dem Kapitel: »Das Recht zum Aufruhr« schließt.[34]

Die beiden Predigtbände Kaj Munks »Ved Babylons Floder« – »An den Flüssen Babylons« und »Med Ordets Svaerd« – »Mit dem Schwert des Wortes« gelangten auch nach Norwegen. Ihr Inhalt ermutigte viele Christen im Widerstand. Als Rektor Seip verhaftet wurde, schickte ihm Kaj Munk »Ved Babylons Floder« ins Gestapo-Gefängnis Grini mit der Widmung »Apostelgeschichte 5,41!« Der Bibeltext lautet: »Sie gingen aber fröhlich von dem Hohen Rat fort, weil sie würdig gewesen waren, um seines Namens willen Schmach zu leiden.« Das Buch passierte die Kontrollen, die nicht ahnten, wie subversiv sein Inhalt war. Munks Predigten wurden in Grini vorgelesen, wenn Gefangenengruppen zusammengeschlossen wurden. Einige Blätter des Buches begleiteten Seip, als er nach Fuhlsbüttel verlegt wurde.[35]

Kaj Munk und der dänische Widerstand

Kaj Munks Protest gegen die Knechtung Dänemarks durch die Deutschen wurde noch schärfer, als nach einer Welle von Sabotageakten am 29. August 1943 der militärische Ausnahmezustand über das Land verhängt wurde und man – neben anderen Terrormaßnahmen – auch Dänemark mit Gewalt »judenfrei« machen wollte. Für ihn wie für viele Dänen befand sich sein Vaterland nun im Kriegszustand mit Deutschland.

Der »status confessionis et resistentiae« war für die dänischen Lutheraner mit der Verfolgung dänischer Juden durch das nationalsozialistische Regime gegeben. Ende September – Anfang Oktober 1943 versuchten die Deutschen, sämtliche dänischen Juden in die Vernichtungslager im Osten zu bringen. In Nacht- und Nebelaktionen dänischer Widerstandskreise, mit großer Beteiligung der Kirche, wurden mehr als 7000 der Verfolgten über den Öresund nach Schweden hinübergerettet. Der Bevollmächtigte des Deutschen Reiches, Dr. Werner Best, hatte durch den Marineattaché an der deutschen Botschaft, Georg Ferdinand Duckwitz, der Resistance Warnungen zukommen lassen, wohl um größere Unruhen in Dänemark zu vermeiden.[36] Einige Hundert dänischer Juden wurden allerdings unter entwürdigenden Umständen von den deutschen Sicherheitskräften gefangen genommen und nach Theresienstadt verbracht; die meisten von ihnen überlebten. Die Empörung über diesen Akt der Rechtlosigkeit und Inhumanität markierte in dem besetzten Land den Übergang von passivem zu aktivem Widerstand eines größeren Teils der Bevölkerung. Am 29. September 1943 ließen die Bischöfe der dänischen Staatskirche durch die dänische Regierung den Vertretern der Besatzungsmacht folgende Erklärung übergeben:

»Die Haltung der dänischen Kirche zur Judenfrage

Wenn eine Verfolgung von Juden aus rassischen oder religiösen Gründen erfolgt, ist es die Pflicht der christlichen Kirche, dagegen zu protestieren.

Erstens: Weil wir niemals vergessen dürfen, daß der Herr der Kirche, Jesus Christus, in Bethlehem von der Jungfrau Maria geboren wurde gemäß der Verheißungen Gottes an sein auserwähltes Volk Israel. Die Geschichte des jüdischen Volkes bis zur Geburt Christi enthält die Vorbereitung auf das Heil in sich, das Gott für die ganze Menschheit in Christus bereitet hat. Das wird durch die Tatsache verdeutlicht, daß das Alte Testament Teil unserer Bibel ist.

Zweitens: Weil eine Verfolgung von Juden in krassem Gegensatz zu den Werten der Humanität und der Nächstenliebe steht, die sich aus der Botschaft herleiten, die die Kirche Jesu Christi zu verkündigen hat. Es gilt kein Ansehen der Person vor Christus, und Er hat uns zu sehen gelehrt, daß jedes einzelne menschliche Leben vor Gottes Angesicht wertvoll ist (Galater 3, 28).

Drittens: Weil es gegen das Rechtsbewußtsein verstößt, das im dänischen Volk gilt und das fest eingewurzelt wurde in den Jahrhunderten dänisch-christlicher Kultur. Auf Grund dessen wird in der Verfassung festgestellt, daß alle dänischen Bürger die gleichen Rechte und Pflichten vor dem Gesetz haben sowie eine garantierte Religionsfreiheit als das Recht, Gott zu verehren entsprechend ihrer Berufung und ihres Gewissens. Diese (Religions-) Freiheit garantiert, daß Rasse und Religion als solche niemals der Grund sein dürfen für die Beraubung der Bürgerrechte, der Freiheit oder des Eigentums. Trotz divergierender religiöser Anschauungen werden wir für unsere jüdischen Brüder und Schwestern kämpfen, daß sie dieselbe Freiheit behalten, die wir höher schätzen als das Leben.

Wir Leiter der dänischen Kirche besitzen ein klares Verständnis unserer Verpflichtung, gesetzestreue Bürger zu sein, die sich nicht unbedacht gegen die erheben, die die Macht über uns ausüben. Aber zur selben Zeit sind wir in unserm Gewissen gebunden, Gerechtigkeit zu verlangen und zu protestieren gegen jegliche Verletzung der bürgerlichen Rechte. Deswegen, sollte der Augenblick der Entscheidung kommen, werden wir unzweideutig das Wort befolgen, daß wir Gott mehr gehorchen müssen als den Menschen.

Im Namen der Bischöfe: H. Fuglsang-Damgaard«[37]

Diese Protesterklärung, die weitsichtig eine ganze Zeit zuvor von einer Gruppierung politisch bewußter, kritischer Pfarrer – PUF = »Praesternes uofficielle Forening« – zusammen mit Bischof Fuglsang-Damgaard erarbeitet worden war, wurde am 3. Oktober, gerade zur Zeit der Judenverhaftungen und der Rettungsaktionen, von allen Kanzeln der lutherischen Staatskirche als Hirtenbrief verlesen[38] – auch in Vedersoe. In einer Predigt über das alte Evangelium von den klugen und den törichten Jungfrauen (Matthäus 25,1-13) verschärfte Kaj Munk diesen Protest seiner Kirche hinsichtlich der Konsequenzen:

»Nur eins will ich sagen: Wenn man hier im Lande mit der Verfolgung einer gewissen Gruppe unserer Landsleute anfängt, nur um ihrer Abstammung willen, dann ist es christliche Pflicht der Kirche zu rufen: Das ist gegen das Grundgesetz im Reiche Christi, die Barmherzigkeit, und das ist verabscheuungswürdig für jedes freie nordische Denken. Und die Kirche muß weitergehen, ohne sich beirren zu lassen. Geschieht das noch einmal, dann wollen wir mit Gottes Hilfe versuchen, das Volk zum Aufruhr zu bringen. Denn ein christliches Volk, das tatenlos zusieht, wenn seine Ideale mit Füßen getreten werden, gibt dem tödlichen Keim der Verwesung Einlaß in seinen Sinn, und Gottes Zorn wird es treffen.«[39]

Ein dänischer lutherischer Pfarrer erwägt öffentlich, zum Aufruhr gegen die Obrigkeit aufzurufen! Kaj Munk hielt in der gegebenen politischen Situation nichts von einem grundsätzlichen, einem Radikalpazifismus.[40] Er war davon überzeugt, daß auch die Dänen etwas tun müßten, um die tyrannische Herrschaft abzuschütteln – und das ging in dieser Lage nur durch Gewalt. Darum hat er die Widerstandsgruppen in seinem Heimatland materiell und ideell unterstützt und öffentlich gesagt, es sei eine propagandistisch motivierte Diffamierung, zu behaupten, die Freiheitskämpfer seien Kommunisten im Dienste des Weltbolschewismus. Er hat über seine Landsleute gespottet, die für die Befreiung »bis zum letzten Engländer«[41] kämpfen, aber selbst nichts tun wollten. Daß die deutschen Soldaten zwar durchweg anständige Menschen seien, heiße nicht, daß man sie als Feinde jetzt schonen müsse. Weil sie im Dienst des Diktators stünden, sei es Pflicht, sie zu bekämpfen. Das war Kaj Munks Überzeugung erst recht, als nach einer Welle von Sabotageakten am 29. August 1943 der militärische Ausnahmezustand über das Land verhängt wurde.

So finden sich in seinen Predigten unmißverständliche verschlüsselt-unverschlüsselte Aufrufe zum Sturz Hitlers. »Denn Verbrecher können die Macht über ganze Völker an sich reißen und alle bestehende Werte umstürzen und soviel Schändlichkeiten und Leiden verursachen, daß der Tempelritter in uns aufgerufen wird. Und da geschieht es, daß wir Christi Wort als einen Befehl vernehmen: Hängt Mühlsteine um den Hals derer, die den Kleineren und Schwächeren ans Leben wollen.«[42]

Die Dänen sollten sich nach Kaj Munks Willen auf die eigenen Befreiungstraditionen besinnen, einschließlich der früheren gewaltsamen Beseitigung von Tyrannen, die das Land unterjochten. Seit der Besetzung Dänemarks führte er das an dem Beispiel des jütländischen Großbauern Niels Ebbesen aus, das jedem Dänen geläufig war. Dieser, ein durch und durch friedfertiger und friedensbereiter Mann, erschlug – trotz seiner Skrupel – am 10. April 1340 den Grafen Geert, einen deutschen Eindringling, der sich ganz Skandinaviens bemächtigen wollte und Niels Ebbesens Gefolgsleute deswegen zwangsverpflichtete.

Kaj Munk schrieb im Frühsommer 1940 ein Bühnenstück darüber, das 1942 in Kopenhagen im Druck erscheinen konnte, aber sogleich verboten wurde.[43] »Als die dänische Polizei am 9. April 1942 auf eine deutsche Forderung hin im Nyt Nordisk Forlag Arnold Busck in Kopenhagen erschien, um die gesamte Auflage des »Niels Ebbesen« zu beschlagnahmen, fand sie nur noch 1.000 Exemplare, die restlichen 15.000 waren in der Nacht vorher schon »verteilt« worden!«[44] Kaj Munk widmete das Werk den dänischen Truppen, die sich gegen den Einmarsch der Deutschen gewehrt hatten: »Unserer jungen Mannschaft vom 9. April«. Das Stück wurde 1943 in Schweden uraufgeführt. Kaj Munk las und interpretierte Teile des Schauspiels trotz der Verbote vom Herbst 1940 an in zahlreichen dänischen Städten. »Niels Ebbesen« ist der dramatische hermeneutische Schlüssel zu seinem Widerstand und seinem Tod. Als Kaj Munk an Lesungen und Vorträgen gehindert wurde, fanden sich viele andere, die diese Protestaktion fortsetzten und Lesungen des Freiheitsdramas veranstalteten.

In einer Predigt über den barmherzigen Samariter (Lukas 10,23-37) nannte Kaj Munk die Tat des Bauern Niels Ebbesen sogar eine barmherzige Tat: »Es gibt Mitmenschen, ... denen man am besten einen Dienst erweist, indem man sie totschlägt. Dies meine ich buchstäblich. Niels Ebbesen gegen den Grafen Geert zum Beispiel. Der kahlköpfige Graf hätte sich ein paar Jahre mehr Hölle erworben, wenn seine Verbrechen am 10. April 1340 nicht gestoppt worden wären. Und wenn es nicht aus Rücksicht auf den Grafen geschehen war, so war es doch eine barmherzige Samaritertat gegenüber dem mit Füßen getretenen, leidenden Volk. ... ›Du sollst deinen Feind lieben‹ bedeutet nicht: ›Du sollst dich auf ihn einstellen und ihm recht geben‹. Ganz im Gegenteil. Du sollst ihn lieben, so daß du eher in sein Gesicht spuckst, als daß du das Verbrechen ihm gegenüber begehst, ihn glauben zu lassen, daß du schweigst und seine Vorhaben und Methoden billigst. Du sollst ihn lieben, weil er dein Mitmensch ist, aber du sollst ihn hassen in dem Maße, wie er das Böse ausübt und er um der Wahrheit willen, und nicht nur deinetwegen, dein Feind ist. ... Gottes Güte ist sanftmütig und geduldig, aber sie schließt nie mit dem Bösen einen Kompromiß.«[45]

Daß er sich mit solchen Predigten und seinen alltäglichen offen kritischen Äußerungen zur Lage in Lebensgefahr brachte, war Kaj Munk wohl bewußt. Von Anfang der deutschen Besetzung an wurde sein Auftreten vom deutschen Sicherheitsdienst genauestens verfolgt.[46] Auf wohlmeinende Warnungen und die Bitte, vorsichtiger aufzutreten, soll er geantwortet haben, er sei doch kein feiger Hund, der den Schwanz einzöge und sich davon schliche, wenn er von einem Stärkeren bedroht würde. Er wolle eher sterben, als die Wahrheit zu verschweigen, er stehe in der christlichen Verantwortung eines dänischen Pfarrers. Auch die Möglichkeit, über Schweden nach England zu gehen und über die BBC sein Wort im Widerstand noch wirksamer einzusetzen, schlug er aus. Sein Martyrium war deshalb abzusehen. Aber er hat, wie seine Gedichte und Predigten und seine 1942 verfaßte Autobiographie »Foraaret saa sagte kommet« – »Der Frühling wird sachte kommen«[47] – vielfach ausweisen, sein eigenes und das volle, blühende Leben um ihn herum geliebt und den Märtyrertod keinesfalls gesucht.

Dänische Widerstandskreise brachten 1944 illegal einen Druck mit den letzten Gedichten Kaj Munks heraus.[48] Im Vorwort werden die deutschen Mörder und ihre dänischen Komplizen angeklagt, vor allem aber wird dankbar vor Gott des »Märtyrers für die dänische Sache« gedacht: Auf der Rückseite des Umschlags steht ein Gedicht mit der Unterschrift: »Vedersoe, den 29. December 1943«. Es stammt aber schon aus dem Jahre 1921, als Munk noch Theologie studierte und um seinen künftigen Weg rang. Im Wissen um seinen Lebensweg erkennen wir, wie sehr er seinem Wesen von Anfang an entsprach:

»Meister mit der schweren Dornenkrone,
ich kann dir nicht folgen, wie ich bin;
Frau und Pfarrhof, die ich einst bewohne,
und zwei Buben liegen mir im Sinn.

Meister mit der schweren Dornenkrone,
wärst du nur gekommen wie ein Gast,
daß er heile, rette und versöhne -
Pfarrer werden wäre keine Last.

Aber nun die schwere Dornenkrone
und die dunkle Blutspur bis zum Grab,
deine Rede, Wort im Schmerzenstone:
Du beanspruchst, was ich dir nie gab.

Meister mit der schweren Dornenkrone,
›Auf, mir nach!‹ war dein Gebot, dein Ruf.

Ja – doch sieh von deinem Ehrenthrone,
wie so schön Gott seine Erde schuf.

Meister mit der schweren Dornenkrone,
›Wer sein Leben liebt, hat's schon vertan‹.
Hilf, daß ich trotz Pfarrhaus, Amt, Gemahlin,
ja der Buben selbst, dir folgen kann.«[49]

Buchstaben im neuen Alphabet des Märtyrers Kaj Munk

Welche »Buchstaben eines neuen Alphabets« zum Entziffern der christlichen Wahrheit verwendet Kaj Munk? Was kennzeichnet diesen Märtyrer und wozu bekennt er sich im Leben und im Sterben?

UNBEDINGTHEIT: Kaj Munk ist von der Unbedingtheit Gottes und seiner Ewigkeit, von der Wahrheit der Heiligen Schrift und der irdischen Gültigkeit des Wortes Gottes durchdrungen. Seine Identität als Verkündiger würde zerbrechen, müßte er hier Abstriche machen. Er erinnert an Gestalten der Bibel, die reden müssen und nicht schweigen dürfen. Gottes Unbedingtheit führt ihn zu prophetischer Unbedingtheit.

JESUSNACHFOLGE: Ihn trägt eine große, persönliche Liebe zu Jesus, dem Juden.[50] Gott wäre und bliebe ihm ein unauflösliches Rätsel, wenn er sich nicht an Jesus Christus halten könnte. Jesu Bergpredigt stellt für ihn die gültige Handlungsanweisung Gottes an die Menschen dar. Seine eigene Radikalität rührt von der Radikalität des Mannes aus Nazaret her.

AUFERSTEHUNGSGLAUBE: Kaj Munk hat den Tod nicht gefürchtet. Er glaubte dem von Gott auferweckten Jesus Christus und gab sein Leben in dessen Hand. Er liebte das diesseitige Leben – in der Gewißheit des ewigen Lebens. Weil er im Ewigen verankert war, trat er auf der Erde für den Willen des himmlischen Vaters ein.

KONTEXTUALITÄT: Christsein und Pfarrersein kann Kaj Munk nur in der konkreten Situation realisieren, Die Wahrheit ist für ihn immer konkret. Und darum ist sie auch kämpferisch. Kaj Munk ist, mit heutigen Begriffen geurteilt, ein kontextueller, politischer Theologe.

Politische Existenz: Kaj Munk ist ein politisch bewußter Mensch. Er nimmt analysierend auf, was sich politisch und gesellschaftlich um ihn herum in Dänemark, im übrigen Skandinavien und in der Welt ereignet, und beurteilt es kompromißlos vom Standpunkt eines Christen, der seine öffentliche Verantwortung wahrnimmt. Imperialistische Großmachtpolitik, Antisemitismus, inhumane Rassendiskriminierung und Verbrechen gegen die Menschenwürde nimmt er nicht hin.

Liebe zum Vaterland: Kaj Munk ist ein dänischer, man muß auch sagen, ein skandinavischer Patriot, aber kein Nationalist. Er bedenkt und beurteilt die politische, weithin vom Deutschen Reich beherrschte Realität Europas als – heute würden wir sagen – »wertkonservativer«, verantwortungsbewußter christlicher Staatsbürger, nicht als Traditionalist und erst recht nicht als Vertreter der Idee eines Christlichen Abendlandes. Er denkt als politischer Mensch über den Tag hinaus.

Eintreten für die Opfer: Stets sind ihm die Opfer der politischen Entwicklung, des faschistischen Imperialismus, bewußt. Ihnen zugute, den Juden, den Zwangsarbeitern, den Zivilopfern der Kriegshandlungen, den verfolgten Oppositionellen, klagt er christliche Barmherzigkeit und solidarische Aktionen ein. Weil er von der »Politik des Reiches Gottes« weiß, stellt er die gegenwärtige politische Lage mit ihrer Inhumanität ins Licht der biblischen Botschaft. Das Wort Gottes zu verkündigen heißt selbstverständlich auch, politisch zugunsten der Opfer, in Opposition zu den Gewalttätern und Rechtsbrechern zu predigen.

Kampf gegen den Teufel: Kaj Munk ist ein nüchterner Theologe, der sich keine Illusionen macht über den Zustand der gegenwärtigen Welt. Deutlich sieht er bei seinen Zeitgenossen die Versuchung, den eigenen Vorteil über das Gesamtwohl zu stellen. Er hat den Mut, das öffentlich zu benennen. Ebenso deckt er christliche und humanistische Versuche, Egoismen zu verschleiern, als Täuschungen auf. Munk hat keinerlei Hemmungen – und damit ist er fähig, Tiefenschichten der Wirklichkeitserkenntnis aussagbar zu machen – hierfür mythologische Sprache zu gebrauchen. Für ihn sind – in der Nachfolge Luthers – diese Taten und Unterlassungen allesamt Aktionen des Teufels. Er wird nicht müde, dazu aufzurufen, dem Widersacher Gottes zu widerstehen.

Elementare ethische Empörung: Kaj Munk empört sich über Verstöße gegen elementare menschliche Rechte, über den Verfall jeglicher am Wohlergehen des Nächsten wie der Gesellschaft orientierten Moral, die Bedrohung der Gerechtigkeit durch willkürliche Machtausübung, über Egoismen jeglicher Art. Weil er in der Predigt Anwalt der christlichen Barmherzigkeit sein muß, artikuliert er hier seinen in der Humanität begründeten Protest.

Zivilcourage: Es schert Kaj Munk nicht, aus der Minderheitenposition heraus zu agieren. Er nutzt die Öffentlichkeit, wo und wie er nur kann. Die prophetische Aufgabe, das Wort Gottes zu verkündigen und die Verantwortung des Dichters, die konkrete Wahrheit auszusprechen verpflichten ihn. Er weiß, daß viele Menschen auf ihn und seine Haltung in Wort und Leben achten.

Liebe zum Leben: Er weiß um seine Verbundenheit mit den Lebendigen und Toten. Wie liebevoll und dankbar spricht er vor seiner Gemeinde – der er sonst harte Brocken seiner politischen Predigt zumutet – nach dem Tode seiner Pflegemutter.[51] Wie kann er in der Predigt zum Allerheiligentag der Toten gedenken, an deren Gräbern man vorbeigeht, wenn man am Gottesdienst in der Vedersoeer Kirche teilnimmt.[52] Wie weiß er alle Eheleute, die ein Leben lang manchen Strauß gegeneinander ausgefochten und sich dennoch geliebt, zusammen ausgehalten und einander geholfen haben, zu preisen[53], aber auch die dänische Heimat, den Segen auf Feldern und Wiesen, die Blumen, das Land, das Meer und die Wolken darüber.[54]

Man kann das Alphabet dieses Märtyrers zusammenfassend so beschreiben: Es ist die Erfahrung eines ungeheuren Widerspruchs, die Kaj Munk zum öffentlichen Protest, zum politischen Predigen, zum Aufruf zum Widerstand nötigt. Er kann die Diskrepanz zwischen Gottes Willen und irdischer Realität nicht ignorieren oder für unwichtig ansehen. Letztlich ist es die Erfahrung des unauflösbaren, zur Entscheidung zwingenden Widerspruchs zwischen dem Maßstab der biblischen Tradition und den Werten des Christentums auf der einen Seite und der Unterdrückung der Freiheit durch die deutsche Besatzung, der Judenverfolgung, der Feigheit der dänischen Kollaborateure sowie der Selbstzufriedenheit der Unbeteiligten auf der anderen Seite.

Er wird zum Repräsentanten des befreienden und anklagenden Christus und damit zugleich ein Symbol des nationalen dänischen Widerstands gegen die Deutschen. Die Trennung zwischen einem »reinen Christusbekenntnis« und einem »patriotischen politischen Engagement« ist bei Kaj Munk nicht herzustellen. Beide zusammen sind der Grund, weswegen er ermordet wurde. Und in der Nachfolge Jesu erleidet er seinen Tod auch stellvertretend für andere. Weil seine Beseitigung als ein politischer Terrorakt zur Einschüchterung der dänischen Freiheitskämpfer erfolgte, besitzt sein Märtyrertod auch die Dimension der Stellvertretung.

DIETRICH BONHOEFFERS UMSTRITTENES MÄRTYRERTUM

»Nur wer für die Juden schreit, darf auch gregorianisch singen.«
(Dietrich Bonhoeffer, 1935)

Hitlers Rache

Im Morgengrauen des 9. April 1945 wurde Pastor Dietrich Bonhoeffer zusammen mit Admiral Wilhelm Canaris, Hauptmann Ludwig Gehre, Generalmajor Hans Oster und Generalstabsrichter Karl Sack im KZ Flossenbürg umgebracht. Der Mord geschah auf persönliche Anordnung Hitlers vom 5. April. Zur gleichen Zeit wurde der Schwager Bonhoeffers, Hans von Dohnanyi, im KZ Sachsenhausen getötet. Der Diktator sah in ihnen die Hauptverantwortlichen am Putsch des 20. Juli 1944.

Damit der mörderische Racheakt in Flossenbürg unter dem Schein des Rechts erfolgten, wurde am Vorabend ein kurzes förmliches »Standgericht« unter dem Vorsitz des SS- und Polizeirichters Otto Thorbeck gehalten, der dazu eigens aus Nürnberg anreisen mußte.[1] Die Leichen und die persönliche Habe der Ermordeten wurden verbrannt.

Der SS-Lagerarzt Dr.Hermann Fischer-Hülstrung schrieb 10 Jahre später, Bonhoeffer sei vor Ablegung seiner Häftlingskleidung im Gebet niedergekniet, um sich auf seinen letzten Gang vorzubereiten, habe auch noch an der Hinrichtungsstätte gebetet, sei dann mutig und gefaßt die Treppe zum Galgen hinaufgestiegen und habe einen schnellen Tod gefunden. »Der Tod erfolgte nach wenigen Sekunden. Ich habe in den fast 50 Jahren meiner ärztlichen Tätigkeit kaum je einen Mann so gottergeben sterben sehen.«[2] Diese Darstellung wird immer wieder zitiert. Sie hat fast den Rang einer klassischen Märtyrerakte erreicht. Doch entspricht sie wahrscheinlich nicht den von Nervosität und Sadismus geprägten Umständen der Ermordung dieser prominenten Häftlingsgruppe und anderer KZ-Insassen an diesem Tag. Im KZ Flossenbürg gab es im letzten Jahr seines Bestehens, von April 1944 bis April 1945 eintausendfünfhundert Hinrichtungen[3] – und Dr. Fischer hatte die Dienstpflicht, den Tod aller dieser Opfer amtlich zu bestätigen.

Ein damaliger dänischer Häftling in Flossenbürg, B. Joergen L. F. Mogensen, widerlegt die Erklärung des SS-Arztes zur Hinrichtung Bonhoeffers und läßt das Bild einer langandauernden Strangulierung der Opfer entstehen. Nach Mogensen fanden an diesem Morgen massenhaft Ermordungen statt. Bonhoeffer konnte wahrscheinlich wegen der äußeren Umstände nirgendwo niederknien noch an der Treppe des Galgens mit gefalteten Händen beten. Eine Treppe zum Galgen gab es nicht, und den Delinquenten wurden die Hände mit Papierschnur auf den Rücken gebunden.[4] Selbstverständlich wird durch die Erinnerungen des dänischen KZ-Häftlings die tapfere, gefaßte Haltung Bonhoeffers keineswegs bestritten. Aber der Realitätsgehalt der Erinnerung – nicht eines »Zeitzeugen«, sondern – eines Beteiligten aus den Reihen der SS wird erheblich in Frage gestellt. Der ehemalige SS-Lagerarzt Dr. Fischer wurde im Jahre 1955 vor dem Landgericht Augsburg gerichtlich befragt und hat unter dem Datum vom 4. April 1955 seine – ihn verteidigende Darstellung – noch einmal auf Wunsch eines Freundes Bonhoeffers erheblich stilisiert niedergeschrieben.[5]

Bonhoeffer – ein »echter« christlicher Märtyrer?

Der Bischof von Chichester, George Kennedy Allen Bell, der Freund Bonhoeffers aus der Ökumene, erklärte in einem Gedächtnisgottesdienst am 27. Juli 1945 in der Holy Trinity Church am Kingsway in London:

»Sein Tod ist ein Tod für Deutschland – ja auch für Europa. ... Sein Tod wie sein Leben bilden ein Faktum von eindringlichem Wert im Zeugnis der Bekennenden Kirche. In der edlen Gemeinschaft der Märtyrer verschiedener Tradition verkörpert er beides: den Widerstand der gläubigen Seele im Namen Gottes gegen den Angriff des Bösen; und ebenso die moralische und politische Erhebung des menschlichen Gewissens gegen Ungerechtigkeit und Grausamkeit. Er und seine Freunde stehen auf dem Grund der Apostel und Propheten. Und es war die Leidenschaft für die Gerechtigkeit, die ihn und so viele andere ... in so enge Gemeinschaft mit anderen Männern des Widerstands brachte, die, obgleich sie außerhalb der Kirche standen, dieselben menschlichen und freiheitlichen Überzeugungen teilten.«[6]

Bischof Bell bezeichnet Bonhoeffers Lebenseinsatz und seine Ermordung zugleich als christliches und als politisches Märtyrertum, er sieht in dem Toten verschiedene Widerstands- und Märtyrertraditionen zusammenkommen: Kampf des Christen gegen das widergöttliche Böse, Kampf des Patrioten gegen Ungerechtigkeit und Terror. Für Bell ist es keine Frage: Bonhoeffer und seine Freunde, also auch die weniger kirchlichen Offiziere, Politiker, Gewerkschafter stehen »auf dem Grund der Apostel und Propheten«.

Bonhoeffers eigene Kirche, die Berlin-Brandenburgische, stellte in einer Kanzelabkündigung zum ersten Jahrestag des 20. Juli 1944 ihren Gemeinden den rheinischen Pfarrer Paul Schneider als »einen Märtyrer im vollen Sinne des Wortes« vor Augen. Dieser war am 18. Juli 1939 im KZ Buchenwald an den Folgen der permanenten Mißhandlungen, die er erlitten hatte, gestorben. Er hätte das Lager als freier Mann verlassen können, wenn er die polizeiliche Ausweisung aus seiner Kirchengemeinde Dickenschied im Hunsrück akzeptiert hätte. Weil er sich aber vor Gott an seine Gemeinde gebunden fühlte, widersetzte er sich. Der NS-Staat hatte nach Schneiders christlicher Überzeugung nicht in Gottes Kirche hineinzuregieren.[7]

Bonhoeffers Name kam jedoch in diesem Text nicht vor, ja, es hieß darin, die Kirche könne den Anschlag vom 20. Juli »niemals gutheißen, in welcher Absicht er auch ausgeführt sein mag. Aber unter denen, die haben leiden müssen, waren Ungezählte, die einen solchen Anschlag niemals gewollt haben.«[8]

Ob Bonhoeffer als Märtyrer im wirklichen christlichen Sinne zu gelten habe, ist seitdem ebenso umstritten wie seine Theologie, von der zuweilen gesagt wird, andere hätten das Gleiche früher und besser ausgearbeitet, aber die Aussagen eines Märtyrers seien ja sakrosankt.[9] Das ist offensichtlich eine Ausflucht, um sich nicht mit dem »neuen Alphabet« dieses Märtyrers auseinandersetzen zu müssen.

Denn er wurde nicht umgebracht wegen seiner eindeutigen »kirchlichen«, theologisch korrekten, aber anstößigen, weil den totalen Staat in die Schranken weisenden Christuspredigt, etwa nach These I der Barmer Theologischen Erklärung von 1934: »Jesus Christus, wie er uns in der Heiligen Schrift bezeugt wird, ist das eine Wort Gottes ... Wir verwerfen die falsche Lehre, als könne und müsse die Kirche als Quelle ihrer Verkündigung ... auch noch andere Ereignisse und Mächte, Gestalten und Wahrheiten als Gottes Offenbarung anerkennen.«

Nein, Dietrich Bonhoeffer mußte sterben, weil er sich auf dem politischen Feld in einer »weltlichen« Initiativgruppe engagiert hatte, deren Absichten hießen: Putsch, Beseitigung des Staatsoberhauptes und Einsetzen einer neuen Regierung mit wesentlich geänderten Regierungszielen – schnellste Beendigung der Kriegshandlungen, sofortiger Stop der Massenvernichtung von Menschen. Das tat er bewußt als Christ. Sein Lebenseinsatz kann als Konkretion von Barmen II verstanden werden: »Wie Jesus Christus Gottes Zuspruch der Vergebung aller unserer Sünden ist, so und mit gleichem Ernst ist er auch Gottes kräftiger Anspruch auf unser ganzes Leben; durch ihn widerfährt uns frohe Befreiung aus den gottlosen Bindungen dieser Welt zu freiem, dankbarem Dienst an seinen Geschöpfen. Wir verwerfen die falsche Lehre, als gebe es Bereiche unseres Lebens, in denen wir nicht Jesus Christus, sondern anderen Herren zu eigen wären ...«

Bonhoeffers gläubiger Lebensgehorsam gegenüber dem Anspruch Jesu Christi, dem Wohl der anderen zu dienen, führte ihn zu politischen Aktivitäten, die er mit dem Leben bezahlte.[10]

Bischof Hans Meiser von der evangelisch-bayerischen Landeskirche sah es anders. Er weigerte sich, anwesend zu sein, als im Jahre 1953 ein Gedenkgottesdienst in Flossenbürg gehalten und eine Gedenktafel mit der Inschrift enthüllt wurde: »Dietrich Bonhoeffer

– ein Zeuge Jesu Christi unter seinen Brüdern«. Bei dem Getöteten, ließ er mitteilen, handle es sich nicht um einen christlichen, sondern nur um einen politischen Märtyrer.[11] In der Ordnungstheologie dieses lutherischen Bischofs war es unvorstellbar, daß Bonhoeffers Beteiligung an den Umsturzplänen eine legitime theologische Begründung und seine Ermordung eine theologische Bedeutung haben könnten. Hans Meiser distanzierte sich als Mann der Kirche mit für ihn – und viele andere Christen im Deutschland der Nachkriegszeit – plausiblen Gründen von dem Weg dieses Glaubenszeugen.

1978 bestritt die Kanzlei der Evangelischen Kirche in Deutschland, daß Bonhoeffers Zustimmung zur Beseitigung Hitlers wegweisend sein könne in der Frage, ob das Apartheidssystem in Südafrika gewaltsam abgelöst werden dürfe. Bonhoeffers Entscheidung zur tötenden Gewalt sei die Gewissensentscheidung eines einzelnen Christen gewesen, habe somit keinen Stellvertretungs- oder Wegweisungscharakter und sei deshalb nicht für die Entscheidung der ganzen Kirche maßgebend. Die Berufung von Südafrikanern auf Bonhoeffer sei darum zu bestreiten.[12] Auch hier wird Bonhoeffer das beispielgebende Zeugnis eines christlichen Märtyrers abgesprochen.

Um so nachdenklicher stimmt, wie vielfältig man im Jahre 1995 in Deutschland an Dietrich Bonhoeffers 50. Todestag erinnert hat. Es fanden nicht nur zahlreiche Gedenkveranstaltungen statt.[13] Auch die skandalöse Beurteilung des »Standgerichts« in Flossenbürg durch Gerichte der Bundesrepublik in den fünftiger Jahren wurde endlich öffentliche kritisiert.[14] Die Erinnerung an den Mord von Flossenbürg wurde ein Medienereignis: Es gab zahlreiche Fernseh- und Rundfunksendungen, Zeitungsartikel, sogar eine Sonderbriefmarke. Ist das der Sog der Jubiläumszahl »Fünfzig«? Oder ist es eine letztlich nur tiefenpsychologisch deutbare, hilflose Geste einer Glaubensgemeinschaft, die der Propheten und Gerechten Gräber schmückt? (Matthäus 23, 29).

Andererseits: Im Gottesdienst am 9. April 1995 in Flossenbürg sagte der bayerische Landesbischof Hermann von Loewenich: » … Er (Bonhoeffer) redet nicht nur von der Nachfolge. Er vollzieht und erleidet sie auf einem ungewöhnlichen Weg. Er … wird zum Mann des Widerstandes, zum Mitwisser der geplanten Attentate auf Hitler, zum Weggefährten jener engagierten Männer aus der Abwehr. ... Mit dem Tod am Galgen besiegelt er diesen Weg. Er wird zum Märtyrer. Zum Zeugen Jesu Christi unter seinen Schwestern und Brüdern, der seinem Herrn bis zum Tod treu bleibt. In der Spur seines Herrn ist er am Morgen des 9. April 1945 buchstäblich hinausgegangen ›aus dem Lager‹, um nackt und bloß am Galgen ›die Schmach seines Herrn zu tragen‹.«[15] Der politische und fromme Dietrich Bonhoeffer wirkte in diesen Tagen als »Glaubenshelfer« durch das Gedenken an sein Martyrium. Er war nicht nur Gegenstand der Erörterung seines politischen Weges und Anlaß theologischer Reflexion. Vielleicht wird man später sagen können, daß er seit dem 9. April 1995 eindeutiger in seiner eigenen Kirche in Deutschland akzeptiert wurde.

Bonhoeffers Weg

Bis zu seinem Tode – und auch danach bis in die ersten Nachkriegsjahre hinein[16] – war Dietrich Bonhoeffer, der am 4. Februar 1906 in Breslau geboren wurde und in einer großbürgerlichen Professorenfamilie in Berlin aufwuchs, relativ unbekannt. Theologen der Berliner Fakultät kannten ihn selbstverständlich, dann auch die Kreise der Bekennenden Kirche im Kirchenkampf, obwohl er dort wegen seiner enthusiastischen Emotionalität, seiner sprühenden Intelligenz, seines jugendlichen Engagements und seiner theologischen und politischen Radikalität ein Außenseiter blieb. Seine beiden wissenschaftlichen Werke »Sanctorium Communio« (1930) und »Akt und Sein« (1931) waren nur Insidern bekannt und blieben wegen der Weltwirtschaftskrise und der politischen Umbrüche in theologischen Kreisen undiskutiert. Seine Schriften dagegen, die während des Kirchenkampfs erschienen, vor allem »Nachfolge« (1937) und »Gemeinsames Leben« (1939), aber auch die biblischen Studien »Schöpfung und Fall – Eine theologische Auslegung von Genesis 1-3« (1934) und »Das Gebetbuch der Bibel – eine Einführung in die Psalmen« (1940) wurden in Bekenntnisgemeinden viel gelesen und halfen angefochtenen Christen, die schwere Zeit im Glauben zu überstehen.

Einen guten Status hatte Bonhoeffer in der ökumenischen Bewegung.[17] Durch einen kurzen Studienaufenthalt in Rom, ein Vikariat in Barcelona, ein Studienjahr am Union Theological Seminary in New York und durch die spätere Tätigkeit als Auslandspfarrer in London erlebte er die Vielfalt der Christenheit in der Welt in einem Maße wie wenige deutsche Theologen damals. Er wurde im September 1931 zum Jugendsekretär des ökumenischen »Weltbundes für die Freundschaftsarbeit der Kirchen« berufen, eine Aufgabe, die mit Reisen ins Ausland und vielfältigen internationalen Kontakten verbunden war. 1934 wurde er in den Ökumenischen Rat für praktisches Christentum »Life and Work« kooptiert. Seit 1938 hatte er durch seinen Schwager Hans von Dohnanyi Kenntnis von Umsturzplänen. Ab 1940 war er aktiv im Amt Canaris, der Abwehrorganisation der Deutschen Wehrmacht, in die Verschwörung gegen Hitler einbezogen. Aufgrund seiner ökumenischen Beziehungen, besonders zu Bischof Bell von Chichester, dem Präsidenten von »Life and Work«, diente er als wichtiger Verbindungsmann der Verschwörer zum Ausland.

Heute ist Dietrich Bonhoeffer der wohl bekannteste deutsche Theologe in der Ökumene. Zum einen wird er immer neu beachtet wegen seiner Briefe aus dem Gefängnis »Widerstand und Ergebung« (1952) mit den darin enthaltenen prophetischen Entwürfen einer neuen Theologie – Stichworte: religionsloses Christentum, nichtreligiöse Interpretation biblischer Begriffe, Beten und Tun des Gerechten, Christus – der Mensch für andere, der leidende Gott, bei Gott in seinem Leiden stehen, die Kirche muß wieder arm werden, Gott, im diesseitigen Leben jenseitig. Die darin enthaltenen Anstöße machen heute lebenden Christen in ihren Konflikten um den richtigen Weg der Kirche Mut, verhelfen ihnen zu weiterführenden Analysen und befreien zu eigenem widerständigen Handeln.

Zum anderen wird der Christ Bonhoeffer hoch geachtet wegen seines konsequenten politischen Widerstands gegen die Verbrechen der Nationalsozialisten, der ihn folgerichtig zum Mitverschwörer und Putschisten werden ließ und ihm Haft, Folter und gewaltsamen Tod brachte. Es sind letztlich sein eng mit seiner Biographie wie mit seiner Theologie verbundener Widerstand und sein Martyrium, dessentwegen man ihn kennt und sein Leben wie sein Werk immer neu reflektiert.

Die posthum erschienenen Entwürfe, Predigten, Vorlesungen und Korrespondenzen – besonders die »Entwürfe zur Ethik« und die Texte aus dem Gefängnis »Widerstand und Ergebung« – und die umfangreiche, von seinem Freund Eberhard Bethge eröffnete und weltweit inspirierte Bonhoefferforschung bis hin zur neuen Werkausgabe[18] geben inzwischen eine detaillierte Kenntnis seiner theologischen Entwicklung und seines Wegs in den politischen Widerstand. Verglichen mit der Beachtung in der Ökumene ist Bonhoeffers Aufnahme im deutschsprachigen theologischen Diskurs bedeutend geringer. Wenn es richtig ist, daß die theologische Reflexion der gesellschaftlichen Realität und der kirchlichen Praxis nachfolgt, läßt das (bittere) Rückschlüsse auf die Entwicklung in Bonhoeffers Kirche seit seinem Tod zu.

Das Friedensgebot Jesu

Bonhoeffer hatte um 1931 ein Schlüsselerlebnis, das seine Frömmigkeit vertiefte und seine Theologie radikalisierte.[19] Schon vorher war ihm, theologisch reflektierend, klar, daß »Christus als Gemeinde existiert«. Das arbeitete er in seiner Dissertation »Sanctorum communio« heraus. Nun – und dann immer wieder neu – erschloß sich ihm existentiell, daß Christus ihn persönlich in dem Wort der Heiligen Schrift anredet und – vor allem durch die Weisungen der Bergpredigt – sein Leben prägen will. 1936 – also rückschauend, in größerem zeitlichen Abstand, was Behutsamkeit in der Interpretation gebietet – schrieb er davon in einem sehr persönlichen Brief:

»Dann kam etwas anderes, etwas, was mein Leben bis heute verändert und herumgeworfen hat. Ich kam zum erstenmal zur Bibel. Das ist auch wieder sehr schlimm zu sagen. Ich hatte schon oft gepredigt, ich hatte schon viel von der Kirche gesehen, darüber geredet und geschrieben – und ich war noch kein Christ geworden, sondern ganz wild und ungebändigt mein eigener Herr. Ich weiß, ich habe damals aus der Sache Jesu Christi einen Vorteil für mich selbst, für meine wahnsinnige Eitelkeit gemacht. … Daraus hat mich die

Bibel befreit und insbesondere die Bergpredigt. Seitdem ist alles anders geworden. Das habe ich deutlich gespürt und sogar die Menschen um mich herum. Das war eine große Befreiung«[20]

Was hier anmutet wie ein Bekehrungsvorgang, sehr persönlich und auf die Heilige Schrift bezogen, bedeutete für Bonhoeffer gleichzeitig auch eine politische Umkehr. Es ging ihm fortan darum, die Sache Jesu Christi im politischen Raum zur Geltung zu bringen. »Der christliche Pazifismus, den ich noch kurz vorher ... leidenschaftlich bekämpft hatte, ging mir auf einmal als Selbstverständlichkeit auf. Und so ging es weiter, Schritt für Schritt.«[21] Der glänzende theologische Denker, der er blieb, wurde zu einem radikalen Christen. In einem anderen Brief bekannte er: »Es gibt nun einmal Dinge, für die es sich lohnt, kompromißlos einzutreten. Und mir scheint, der Friede und die soziale Gerechtigkeit, oder eigentlich Christus sei so etwas.«[22]

Kompromißlosigkeit erwuchs für ihn aus der Unbedingtheit der Anrede Gottes, genauer: der Weisungen Jesu in der Bergpredigt. Über deren Geltung, so erkannte er, ist den Christen eine Diskussion nicht erlaubt – das wäre offener Unglaube. Daher verstand er sich konsequent als ein christlicher, am Friedensgebot der Bergpredigt orientierter Pazifist. Dietrich Bonhoeffer bemühte sich deshalb, auch die Friedensarbeit der Ökumene entsprechend eindeutig auszurichten. Vom 18. bis 30. August 1934 fand auf der dänischen Insel Fanoe bei Esbjerg eine gemeinsame Konferenz des Weltbundes für Freundschaftsarbeit der Kirchen und »Life and Work« statt. Hier hielt Bonhoeffer am 28. August eines der Hauptreferate, als ökumenischer Jugendsekretär und als Repräsentant der Bekennenden Kirche,[23] nicht als Mitglied der von der Reichskirche entsandten, »offiziellen« deutschen Delegation.

Seinem Vortrag stellte er Psalm 85, 9 als Motto voraus: »Ach, daß ich hören sollte, was Gott der Herr redet; daß er Frieden zusagte seinem Volk und seinen Heiligen, auf daß sie nicht auf eine Torheit geraten!« Es war wohl der bedeutungsvollste Vortrag Bonhoeffers, der wegen der Utopie eines allgemeinen christlichen Friedenskonzils bis in die christliche Friedensbewegung und den Konziliaren Prozeß für Gerechtigkeit, Frieden und Bewahrung der Schöpfung unserer Tage nachgewirkt hat.

Bonhoeffer sagte darin: »Als Glied der Ökumene hat der Weltbund für Freundschaftsarbeit der Kirchen Gottes Ruf zum Frieden vernommen und richtet diesen Befehl an die Völkerwelt aus. Unsere theologische Aufgabe besteht darum hier allein darin, dieses Gebot als bindendes Gebot zu vernehmen und nicht als offene Frage zu diskutieren. ... Wie wird Friede? Durch ein System von politischen Verträgen? Durch Investierung internationalen Kapitals in den verschiedenen Ländern, das heißt durch Großbanken, durch das Geld? Oder gar durch eine allseitige friedliche Aufrüstung zum Zwecke der Sicherstellung des Friedens? Nein, durch dieses alles aus dem einen Grunde nicht, weil hier überall Friede und Sicherheit verwechselt wird. Es gibt keinen Weg zum Frieden auf dem Weg der Sicherheit. Denn Frieden muß gewagt werden, ist das eine große Wagnis, und läßt sich nie und nimmer sichern. Friede ist das Gegenteil von Sicherung. ...Friede heißt sich gänzlich ausliefern dem Gebot Gottes, keine Sicherung wollen, sondern in Glaube und Gehorsam dem allmächtigen Gott die Geschichte der Völker in die Hand legen und nicht selbstsüchtig über sie verfügen zu wollen. Kämpfe werden nicht mit Waffen gewonnen, sondern mit Gott. Sie werden auch dort noch gewonnen, wo der Weg ans Kreuz führt.«[24]

Otto Dudzus, einer der in Fanoe anwesenden Studenten Bonhoeffers, erinnerte sich später, es habe während dieses Vortrags eine ungeheure Spannung über der Versammlung gelegen: »Bonhoeffer war so weit vorgeprellt, daß ihm die Konferenz darin nicht folgte. Wen wundert das? Aber andererseits konnte keiner dabei ein gutes Gewissen haben.«[25] Allerdings wird auch berichtet, Professor Arthur Titius, Mitglied der offiziellen deutschen Delegation, sei über Bonhoeffers Worte sehr erbost gewesen und hätte dem durch wütende Gesten Ausdruck verliehen. Aber auch ein englischer Delegierter habe sich verärgert über das mangelnde Augenmaß eines Theologen für die politische Wirklichkeit geäußert.[26]

»Friede heißt sich gänzlich ausliefern dem Gebot Gottes« – in dieser Formulierung steckt nicht nur Bonhoeffers damalige Friedenstheologie. Hier zeigt sich auch sein unablässiges, radikales, existentielles Ringen darum, zu ergründen, was das Gebot Christi von seiner Kirche und von ihm selbst jetzt, gerade jetzt verlangt. In diesem Sinne konnte er mit Martin Luther sagen, der Christ schreibe mit

Christus seine eigenen Dekaloge![27] Und es wird sichtbar, wie »Gottes Gebot« für Dietrich Bonhoeffer darum stets gute, lebeneröffnende Weisung bedeutet, keine unevangelische, Leben eng machende Gesetzlichkeit. Er entdeckt den gesamtbiblischen, »jüdischen«, jesuanischen Zusammenhang zwischen Hören und Tun: »Dein Wort tun heißt leben!« Er möchte in einem gewaltfreien Leben Jesus Christus nachfolgen.

Inkarnation und Nachfolge

Der Lebensakt der gehorsamen Nachfolge Jesu – actus directus – geht für Bonhoeffer dem theologischen Reflexionsakt – actus reflexus – voraus, in seinem Leben und Glauben, aber auch in den verschiedenen Schichten seiner ausformulierten Theologie.[28] In dem Buch »Nachfolge« – es entstand aus Vorlesungen, die er den »illegalen« Vikaren des Predigerseminars Finkenwalde der Bekennenden Kirche hielt – führt er aus: Der Lebensgehorsam der »teuren Gnade« allein gibt Anteil am Sein in Christus:

»Teure Gnade ist der verborgene Schatz im Acker, um dessentwillen der Mensch hingeht und mit Freuden alles verkauft, was er hatte. ... Teuer ist sie, weil sie in die Nachfolge ruft, Gnade ist sie, weil sie in die Nachfolge Jesu Christi ruft; teuer ist sie, weil sie dem Menschen das Leben kostet, Gnade ist sie, weil sie ihm so das Leben erst schenkt; teuer ist sie, weil sie die Sünde verdammt, Gnade, weil sie den Sünder rechtfertigt. Teuer ist die Gnade vor allem, weil sie Gott teuer gewesen ist, weil sie Gott das Leben seines Sohnes gekostet hat – ›Ihr seid teuer erkauft.‹ (1. Korinther 6,20) – und weil uns nicht billig sein kann, was Gott teuer ist. ... Teure Gnade ist Menschwerdung Gottes.«[29]

Die »billige Gnade« einer theologisch korrekten christlichen Verkündigung dagegen, ohne Nachfolge des gekreuzigten und auferstandenen Jesus Christus, ohne Engagement für das Reich Gottes, ist der Tod der Kirche des Wortes:

»Billige Gnade ist der Todfeind unserer Kirche. Unser Kampf heute geht um teure Gnade. Billige Gnade heißt Gnade als Schleuderware, verschleuderte Vergebung, verschleuderter Trost, verschleudertes Sakrament; Gnade als unerschöpfliche Vorratskammer der Kirche, aus der mit leichtfertigen Händen bedenkenlos und grenzenlos ausgeschüttet wird; Gnade ohne Preis, ohne Kosten. ... Billige Gnade heißt Gnade als Lehre, als Prinzip, als System; heißt Sündenvergebung als allgemeine Wahrheit, heißt Liebe Gottes als christliche Gottesidee. Wer sie bejaht, der hat schon Vergebung seiner Sünden. Die Kirche dieser Gnadenlehre ist schon durch sie der Gnade teilhaftig. In dieser Kirche findet die Welt billige Bedeckung ihrer Sünden, die sie nicht bereut und von denen frei zu werden sie erst recht nicht wünscht. Billige Gnade ist darum Leugnung des lebendigen Wortes Gottes, Leugnung der Menschwerdung des Wortes Gottes. Billige Gnade heißt Rechtfertigung der Sünde und nicht des Sünders. ... Also, der Christ folge nicht nach, er tröste sich aber der Gnade. ... Billige Gnade ist die Gnade, die wir mit uns selbst haben.«[30]

Aus der teuren Gnade leben bewirkt ein Leben in der Kraft des auferweckten Gekreuzigten. Letztlich bringt es politischen Kampf und hat doch auch zugleich eine mystische Dimension.

»Der Gestalt Jesu Christi gleichzuwerden, ist nicht ein uns aufgegebenes Ideal der Verwirklichung irgendeiner Christusähnlichkeit. Nicht wir machen uns zum Ebenbilde, sondern es ist das Ebenbild Gottes selbst, es ist die Gestalt Christi selbst, die in uns Gestalt gewinnen will (Galater 4, 19). Es ist seine eigene Gestalt, die sich in uns zur Erscheinung bringen will. Christus ruht nicht mit seiner Arbeit an uns, bis er uns zur Christusgestalt gebracht hat. Es ist die ganze Gestalt des Menschgewordenen, des Gekreuzigten und des Verklärten, der wir gleichwerden sollen.«

Und weiter, nun deutlich mit Bezug auf die Verfolgung der Juden und anderer diskriminierter Minderheiten im Dritten Reich: »Christus hat diese Menschengestalt angenommen. ... Wer sich jetzt am geringsten Menschen vergreift, vergreift sich an Christus, der Menschengestalt angenommen hat und in sich das Ebenbild für alles, was Menschenantlitz trägt, wiederhergestellt hat. ... Der Menschgewordene macht seine Jünger zu Brüdern aller Menschen.«

Bonhoeffer erkennt in den »Opfern unter dem Rad«, in den armen, leidenden, geschundenen Menschen, in den unzähligen Opfern der Nazi-Diktatur – Christus selbst. Christus nachfolgen heißt für ihn, an die Seite des heute leidenden Christus zu treten. Es bedeutet, Geschwisterlichkeit, Solidarität heute zu realisieren, heute »dem Rad in die Speichen zu fallen«, damit die brutale Verfolgung und sinnloses Leiden beendet werden. In christologischer Sprache formuliert Bonhoeffer die politische Dimension der Nachfolge des Inkarnierten so:

»Das ist das Leiden Jesu Christi selbst, das alle seine Jünger auf Erden leiden müssen. Christus würdigt das Leben nur weniger seiner Nachfolger der engsten Gemeinschaft seines Leidens, des Martyriums. Hier erweist das Leben des Jüngers die tiefste Gleichheit mit der Todesgestalt Christi. In der öffentlichen Schmach, im Leiden und im Tode um Christi willen gewinnt Christus sichtbare Gestalt in seiner Gemeinde. ... Das Leben Jesu Christi ist auf dieser Erde noch nicht zu Ende gebracht. Christus lebt es weiter im Leben seiner Nachfolger.«[31]

Politisches Handeln in der Nachfolge Jesu hat für Bonhoeffer eine mystische Tiefe.[32]

Die Verfolgung der Juden – Hauptanlaß für Bonhoeffers Widerstand

Es war das Schicksal der Juden im Machtbereich der nationalsozialistischen Herrschaft, das tiefgreifenden Einfluß auf persönliche Lebenshaltung und christliche Reflexion Dietrich Bonhoeffers bekam. Bonhoeffer sah von Anfang an klarer als seine Kirche, wohin das ungeheure Unrecht führen mußte. Hier entschied sich sein Lebensschicksal.[33] In seiner Familie und in seinem engsten Freundeskreis erfuhr er die unmenschlichen Auswirkungen der staatlichen und kirchlichen Judenpolitik ganz direkt: Sein Schwager Gerhard Leibholz stammte aus jüdischem Hause. Er verlor bereits im April 1933 seine Professur für Staatsrecht in Göttingen und emigrierte im Herbst 1938 mit seiner Familie nach England. Seinem engen Studienfreund Franz Hildebrandt, einem ebenso glänzenden jungen Theologen wie Bonhoeffer, wurden wegen seiner jüdischen Abstammung sowohl eine Pfarrstelle wie auch eine akademische Arbeit verwehrt. Er folgte November 1933 Bonhoeffer nach London, bis ihn 1934 Martin Niemöller als Mitarbeiter nach Berlin-Dahlem holte. 1937 emigrierte Franz Hildebrandt endgültig nach England.

Als zu Beginn des Hitlerreiches die staatliche Verfolgung der Juden einsetzte und am 7. April 1933 durch das »Gesetz zur Wiederherstellung des Berufsbeamtentums« Tausende von »nichtarischen« Hochschullehrern, Juristen, Verwaltungsbeamten und andere Berufsverbot erhielten, referierte Bonhoeffer vor Berliner Pfarrern über »Die Kirche vor der Judenfrage«. In seinem Vortrag nannte er drei mögliche Verhaltensweisen: Die Kirche müsse den Staat auf die Folgen seines Unrechtshandelns deutlich hinweisen. Sie sei allen Opfern staatlicher Willkür zur Hilfeleistung verpflichtet, nicht nur den eigenen Mitgliedern. Notfalls müsse sie durch Widerstandshandlungen »dem Rad in die Speichen greifen«. Hierbei dachte er nicht an gewaltsamen Widerstand, sondern an den vollmächtigen Protest – also den Widerstand mit dem Wort – eines Konzils.[34]

Als die Deutschen Christen den Arierparagraphen in der Kirche einführen wollten, gehörte Bonhoeffer zu den ersten, die Widerstand dagegen organisierten, unter anderem durch die Gründung des Pfarrernotbundes. Er benutzte fortan seine ökumenischen Kontakte intensiv, um vom Ausland her öffentliche Proteste und Druck gegen die Judenpolitik des Staates und den antisemitischen Rassismus in der Kirche zu mobilisieren.

Bonhoeffer mißbilligte, daß die Bekennende Kirche, die in dieser Zeit entstand, statt für die bedrohten Juden und andere vom deutschen Staat rechtlos Gemachten und Verfolgten einzutreten, sich nur um die Existenz der Kirche sorgte. Wahrscheinlich nahm er in dieser Zeit deswegen ein Auslandspfarramt in England an, um sich distanzieren zu können. In London begegnete er dem Elend deutscher, vor allem auch »nichtarischer« Emigranten und setzte einen großen Teil seiner Arbeitskraft dafür ein, ihnen seelsorgerlich und materiell, durch Gründung eines Hilfsfonds, zu helfen.

Wie radikal er die Nachfolge aus der Perspektive »von unten«, die Bergpredigt aus Sicht der Leidenden verstehen wollte, zeigen seine Londoner Briefe an einen Schweizer Pfarrer, der mit ihm am Union Theological Seminary in New York studiert hatte: 1934 schrieb er an Erich Sutz: »Es muß endlich mit der theologisch begründeten Zurückhaltung gegenüber dem Tun des Staates gebrochen werden –

es ist ja alles nur Angst – ›Tu deinen Mund auf für die Stummen‹, Sprüche 31,8 – wer weiß denn das heute noch in der Kirche, daß dies die mindeste Forderung der Bibel in solchen Zeiten ist? Und dann die Wehr- und Kriegsfrage, etc. etc.«[35]

Durch seinen Schwager Hans von Dohnanyi, den persönlichen Referenten des Reichsjustizministers Franz Gürtner, waren er und die übrige Familie Bonhoeffer über den wahren Charakter des NS-Staates, über viele Greueltaten und Verbrechen gegen die Menschlichkeit und vor allem über die weiteren Absichten und Planungsschritte in der Judenfrage wie in der Eroberungspolitik informiert. Kurz vor der Verkündung der Nürnberger Rassegesetze am 15. September 1935 notierte er: »Der Dienst der Kirche hat an denen zu geschehen, die Gewalt und Unrecht leiden. Das Alte Testament fordert noch vom Staat Gerechtigkeit, das Neue Testament tut es nicht mehr. Ohne nach Recht oder Unrecht zu fragen, nimmt sich die Kirche der Leidenden, aller Verlassenen an aus allen Parteien und Ständen. ›Tu deinen Mund auf für die Stummen‹ Sprüche 31,8. Hier wird wahrscheinlich die Entscheidung fallen, ob wir noch Kirche des gegenwärtigen Christus sind. Judenfrage.«[36]

Eindeutig ging es ihm hier um konkrete Solidarität mit den Leidenden, Verfolgten, mit denen »da unten«. Sein Diktum: »Nur wer für die Juden schreit, darf auch gregorianisch singen« entstammt aus der Zeit, in der er das illegale Predigerseminar der Bekennenden Kirche in Finkenwalde leitete. Nach Eberhard Bethges Erinnerung war es wohl Ende 1935 nach Verkündung der Nürnberger Rassegesetze, als er sich den Vikaren gegenüber so äußerte, die für sich die Schönheit der alten liturgischen Melodien entdeckten und sie hingebungsvoll sangen.[37]

1937 sagte er in einer Predigt über Psalm 58 in eindeutiger Solidarität mit den im Nazireich Verfolgten: »Eine böse Zeit, wenn die Welt stumm das Unrecht geschehen läßt. Wenn die Bedrückung der Armen und Elenden laut zum Himmel schreit, und die Richter und Herren der Erde schweigen dazu. … Menschenkinder sind es, denen Unrecht geschieht. Muß denn das in solchen Zeiten immer vergessen sein?«[38]

Während dieser Zeit betonte er in seinen Lehrveranstaltungen im Predigerseminar – und damit war er in der damaligen deutschen

Theologie ein Außenseiter – die bleibende Verbindung zwischen Israel und der christlichen Kirche. Er sprach von der Verbindung der »Kirche des AT« mit der »Kirche des NT«: »Beide Kirchen sind darin eins: Es ist ein und dieselbe Kirche, ein Gott, der sie berufen hat, ein Glaube an das eine Wort.«[39]

Später – in einem frühen »Ethik«fragment 1940 – schrieb er: »Der geschichtliche Jesus Christus ist die Kontinuität unserer Geschichte. Weil aber Jesus Christus der verheißene Messias des israelitisch-jüdischen Volkes war, darum geht die Reihe unserer Väter hinter die Erscheinung Jesu Christi zurück in das Volk Israel. Die abendländische Geschichte ist nach dem Willen Gottes mit dem Volk Israel unlöslich verbunden, nicht nur genetisch, sondern in echter unaufhörlicher Begegnung, der Jude hält die Christusfrage offen. ... Eine Verstoßung der Juden aus dem Abendland muß die Verstoßung Christi nach sich ziehen, denn Jesus war Jude.«[40]

Dietrich Bonhoeffer lebte eine konkrete, an Jesus Christus orientierte Verantwortungsethik.[41] Er wußte, daß theologische Wahrheit nicht von der Situation getrennt werden kann, in der sie gewonnen wird. Nachdem Hitler an die Macht gekommen war, verstand sich Bonhoeffer zunächst noch als ein christlicher, am Friedensgebot der Bergpredigt orientierter Pazifist. Er war bereit, den Wehrdienst zu verweigern, weil er die Kriegstreiberei und den Imperialismus Hitlers nicht unterstützen wollte und das Gebot Christi zum Frieden höher stellte als staatliche Strukturen und Gesetze.

Nach dem Londoner Auslandspfarramt, während er in Finkenwalde und danach in der Illegalität von Sammelvikariaten in Pommern Kandidaten der Bekennenden Kirche ausbildete, wurde aus dem christlichen Pazifisten Bonhoeffer ein Christ, der die mit Gewalt verbundenen Umsturzpläne bejahte und entschlossener war, bei der Veränderung der Verhältnisse in Deutschland mitzuhelfen. Durch seinen Schwager Hans von Dohnanyi war er frühzeitig zum Mitwisser geworden und wurde durch ihn später auch in den Kreis der Verschwörer aktiv eingegliedert.

Das konkrete Gebot Gottes vernahm er nun anders: Eigentlich hätte seine Kirche – wie er es 1933 formuliert hatte – schon längst »dem Rad in die Speichen fallen« müssen. Aber sie tat es nicht. Bonhoeffer hätte in den USA einen Lehrauftrag und ein Flüchtlingspfarramt übernehmen und sich dadurch noch vor Kriegsausbruch in Sicherheit bringen können. Aber er entschloß sich während eines kurzen Aufenthalts in New York, wieder nach Deutschland zurückzukehren. Er schrieb im Juni 1939 an Reinhold Niebuhr: »Ich muß diese schwierige Periode unserer nationalen Geschichte mit den Christen Deutschlands durchleben. Ich werde kein Recht haben, an der Wiederherstellung des christlichen Lebens nach dem Kriege in Deutschland mitzuwirken, wenn ich nicht die Prüfungen dieser Zeit mit meinem Volke teile. ... Die Christen in Deutschland stehen vor der furchtbaren Alternative, entweder in die Niederlage ihrer Nation einzuwilligen, damit die christliche Zivilisation weiterleben könnte, oder in den Sieg und damit die Zerstörung unserer Zivilisation. Ich weiß, welche dieser Alternativen ich zu wählen habe; aber ich kann diese Wahl nicht treffen, während ich in Sicherheit bin.«[42]

Bonhoeffer ließ sich nun aktiv in den konspirativen Widerstand einfügen. Er wurde Ende 1940 Mitarbeiter im Amt Canaris, der Abwehrorganisation der Wehrmacht. Hier bildete eine Gruppe um seinen Schwager Hans von Dohnanyi und Hans Oster eine der wichtigsten Planungszellen derer, die an der Beseitigung Hitlers arbeiteten und die neue Regierung Deutschlands nach der Herrschaft des Nationalsozialismus vorbereiteten. Bonhoeffer wurde zum Seelsorger dieser Gruppe, aber auch zum Durchdenker damit zusammenhängender ethischer Fragen und zum Mitformulierer einer anderen deutschen Politik.

Die imperialistische Kriegstreiberei Hitlers mit ihren katastrophalen Folgen, die Vernichtung von Millionen Juden, Sowjetbürgern, Polen, Zigeunern, Behinderten durch die Deutschen, die Auflösung des elementaren humanen Rechtsbewußtseins in allen Schichten der Bevölkerung infolge der Nazi-Ideologie und die Minimierung der Wirkungsmöglichkeiten der Kirche kann man als die vier Gründe benennen, warum der christliche Pazifist schließlich Gewalt als das letzte Mittel der Veränderung bejahte.[43]

Aber der Hauptanlaß für die Teilnahme Bonhoeffers an der Verschwörung gegen Hitler waren die deutschen Verbrechen an den Juden.[44] Sein Vaterland wie seine Kirche waren in ungeheurem Ausmaß schuldverstrickt und konnten nur durch mutige Taten von Menschen, die dafür konkret Verantwortung übernahmen, erneuert werden. Sein konspirativer Widerstand gegen den verbrecherischen Hitlerstaat und seine konkrete Hilfe für verfolgte Juden leisteten stellvertretend das, was seine Kirche auch als Institution hätte vollbringen müssen, aber nicht in Angriff nahm.

1941 formulierte er in einem an Schärfe nicht zu überbietenden Schuldbekenntnis, die Kirche sei schuldig geworden an der Verachtung und am unschuldigen Leiden und Sterben der Juden sowie aller anderen durch den Hitlerstaat Verfolgten. »Die Kirche bekennt, die willkürliche Anwendung brutaler Gewalt, das leibliche und seelische Leiden unzähliger Unschuldiger, Unterdrückung, Haß, Mord gesehen zu haben, ohne ihre Stimme für sie zu erheben, ohne Wege gefunden zu haben, ihnen zu Hilfe zu eilen. Sie ist schuldig geworden am Leben der schwächsten und wehrlosesten Brüder Jesu Christi. ... Die Kirche bekennt, Beraubung und Ausbeutung der Armen, Bereicherung und Korruption der Starken stumm mit angesehen zu haben. Die Kirche bekennt, schuldig geworden zu sein an den Unzähligen, deren Leben durch Verleumdung, Denunzieren, Ehrabschneidung vernichtet worden ist. Sie hat den Verleumder nicht seines Unrechts überführt und hat so den Verleumdeten seinem Geschick überlassen. Die Kirche bekennt, begehrt zu haben nach Sicherheit, Ruhe, Friede, Besitz, Ehre, auf die sie keinen Anspruch hatte ...«[45]

Am 5. April 1943 wurde Bonhoeffer verhaftet und in das Militäruntersuchungsgefängnis Tegel verbracht. Ihm wurde unter anderem zur Last gelegt, sich am Unternehmen »U7« beteiligt zuhaben, bei dem durch das Amt Canaris eine Gruppe von schließlich vierzehn – statt geplanter sieben, daher »U7« – Juden in die Schweiz eingeschleust wurden.[46] Seine und seiner Familienangehörigen und Freunde Mitbeteiligung an der Verschwörung gegen Hitler wurde erst mehrere Wochen nach dem 20. Juli 1944 aufgedeckt. In den sogenannten Kaltenbrunnerberichten – Zusammenfassungen und Bewertungen der Verhöre der Verschwörer – ist nachzulesen, daß »der ganze Kreis, der sich um den Namen BONHOEFFER gruppiert«[47] – außer Dietrich Bonhoeffer auch sein Bruder Klaus und seine Schwäger Hans von Dohnanyi und Rüdiger Schleicher – Gegner des Regimes aufgrund der NS-Judenpolitik waren. Das wurde schließlich auch der Anlaß ihres Märtyrertodes.

Dietrich Bonhoeffer drängte sich nicht zum Martyrium. Er bejahte das Leben, das zeigen seine Gefängnisbriefe. In den Entwürfen einer »neuen Theologie« wollte er das Neue vom Alten Testament her verstehen und Gottes Jenseitigkeit mitten im Diesseits, in der Fülle, nicht an den Rändern des Lebens finden. Er kämpfte ums Überleben. Sogar seine Flucht war vorbereitet, wurde allerdings dann nicht durchgeführt, weil er seine Angehörigen nicht in die Gefahr von Repressalien bringen wollte. Kurz vor seiner Verhaftung verlobte er sich mit einer viel jüngeren Frau, Maria von Wedemeyer. Die Briefe der beiden sprechen von einer Zukunft des gemeinsamen Lebens, das ihnen nicht zuteil wurde.[48] Voller Zukunftsbejahung schrieb er an einer Denkschrift für einen glaubwürdigen kirchlichen Wiederaufbau für die Zeit nach Hitler. Erhalten blieb davon nur die ausgeführte Gliederung »Entwurf einer Arbeit«[49], der Text, soweit er denn fertiggestellt wurde, ging verloren, aber die Vorstudien zur »Ethik« und die Briefe an Eberhard Bethge aus dem Gefängnis mit den Entwürfen einer »neuen Theologie« in »Widerstand und Ergebung« lassen sich als Materialsammlung und -sichtung, sozusagen als Zettelkasten zu dieser Denkschrift ansehen.

Als einen Heros, als tragischen Helden, der geltendes, Unrecht hervorbringendes Recht wegen eines höheren Rechtes brechen muß, hat sich Bonhoeffer nie verstanden, wohl als jemanden, der das Wagnis der verantwortlichen Tat auf sich nimmt. Obwohl es für Verschwörer zu gefährlich ist, Pläne, Motive, Zweifel, Handlungsalternativen und Entscheidungszwänge schriftlich darzulegen, ist zu vermuten, daß sich in dem, was Bonhoeffer in dieser Zeit schrieb, zwischen den Zeilen theologische Überlegungen zum politischen Widerstand verbergen.

Liest man die Vorstudien zur »Ethik«, an der er in der Zeit seit dem Sommer 1940 arbeitete, so stößt man auf Texte, die seine eigene Haltung klar umreißen, vor allem in dem Fragment zur »Struktur verantwortlichen Lebens«.[50] Für ihn ist der Raum der Geschichte die Wirklichkeit, in der sich Jesus Christus durch stellvertretende Schuldübernahme der Menschheit verbunden hat. Daraus folgt, daß durch die Inkarnation Jesu nun auch alles menschliche Leben die

Bestimmung zur Stellvertretung hat. So ist die Aufgabe evangelischer Ethik, die »Strukturen verantwortlichen Lebens« ins Bewußtsein zu heben, damit sich Leben und Handeln danach richten. Politische Verantwortung hat darauf zu achten, Erhaltungsordnungen, die dieses ermöglichen, zu verteidigen.

»Verantwortliches Leben läßt sich nicht vom isolierten Individuum her begreifen und vollziehen, sondern nur vom Menschen her, der sich in das Leben der vielen hineinverwoben weiß .... Verantwortliches Leben bleibt individuelles Leben, aber so, daß Freiheit und Bindung zusammenkommen. Freiheit erweist sich bei Bonhoeffer gerade in der Selbstprüfung des eigenen Lebens und Handelns und im Wagnis der konkreten Entscheidung. Und Bindung wird praktiziert im Eingehen auf die konkreten Lebenszusammenhänge, also in der Wirklichkeitsgemäßheit und in der Stellvertretung.«[51]

Somit sah Bonhoeffer sich und die Initiativgruppe in die Pflicht genommen, stellvertretend für viele Deutsche, für – wie es heute genannt wird – »das bessere Deutschland«, das »Wagnis der verantwortlichen Tat« auf sich zu nehmen. Aber er handelt darin zugleich auch so, wie er es früher von seiner Kirche erwartet hatte. Bonhoeffer stellt also keine »individuelle Erscheinung«, sozusagen eine Ausnahme in der deutschen evangelischen Kirche dar, sondern handelt stellvertretend für sie, so daß sich hinfort politisch verantwortungsbewußte Christen an ihm und seinem Widerstand messen lassen müssen. Welches ethische Neuland er und die Mitverschwörer betraten und mit welchen inneren Konflikten sie rangen, zeigt sein Rechenschaftsbericht zum Jahreswechsel 1942/43 »Nach zehn Jahren«. Hier heißt es: »Es mußte sich herausstellen, daß eine entscheidende Grunderkenntnis den Deutschen noch fehlte: die von der Notwendigkeit der freien, verantwortlichen Tat auch gegen Beruf und Auftrag.«[52]

Als Christ in der Nachfolge, frei in der Entscheidung, aber gebunden an seinen Herrn und verbunden mit den unter den deutschen Verbrechen Leidenden, den geringsten Schwestern und Brüdern Jesu, vor allem den Juden, erkannte er: »Es bleibt ein Erlebnis von unvergleichlichem Wert, daß wir die großen Ereignisse der Weltgeschichte einmal von unten, aus der Perspektive der Ausgeschalteten, Beargwöhnten, Schlechtbehandelten, Machtlosen, Unterdrückten und Verhöhnten, kurz der Leidenden sehen gelernt haben. Wenn nur in dieser Zeit … unser Blick für Größe, Menschlichkeit, Recht und Barmherzigkeit klarer, freier, unbestechlicher geworden ist, ja, daß das persönliche Leiden ein tauglicherer Schlüssel, ein fruchtbareres Prinzip zur betrachtenden und tätigen Erschließung der Welt ist als persönliches Glück. …«[53]

Das ist das, was er später so einfach und schlicht benennt: dasein für andere – wie Christus.[54] Nach dem Scheitern des Putsches weiß er über das Agieren und Stillehalten in dieser »Perspektive von unten« auch mystisch zu sprechen: Bei Gott in seinem Leiden stehen, mit Gott mitleiden – Gethsemane heute; Jesaja 53, das Leiden des Gottesknechts heute …[55] Bonhoeffer rechtfertigte sein Handeln nicht selbst, sondern gab alles seinem Herrn anheim:

»Während alles ideologische Handeln seine Rechtfertigung immer schon in seinem Prinzip bei sich hat, verzichtet verantwortliches Handeln auf das Wissen um seine letzte Gerechtigkeit. Die Tat, die unter verantwortlicher Abwägung aller persönlichen und sachlichen Umstände im Blick auf die Menschwerdung Gottes geschieht, wird im Augenblick ihres Vollzuges allein Gott ausgeliefert. Das letzte Nichtwissen des eigenen Guten und Bösen und damit das Angewiesensein auf Gnade gehört wesentlich zum verantwortlichen geschichtlichen Handeln. Der ideologisch Handelnde sieht sich in seiner Idee gerechtfertigt, der Verantwortliche legt sein Handeln in die Hände Gottes und lebt von Gottes Gnade und Gericht.«[56]

Buchstaben im neuen Alphabet des Märtyrers Dietrich Bonhoeffer

Welche Buchstaben eines »neuen Alphabets der ewigen Wahrheit« erkennen wir bei Dietrich Bonhoeffer?

Jesus Christus »für mich heute«: Durch ein Schlüsselerlebnis gewann Bonhoeffer ein persönliches, ihn beschenkendes und zugleich forderndes Verhältnis zu Jesus Christus. Er nahm die Weisungen der Bergpredigt als Worte, die ihm persönlich galten. »Nachfolge Jesu« wurde Bonhoeffers Lebensprogramm. Dem dachte er theologisch nach, und das versuchte er in seinem Leben zu realisieren. So hat er die protestantische Theologie der Nachfolge in diesem Jahrhundert entscheidend mitformuliert.

Teure Gnade: Bonhoeffer lebte im Glauben ein aktives Leben. Gnade ist zuerst und zuletzt nicht ein Begriff, sondern sich realisierende Lebenserfahrung. Die »billige Gnade« einer folgenlosen, wenn auch theologisch korrekten Verkündigung des Evangeliums verhindert Glauben und christliche Verantwortung. Dagegen erfuhr Bonhoeffer, daß sich Gottes Gnade gerade in einem Leben der gehorsamen Nachfolge Jesu zeigt. So wurde ihm die verantwortliche Tat zum Medium seines Glaubens.

Nachfolge der Inkarnation: Gott wurde Mensch in Jesus von Nazaret, und Gottes Inkarnation in Jesus Christus setzt sich fort in den Menschen, deren Gottebenbildlichkeit er wiederhergestellt hat, wie in seinen Nachfolgern und seiner Kirche. Menschenleben sind daher unendlich wertvoll, und wir Menschen werden einer dem anderen zum Bruder, zur Schwester, ja zum Christus.

Mitten im Leben Gott finden: Gott ist für Dietrich Bonhoeffer »mitten im Leben jenseitig«. Das ist die wahre Transzendenz. An die Auferweckung Jesu glauben, führt die Christen zur Auferstehung in ihrem Leben vor dem Tod. Daraus folgte für Bonhoeffer, daß die Strukturen des irdischen Lebens etwas Kostbares darstellen. Sie dienen der Erhaltung des Lebens und müssen vor Zerstörung und Mißbrauch geschützt werden.

Dasein für andere: »Tu deinen Mund auf für die Stummen« (Sprüche 31,8) wurde Bonhoeffers biblisches Leitmotiv. Wie Jesus Christus darin Gottes Sohn ist, daß er für andere da ist, so ist die Kirche nur dann Kirche Jesu Christi, wenn sie für andere da ist. Deshalb tritt sie für das Recht der anderen ein, steht ihnen bei, auch wenn sie nicht der Kirche angehören, ändert, wo nötig, die politischen Gegebenheiten und Machtverhältnisse zu deren Gunsten, in dem sie sich in die Politik einmischt.

Teilhaben am Schicksal Deutschlands: Bonhoeffer wußte um die bedrohliche Situation, in die Deutschland durch die Eroberungs- und Machtpolitik Hitlers gebracht wurde. Er fühlte sich in die Pflicht genommen, mit anderen, die ähnlich dachten wie er, für Abhilfe zu sorgen. Die Zivilcourage seines Engagements speist sich aus den republikanischen Wurzeln seiner Familie. Auch als Ökumeniker ringt er um die Glaubwürdigkeit nicht der weltweiten, sondern der deutschen Kirche.

POLITISCHES, STAATSERNEUERNDES HANDELN: Die Brutalität des NS-Staates gegen die Juden und Zigeuner, die Geisteskranken und Behinderten, die Menschen in Polen und in der Sowjetunion war nur mit politischem Handeln zu überwinden. Der Christ Dietrich Bonhoeffer sagte Ja zur Gewalt eines Putsches und half mit bei der Planung eines neuen, humanen Deutschland nach der nazistischen Gewaltherrschaft.

LEIDEN MIT GOTT: Gerade in der Perspektive »von unten« erkannte Bonhoeffer, wie »Gott im Diesseits jenseitig« ist. Bonhoeffer sieht den verfolgten, leidenden Christus gegenwärtig nicht nur im Leiden und der Verfolgung der anderen. Auch seine eigene Nachfolge des ohnmächtigen Gottes am Kreuz bedeutet ihm, »bei Gott in seinem Leiden stehen«. Jesaja 53 hat sich an Jesus erfüllt, erfüllt sich gegenwärtig an den Juden und an anderen Opfern der mörderischen Tyrannei – und auch an ihm. Das Leben und Sterben Jesu Christi ist auf dieser Erde noch nicht zum Ende gekommen. Mysterium der Märtyrer: In ihnen opfert Gott selbst sich auf.

DAS GEHEIMNIS ISRAELS: Verfolgung und Not der Nichtarier im Dritten Reich waren Dietrich Bonhoeffer durch persönliche und familiäre Bindungen unausweichlich bewußt. In der damals sogenannten. »Judenfrage« kommt er zu einer eigenständigen politischen Position. Er gehört zu den Ausnahmen unter den Theologen seiner Zeit, die – ausgehend von Römer 9 bis 11 – an der Erneuerung einer christlichen Israeltheologie arbeiteten. Er bezeichnet das Gottesvolk Israel als »die Kirche des Alten Testaments«. Die Christen müßten zur Demut gegenüber Israel bereit sein, denn » ... der Jude hält die Christusfrage offen«.[57]

EXKURS: BONHOEFFER UND DIE BEFREIUNGSTHEOLOGIE LATEINAMERIKAS

Dietrich Bonhoeffer wird in Lateinamerika stark beachtet. Der viel zu früh verstorbene rheinische Jugend- und Studentenpastor Walter Zielke (1932-1987), von seinen Freunden selbst unter die kleinen Propheten des 20. Jahrhunderts gezählt,[58] berichtete nach einer Reise durch Nicaragua 1982, er habe dort große Reputation gehabt, nicht weil er aus Deutschland gekommen, sondern weil er ein Pastor aus der gleichen Kirche gewesen sei wie der Widerstandskämpfer Dietrich Bonhoeffer. Das sei ihm wörtlich so gesagt worden.

Die Hochachtung Bonhoeffers unter den Sandinisten erkennt man daran, daß 1983 das erste Buch im Staatsverlag des neuen Nicaragua den Titel »Resistencia y sumisión« trug. Die spanische Übersetzung der Neuausgabe von »Widerstand und Ergebung« sollte den spirituellen Wiederaufbau des vom Somozismus ausgeplünderten und verwüsteten Landes mitbestimmen.[59] Der Schriftsteller Sergio Ramirez, Mitbegründer der Frente Sandinista, der unter der Diktatur Somozas ins Exil gehen mußte und in Berlin Asyl fand, der dann ab 1979 Mitglied der sandinistischen Regierungsjunta und von 1984 bis 1989 als Vizepräsident Nicaraguas amtierte, bewertete die Tatsache, daß das Buch des deutschen Widerstandskämpfers nun in seinem Vaterland erscheinen konnte, so: » ... Je stärker die Bedrohungen, um so wichtiger der Dialog, die Information, das Lesen. Es ist vielleicht symbolisch, daß in Nicaragua 50 Jahre nach der Bücherverbrennung durch die Nationalsozialisten 1933 in Berlin Dietrich Bonhoeffers ›Widerstand und Ergebung‹ erscheint, das Buch eines Autors, den hier in Nicaragua noch kaum jemand kannte, ein Buch, das in den Kerkern der Nazis geschrieben wurde. ... Auch das Zersprengen der Isolation und des Provinzialismus, den man uns aufgezwungen hat, ist ein Akt der Befreiung.«[60] Immerhin ist ein Drittel der spanischen Gesamtauflage dieses Buches in diesem so umkämpften Teil Zentralamerikas gekauft worden.[61]

Die Stimme eines Propheten

Dietrich Bonhoeffer
proklamierte die Wirklichkeit der Welt, in der wir leben,
als eine solche, für die Gott alles dahingibt.
Vielleicht versteht ein müde gewordenes Europa nicht mehr,
was sein junger Prophet ihm zu sagen hat.
Wir dagegen auf diesem Kontinent, der mündig werden will,
hören die Stimme, die auf unsere Sehnsucht antwortet. ...
Aber lest selbst das Buch.
Groß wird eure Überraschung sein,
denn in diesen Brieffragmenten,
verfaßt in der Sprache unserer Zeit,
spricht ein Mensch zu uns von Gott,
und Gott spricht zur Welt.

Dies sind die beiden letzten Strophen eines expressiven Poems, das Ernesto Bernhoeft[62] statt einer prosaischen Vorrede seiner portugiesischen Übersetzung von »Widerstand und Ergebung« voranstellt.[63] Aus ihm spricht große Verehrung für Bonhoeffer: Europa lehnt den jungen Propheten Bonhoeffer ab. Die Christen in Lateinamerika aber hören auf ihn. Denn sie verstehen durch ihn Gottes Wort in ihrem Kontinent, der in ungeheure Bewegung geraten ist.

Befreiungstheologie auch auf der Linie Bonhoeffers

Wer sich nur ein wenig auskennt in den schriftlichen Zeugnissen und Berichten der lateinamerikanischen Basisgemeinden, wer etwas weiß über Lebensschicksale von Christen aller Denominationen im – meist gewaltfreien – Widerstand gegen die mörderischen Verhältnisse auf diesem Kontinent, wer kirchliche Dokumente und theologische Schriften Lateinamerikas aufmerksam liest und wem gleichzeitig auch Leben und Werk Bonhoeffers bekannt sind, dem fallen zahlreiche Entsprechungen zu allen wichtigen Themen im Lebenswerk Bonhoeffers auf. Das würde auch dann gelten, wenn dieser in Lateinamerika völlig unbekannt wäre. Aber man weiß sich dort auch in der Tradition Bonhoeffers stehend: »Als im Lichte des Evangeliums geführte Reflexion über das Befreiungsengagement ist die gegenwärtige lateinamerikanische Theologie der Befreiung eine prophetische Theologie. Sie sieht sich bewußt in der Tradition der hebräischen Bibel, Jesu Christi, des Propheten par excellence, prophetischer Gestalten der Kirchengeschichte (Franz von Assisi, Martin Luther, Thomas Müntzer,[64] Dietrich Bonhoeffer) und nicht zuletzt ihrer prophetischen Vorläufer in der ersten Befreiungstheologie im 16. wie in der zweiten Befreiungstheologie im 18. und 19. Jahrhundert.«[65]

Keine direkte Übernahme

Bei den zahlreichen Parallelen ist zunächst davon auszugehen, daß es Strukturähnlichkeiten sind – wie immer die zu erklären sein mögen – und keineswegs direkte Übernahmen der Themen und Entscheidungen Bonhoeffers durch die Lateinamerikaner. Aber der theologische Grundansatz, die Spiritualität und vor allem auch der Lebenseinsatz Bonhoeffers und der Christen auf dem Subkontinent entsprechen einander. So wird verständlich, daß Ernesto Bernhoeft Antworten auf das, was die lateinamerikanischen Christen im Innersten umtreibt, in Bonhoeffers Briefen vernimmt. Es ist für ihn leicht, Bonhoeffer und dessen Horizont in seinen eigenen, ganz anderen Kontext zu übertragen, ihn zu verstehen und sich von ihm ermutigen zu lassen. Texte Bonhoeffers werden zum Schlüssel eigener Erfahrungen, Werte und Ziele.

Korrelationen

Korrelation theologischer Themen bzw. christlicher Artikulation bei Bonhoeffer und den Christen Lateinamerikas zeigt sich mir in Folgendem:

- Bonhoeffer hatte die Vision einer Kirche, die arm wird und ihren Besitz den Armen gibt, um dadurch wieder an Glaubwürdigkeit zu gewinnen. Die große katholische Kirche Lateinamerikas und manche kleine protestantische Kirche haben seit den sechziger Jahren die vorrangige Option für die Armen getroffen, auf Besitz und Einfluß zugunsten der Armen verzichtet und gerade dadurch neues Ansehen bei den Volksmassen erhalten.[66]

- Eine neue Verbindlichkeit in der Kirche, wo »Jesus Christus als Gemeinde existiert« war Ziel Bonhoeffers, dessen Realisierung er im Bruderhaus von Finkenwalde ein Stück weit erfuhr. In Lateinamerika entwickelt sich seit 30 Jahren in Gestalt der Basisgemeinden mit ihrer engen Verbindung zu Volksorganisationen eine neue Form, Kirche zu sein. Es ist eine beeindruckende Minderheit von derzeit etwa 500.000 Gemeinschaften, in denen man sein Leben teilt und sich gegenseitig stützt, betet und die Bibel liest, die politischen Verhältnisse analysiert und für die Veränderung der sozialen Misere kämpft.[67]
- In der Mitte des Lebens Gott finden, war das Programm Bonhoeffers. Eine theologische Aufteilung der Wirklichkeit in getrennte Räume lehnte er ab. Christus, der in die Nachfolge ruft, ist der Herr der ganzen Welt. Das ganze Leben ist Thema der Befreiungstheologie. In den Gottesdiensten der Basisgemeinden wird das in Christus erschienene Leben gefeiert in der Perspektive des Reiches Gottes, das er gebracht hat. Die Christen opfern Gott die Arbeit ihres ganzen Lebens auf.[68]
- Bonhoeffer vermißte in der Bekennenden Kirche persönlichen Christusglauben. Für ihn war dieser das Zentrum seiner Frömmigkeit und seiner theologischen Arbeit. Die lateinamerikanischen Christen haben eine tiefgegründete, die ganze Wirklichkeit einbeziehende Christusmystik. Die Befreiungstheologen stellen – ausgehend von Jesu Person, Botschaft und Praxis- den befreienden Christus, »Jesucristo Liberador«, in den Mittelpunkt ihrer Reflexionen.[69]
- Bonhoeffers Theologie wie die Befreiungstheologie erklären Offenbarung von der Inkarnation Gottes in Christus aus, ja von der radikalen Kenose des Allmächtigen in dem Menschen Jesus. Gott ist der in Jesus von Nazaret arme und gewaltlose, schwache und leidende Gott.[70] Die Inkarnation Gottes in Jesus Christus setzt sich für Bonhoeffer wie für die Lateinamerikaner bis heute fort in denen, die arm sind, denen Gewalt angetan wird, die leiden und sich gewaltfrei auflehnen.[71]

+

 Kenose

- Befreiung erfuhr Bonhoeffer, indem er das Bibelwort – und da besonders die Bergpredigt – kompromißlos als Wort Gottes verstehen lernte, das konsequent engagiertes Leben möglich macht. »Es gibt nun einmal Dinge, für die es sich lohnt, kompromißlos einzutreten. Und mir scheint, der Friede und die soziale Gerechtigkeit, oder eigentlich Christus, sei so etwas.«[72] Ebenso ist der Aufbruch in Lateinamerika verbunden mit einer erstaunlichen, fortdauernden Bekehrung zu Bibel: Vom Leben zur Bibel – von der Bibel zum Leben! (Carlos Mesters)![73]
- Bonhoeffer überwindet bei all seinem theologischen Scharfsinn und seiner Freude am Theologisieren den meist folgenlosen christlichen Intellektualismus. Der Lebensakt, die Spiritualität, die Liebe zu Jesus, das Wagnis des Glaubens in der Tat, der actus directus gingen für ihn der Abklärung der dogmatischen Richtigkeit, den Prinzipien, dem actus reflexus voran. Praxis, Nachfolge hieß für ihn das entscheidende Kriterium.[74] Ebenso hält es die Befreiungstheologie: der acto primero ist zugleich Stillesein vor Gott und Gebet, Glaubenskampf und politisches Engagement, der acto segundo enthält die reflektorische, theologische Durchdringung des auf die Realität bezogenen Christseins und seiner Praxis. [75]
- Bonhoeffer hat die prophetische Linie des Christseins und der Kirche wiederbelebt: Er forderte ein Friedenskonzil. In der Judenfrage konnte er sowohl für vermittelndes wie unmittelbares Eingreifen der Bekennenden Kirche plädieren: Er hielt für möglich, sowohl den Staat auf die Folgen seines ungerechten Handelns aufmerksam zu machen als auch »dem Rad in die Speichen zu fallen«. Er formulierte ein äußerst scharfes politisches Schuldbekenntnis wegen des Versagens der Kirche gegenüber den schwächsten Geschwistern Christi. Ebenso haben die erneuerten lateinamerikanischen Kirchen zu ihrer prophetischen Aufgabe zurückgefunden. Sie stellen sich an die Seite der Opfer des »totalen Marktes«, bekennen ihre eigene historische Schuld und klagen die Verursacher der Oppression und der Menschenrechtsverletzungen scharf an.[76]
- Obwohl Bonhoeffer christlicher Pazifist war, in Fanoe ein ökumenisches Friedenskonzil forderte und den Wehrdienst verweigern wollte, begrenzten Christus und die Not der Verfolgten seine

Option für Gewaltfreiheit. Er mußte sich an der Beseitigung Hitlers beteiligen und stellte dieses Wagnis dem Urteil seines Herrn anheim. Vergleichbares beobachtet man in Lateinamerika, wo man in den Basisgemeinden dem gewaltlosen Jesus mit großer Leidensbereitschaft gewaltfrei nachfolgt. Es gibt keine theologische Rechtfertigung der revolutionären Gewalt in der Befreiungstheologie, jedoch begrenzte Ausnahmen um der Opfer willen.[77]

- Bonhoeffer lehnte einen rein kultischen Gottesdienst ab, trotz seiner Forderung nach Arkandisziplin. Nur wer für die Juden schreie, dürfe auch gregorianisch singen. Christsein solle hinfort nur aus Beten und Tun des Gerechten bestehen. Dom Helder Camara fordert, von der Begegnung mit Christus, dem Herrn, in der Eucharistie überzugehen zu der Kommunion mit Christus in dem Armen auf der Müllkippe. Er sei dort wie hier präsent.[78] »Ich will Gerechtigkeit und nicht Totenmessen!«[79]
- Die Mündigkeit, das Mündigwerden ist ein wichtiges Thema der Gefängnisbriefe Bonhoeffers. Inspiriert durch die Pädagogik der Befreiung Paulo Freires gehört die Conscientizacao, die Arbeit daran, daß die Armen sich ihrer eigenen Würde und ihrer schöpferischen Fähigkeiten bewußt werden, zu den Hauptzielen der Arbeit in den Basisgemeinden.[80] Hier entsteht »auf der Kehrseite der Geschichte« (Gutiérrez) eine mündige Welt.
- Bonhoeffer nahm die Aufklärung und ihre Folgen für den Glauben ernst. Er dachte nicht daran, an einer Aufhebung der Säkularisierung theologisch mitzuarbeiten. Die Kirche dürfe nicht danach trachten, Macht über Menschen gerade in Grenzsituationen ihres Lebens zu gewinnen. In Lateinamerika wirkt die Befreiungstheologie an der Erarbeitung einer neuen kritischen Aufklärung mit. Sie deckt menschenverachtende Ideologien und lebenzerstörende Machtverhältnisse auf. Was Bonhoeffer vor allem auf innerkirchliche Religionskritik beschränkte, das weiten Befreiungstheologie und Basisgemeinden aus auf die Entlarvung der »Götzen des Todes« in der ganzen Wirklichkeit einschließlich ihrer soziokulturellen, ökonomischen und machtpolitischen Dimensionen.[81]

Woher rühren diese Korrelationen, Strukturähnlichkeiten und thematischen Parallelen? Sie können nicht allein dem Einfluß einiger theologischer Bücher zuzuschreiben sein, deren Autoren sich ausdrücklich auf Bonhoeffer beziehen. Denn die Korrelationen sind zu zahlreich, zu elementar und inhaltlich weiter gespannt als die bewußte theologische Verarbeitung. Im Gegenteil, weil eine innere Verbindung zwischen Bonhoeffer und den Befreiungsbemühungen der Lateinamerikaner vorhanden ist, haben sich die Befreiungstheologen Frei Betto,[82] Gustavo Gutiérrez,[83] Jon Sobrino[84] und Franz Hinkelammert[85] mit ihm so eingehend befaßt. Bonhoeffer mit seiner Botschaft beleuchtet und bekräftigt etwas in dem ganz anderen Kontext, als ob er, wie der US-amerikanische Theologe Geffrey Kelly bemerkt, dort lebte.[86]

Die Lebensthemen Bonhoeffers und die Grundlage der Theologie der Befreiung

Für mich stellt sich die Antwort so dar: Alle Lebensthemen Bonhoeffers:

- daß Christus als Gemeinde existiere,
- wie sich Glaubensakt und theologische Ontologie zueinander verhalten,
- worum es in der Nachfolge Christi und im gemeinsamen Leben der Christen gehe,
- daß es letztlich auf den Lebensakt und die freie Tat des Glaubenswagnisses ankomme,
- wer Christus für uns heute sei,

werden zusammengefaßt und verschmelzen in dem einen: In dem handelnden und leidenden, gekreuzigten und auferstandenen Jesus offenbart sich Gott den Menschen – vollmächtig und ohnmächtig zugleich. Er ist der Mensch für andere und darin der Stellvertreter Gottes auf der Erde. Und darum gilt auch das andere: Kirche wird nur Kirche Jesu Christi sein, wenn sie leidensbereite Kirche für andere ist. Sie wird nach unten auswandern, wieder arm werden und sich neben die Opfer dieser Welt stellen.

In Lateinamerika wird das »Dasein-für-andere«, Gottes befreiende Gegenwart in Jesus von Nazaret und seine Botschaft vom anbrechenden Reich unter den armen Christen ebenso Wirklichkeit wie die Veränderung der Kirche. Fast ein halbes Jahrtausend spielte sie den Herrschenden in die Hände. Nun wird sie zu einer Kirche der Armen, weil sie die vorrangige Option für sie, die »Option für die Anderen«, getroffen hat.

Kein karitativer Assistentialismus

Bonhoeffer wäre mißverstanden in seinem wie im lateinamerikanischen Kontext, wenn in dem »Dasein-für-andere« ein karitativer Assistentialismus gesehen würde. Eine Kirche, die arm wird, kann sich nur neben die Opfer stellen und für sie schreien, aber auch mit ihnen auf dem Weg bleiben zur gegenseitigen Stärkung und Tröstung. Aus einer Kirche für die Armen wird sie zu der Kirche der Armen. Ihre »Option für die Anderen« bedeutet Öffnung für die Welt der Menschen. Sie lebt konziliar und nicht altruistisch. Es geht ihr um diejenigen, die – wie die Indigenas, die Schwarzen und Mischlinge, die Frauen und Kinder, die Arbeitslosen und politischen Häftlinge – die »ungerahmten Abbilder Christi«[87] sind. Bei ihnen wie bei den verfolgten Juden zur Zeit Bonhoeffers und den anderen Opfern der Gewalt der Herrenmenschen ist der Platz derer, die eine Antwort im Sinne der Inkarnation Gottes auf dieser Erde suchen und sie in Jesus von Nazaret gefunden haben. Das ist der innere Grund der Entsprechungen zwischen Bonhoeffer und den Christen, der Kirche und der befreienden Theologie in Lateinamerika.

Märtyrer

Was Dietrich Bonhoeffer im besonderen mit vielen Tausenden von Christen in Lateinamerika verbindet, ist ein todesmutiges Christentum, das ihn wie sie ins Martyrium geführt hat[88]. Carmelo Alvarez hat in der theologischen Zeitschrift »Pasos«, in San José, Costa Rica, 1987 eine eindringliche Besinnung geschrieben, die zugleich dem Märtyrerbischof Oscar A. Romero, den das Volk Lateinamerikas bereits heilig gesprochen hat, und Dietrich Bonhoeffer gilt: »Oscar Romero y Dietrich Bonhoeffer – Pastores-profetas de Jesucristo«[89]. Beide wurden ermordet, weil sie sich wegen ihrer Option für die Anderen, die Verfolgten, die unschuldig Ermordeten in die Politik eingemischt hatten. Beide haben so handeln müssen, weil ihr Glaube und ihre Theologie keine Distanzierung von der Welt erlaubten, wo Menschen andere Menschen knechten und Gottes Gebote nichts mehr gelten. Beide sind und bleiben prophetische Lehrer und Hirten ihrer Kirche.[90] Sie haben ihr prophetisches Zeugnis mit dem eigenen Blut unterschrieben. Sie sind Märtyrer.

Allerdings wird auch den lateinamerikanischen Märtyrern bestritten, ähnlich wie es dem ermordeten Bonhoeffer widerfuhr, daß sie Märtyrer im echten, kirchlichen Sinn sind. Sie gelten »nur« als Opfer politischer Gewalt«. Beispiele dafür gibt es bis in die unmittelbare Gegenwart. Am 16. November 1989 wurden mitten in der Hauptstadt San Salvador

Ignacio Ellacuría SJ,
Segundo Montes SJ,
Ignacio Martín Baró SJ,
Amando López SJ,
Joaquin López y López SJ,
Juan Ramón Moreno SJ,
Elba Julia Ramos,
Celina Marisela Ramos

von einer Einheit des Heeres ermordet. Die Patres hatten als Professoren an der Zentralmerikanischen Universität (UCA) jahrzehntelang Bildungsarbeit zugunsten der Armen betrieben und sich für den Dialog zwischen den Bürgerkriegsparteien El Salvadors und die Beendigung des nutzlosen Blutvergießens eingesetzt. Einer von ihnen, der Befreiungstheologe Ignacio Ellacuría, war für ein Ministeramt einer Übergangsregierung im Gespräch, mit der endlich Frieden im Lande beginnen sollte. Elba Julia Ramos, die Haushälterin der kleinen Jesuiten-Kommunität in San Salvador, und deren Tochter Celina Marisela Ramos waren zufällig während des Überfalls im Haus und wurden als Zeugen der Untat ermordet. Sie mußten sterben wie so viele einfache Frauen und Männer in Lateinamerika, weil sie der Macht im Wege standen.

Die acht Ermordeten gelten heute in ganz Lateinamerika mit Recht als christliche Märtyrer.[91] Die Jesuiten sind, ähnlich wie Oscar Romero, Märtyrer mit prominenten Namen. Aber gerade in Lateinamerika gibt es Tausende von weniger bekannten Männern und Frauen, die starben wie Elba Julia Ramos und Celina Marisela Ramos. Die einen wie die anderen sind Opfer des »Anti-Reiches«,[92] das die Gerechtigkeit des Reiches Gottes um jeden Preis verhindern will.

Im Oktober 1992 fand die vierte Generalkonferenz der römisch-katholischen Bischofskonferenzen Lateinamerikas in Santo Domingo statt. Dieser für die Weltkirche repräsentativen Veranstaltung lag ein Handbuch, die sogenannte »Secunda Relatio«, vor, die aus Vorlagen von 22 nationalen Bischofskonferenzen zusammengestellt worden war. In ihr wird mehrfach ausdrücklich auf diese unzähligen Märtyrer Bezug genommen: »In Lateinamerika leben wir in einer Kirche von Blutzeugen. Wir sind eine Kirche von Märtyrern. ... Verfolgung und Tod der Märtyrer ereignen sich in einer gesellschaftlichen Situation, in welcher die Widersprüche zwischen der ungerechten Gesellschaftsordnung und den Forderungen des Evangeliums unbestreitbar deutlich zu Tage treten. Gerade in der Sendung der Kirche ist die Anklage dieser Ungerechtigkeiten von der Verkündigung Jesu, unseres Retters, nicht zu trennen. ... Sie sind heute der Ausdruck für die immer neue Lebendigkeit der Kirche in der Verkündigung des Evangeliums und in der Anklage alles dessen, was sich dem Wachsen des Reiches Gottes entgegenstellt.«[93]

Auf Veranlassung Roms entfiel jeglicher Hinweis auf die Märtyrer der lateinamerikanischen Gegenwart sowohl im Arbeitsdokument, einer Art Vorlage für das Schlußdokument, als auch im Schlußdokument selbst. Nun wurden nur noch generell Opfer der Gewalt in der fünfhundertjährigen Geschichte erwähnt. In einem Kommentar zu diesem Vorgang heißt es: » ... Märtyrer hätten ja beispielgebende Bedeutung für die Weltkirche. Da ist der Vatikan offenbar anderer Meinung.«[94]

Jon Sobrino, der nur zufällig nicht mit seinen Brüdern im November 1989 ermordet wurde, weil er gerade in einem anderen Land Vorlesungen hielt, sagte dazu:

»Die Märtyrer zu ignorieren bedeutet in Wirklichkeit, die Zeichen der Zeit zu verkennen, besonders, da diese jene Tatsachen beschreiben, die ein Charakteristikum einer Epoche ist – das Martyrium, das in seinem Ausmaß das Neueste und Bezeichnendste der gegenwärtigen Geschichte der lateinamerikanischen Kirche ist, Ausdruck der Gegenwart Gottes unter uns. Die Leugnung dieser Tatsache bedeutet auch, auf ein nicht zu ersetzendes hermeneutisches Prinzip zu verzichten, um Jesus zu verstehen, denn der Märtyrer heute – im Gegensatz zur Mehrheit der Märtyrer im Laufe der Geschichte – sterben wie Jesus, für die gleiche Sache Jesu und dieses, weil sie strukturell wie Jesus lebten. Es bedeutet auch, den geschichtlichen und theologischen Ursprung der Kirche selbst zu verkennen, die wirklich aus dem Martyrium Jesu geboren wurde, das Leben Jesu nachlebend und mit der Hoffnung auf die Auferstehung. Damit soll gesagt werden, daß Gott dem Märtyrer Jesus Gerechtigkeit widerfahren ließ. Das Verschweigen der Märtyrer bedeutet, das wichtigste Zeugnis für die Glaubwürdigkeit der Kirche heute ungenützt zu lassen, das so wichtig für die Verkündigung des Geheimnisses Gottes den Ungläubigen gegenüber und zur Stärkung des Glaubens der Zweifelnden ist und so entscheidend, um den Armen zu sagen, daß Gott sie liebt. Es bedeutet als letztes Undankbarkeit den Märtyrern selbst gegenüber, Vorenthaltung des Trostes für die Familienangehörigen, das Verkennen derer, die Licht und Mut für die christlichen Gemeinden sind.«[95]

Für die lateinamerikanischen Märtyrerinnen und Märtyrer wie für Dietrich Bonhoeffer gilt, daß der auferstandene Christus in ihrem Tod zu seinem Sieg kommt. »Presente«, rufen die Christen bei der Verlesung der Märtyrernamen in Gottesdiensten der lateinamerikanischen Basisgemeinden: »Sie sind unter uns! Sie leben!«[96] Gerade so begleitet auch der »pastor y profeta« Dietrich Bonhoeffer die Christen in Lateinamerika noch heute.

OSCAR ARNULFO ROMERO – VERTEIDIGER DER ARMEN

»Es gibt hier keine Möglichkeit, neutral zu bleiben. Entweder wir dienen dem Leben der Menschen in El Salvador, oder wir sind Komplizen ihres Todes. Entweder glauben wir an den Gott des Lebens, oder wir dienen den Götzen des Todes.« (Oscar A. Romero, 1980)

Der Mord

Oscar Arnulfo Romero, Erzbischof von San Salvador,[1] wurde am 24. März 1980 um 18.30 Uhr in der Kapelle des Krankenhauses der »Göttlichen Vorsehung« während einer Eucharistiefeier von einem Scharfschützen erschossen. Der heimtückische Mord war von Hintermännern mit großer Umsicht geplant worden; der Mörder lediglich ausführendes Organ.

Oscar Romero beendete gerade die Predigt in einem Gedächtnisgottesdienst für Frau Sarade Pinto, die vor einem Jahr gestorben war:

»Wir haben gerade die Worte Christi gehört. Es ist zwecklos, nur sich selbst zu lieben und sich vor den Gefahren des Lebens zu hüten. Die Geschichte stellt die Menschen in diese Gefahren, und wer ihnen ausweichen will, verliert sein Leben. Wer hingegen aus Liebe zu Christus sich in den Dienst der anderen stellt, wird leben, wie das Weizenkorn, das stirbt, aber nur dem Scheine nach. Stirbt es nicht, so bleibt es allein. Die Ernte setzt das Sterben voraus. Nur was sich auflöst, trägt Frucht.

Das Evangelium lehrt uns, daß es dem Menschen nichts nützt, die Welt zu gewinnen, wenn er sich selbst verliert. Dessen ungeachtet soll man trotz der Hoffnung auf ein besseres Jenseits nicht aufhören, sich um die Neugestaltung der Erde zu bemühen, die für die Menschen die Vorstufe für das Leben nach dem Tode ist. Obwohl man den zeitlichen Fortschritt vom Wachsen des Reiches Jesu Christi sorgfältig unterscheiden muß, darf man ihn nicht vernachlässigen, weil er in enger Beziehung zum Reiche Gottes steht. Das Reich ist bereits im Keim auf der Erde gegenwärtig. Wenn der Herr kommt, wird es sich vollkommen verwirklichen ...

Wir alle können etwas tun, und sei es nur, zur gegenseitigen Verständigung beizutragen. Diese vorbildliche Frau, deren Jahrgedächtnis wir feiern, konnte vielleicht nicht direkt etwas tun, sie hat aber diejenigen ermutigt, die arbeiten und kämpfen konnten. Ihr Gebet und Verlangen nach Gerechtigkeit und Frieden sind auch nach ihrem Tod eine Botschaft für uns. Wir wissen, daß niemand für immer stirbt und daß diejenigen, die ihre Aufgabe mit tiefem Glauben, mit Hoffnung und Liebe erfüllt haben, die Krone erhalten werden. In diesem Sinne beten wir für Doña Sarita und für uns selbst ... «[2]

In diesem Augenblick fiel der tödliche Schuß. Der Erzbischof hatte hinter dem Altartisch gestanden, das Gesicht zur Gemeinde. Er stürzte zu Füßen des großen Kruzifixes zu Boden. Splitter des Geschosses, das im Rücken steckengeblieben war, verursachten schwere innere Blutungen. Ärztliche Nothilfe in der nahegelegenen Poliklinik kam zu spät.

Nach der Ermordung

Der Mord wurde von der Justiz El Salvadors niemals aufgeklärt und blieb daher ungesühnt. Die Untersuchungen wurden verschleppt. Es kursierten Gerüchte, Romero sei von radikalen Angehörigen der Opposition umgebracht worden, die damit den Bürgerkrieg in El Salvador verschärfen wollten. Justizangehörige, die mit den offiziellen Nachforschungen betraut waren, wurden wiederholt durch anonyme Briefe und Anrufe bedroht und eingeschüchtert. Zeugen wurden entführt und verschwanden für immer. Nach dem Amnestiegesetz vom 20. März 1993 wurde neben tausenden von anderen anhängigen Verfahren auch die Untersuchungsakte des Mordes an

Erzbischof Romero endgültig geschlossen. Mörder und Hintermänner werden straffrei ausgehen.[3]

Soviel scheint aufgrund von Recherchen aus Kreisen der kirchlichen Menschenrechtsbewegung festzustehen, daß der Politiker und ehemalige Geheimdienstoffizier Roberto D'Aubuisson, Gründer der rechtsgerichteten Partei ARENA, mit der Hilfe hoher Polizeioffiziere die Tat geplant hatte. Ein berufsmäßiger Killer, ein Exilkubaner, dessen Name mit Héctor Antonio Regalado angegeben wird, wurde mit der Ausführung des Mordes beauftragt. Er hatte am Ort der Tat Helfer aus Armee- oder Geheimdienstkreisen.[4] Im Hintergrund aber stand die Oligarchie, standen die wirtschaftlich führenden Kreise, die sogenannten »vierzehn Familien«, die in El Salvador alle Fäden in der Hand halten und die Beseitigung Oscar Romeros wünschten.

Am Palmsonntag, dem 30. März 1980, fand in der Kathedrale San Salvadors der Trauergottesdienst unter Beteiligung von mehr als 300 Priestern, darunter vielen aus anderen Ländern Lateinamerikas, statt. Tausende Salvadorianer nahmen auf dem Platz davor, zwischen Kathedrale und Präsidentenpalast, an der Feier teil. Plötzlich wurde vom Präsidentenpalast aus auf die Menge geschossen. Granaten explodierten. Eine große Panik brach aus. Vierzig Menschen starben. Der Sarg mit dem Leichnam Oscar Romeros wurde in aller Eile in der Kirche in ein vorbereitetes Grab gesenkt. Ebenso wie die letzte Eucharistiefeier des Erzbischofs wurde auch dieser Gottesdienst nicht zu Ende gebracht.

Schon bald wurden in den salvadorianischen Basisgemeinden Lieder zum Gedenken an »Monseñor« Romero gesungen:

»Oscar Arnulfo Romero, du warst unser Hirte,
mit dem Mut eines Propheten
hast du die Ungerechtigkeit in El Salvador angeprangert.

Mit dem Licht des Evangeliums erleuchtetest du dein Volk,
das sich in der Dunkelheit befand
wegen der reichen Oligarchen, Feinden der Wahrheit.

Der 24. März ist ein Datum, das wir nicht vergessen,

weil da der Monseñor erschossen wurde,
der ein gütiger Mensch war.

Das Blut, das aus ihm floß, es ist gegenwärtig
in allen unsern Brüdern,
die große Tapferkeit beweisen.«[5]

Täglich besuchen jetzt Menschen das Grab Romeros in der Kathedrale. Sie nennen ihn einen Heiligen, obwohl die römische Kurie darüber noch nicht offiziell befunden hat: San Romero de America Latina. Allerdings hat die katholische Kirche den Prozeß seiner Seligsprechung in Gang gesetzt.

Wer war Oscar Romero?

Oscar Arnulfo Romero y Galdámez wurde am 15. August 1917 in Ciudad Barios, einer kleinen Stadt im Bezirk San Miguel, geboren. Er entstammte einfachen Verhältnissen. Sein Vater, der Posthalter und Telegraph in dieser Stadt war, ließ ihn zunächst das Schreinerhandwerk erlernen. Von 1930 an besuchte er das »Kleine Seminar« in San Miguel. 1937 trat er in das Priesterseminar in San Salvador ein, das von Jesuiten geleitet wurde. Die Exerzitien des Ignatius von Loyola mit der Einübung in die radikale Jesusnachfolge sollten zeit seines Lebens Romeros Lebenshaltung und Frömmigkeit prägen. Er absolvierte Mitte der fünfziger Jahre den dreißigtägigen großen ignatianischen Exerzitiengang, hielt regelmäßig jährliche persönliche Exerzitien – meist unter der Anleitung seines Beichtvaters, eines Jesuiten – und prüfte, wie später sein Bischofstagebuch bezeugt, täglich und unbestechlich seinen Weg vor Christus, dem er in seinem Hirtenamt nachfolgen wollte. Einen Satz aus den Exerzitien wählte er zu seinem bischöflichen Leitwort: »Sentir con la Iglesia« – »Eines Sinnes mit der Kirche sein«. Es entspricht dieser tiefen persönlichen Frömmigkeit, daß er auch gute Beziehungen zur Gruppe des Opus Dei in El Salvador unterhielt und deren Wirken durchaus schätzte.[6]

Noch im Jahre 1937 schickte ihn sein Bischof zur Fortsetzung des Theologiestudiums nach Rom. Dort erlebte er den Zweiten Weltkrieg, bis er 1943 – vor Abschluß seiner Promotion – wegen des herrschenden Priestermangels in die Heimat zurückbeordert wurde. Schon bald wurde er zum Sekretär der Diözese San Miguel ernannt. Er behielt diese Aufgabe neben seinem Pfarramt 23 Jahre lang. 1970 wurde er als Weihbischof in der Diözese des Erzbischofs Luis Chávez von San Salvador eingesetzt und 1974 zum Bischof von Santiago de Maria berufen. Oscar Romero genoß von Anfang an das Ansehen eines tatkräftigen und frommen Dieners der römischen Kirche und eines vertrauenswürdigen, verständnisvollen Seelsorgers. Als solchen schätzten ihn gerade auch Angehörige der herrschenden Schicht des Landes.

Am 22. Februar 1977 wurde er als Nachfolger von Erzbischof Luis Chávez eingeführt. Zuvor hatte sich der apostolische Nuntius, Erzbischof Gerada, sorgfältig mit der Oligarchie abgestimmt. Die wünschte als obersten Repräsentanten der katholischen Kirche des Landes endlich wieder einen konservativen, »unpolitischen« Erzbischof. Er sollte sich nicht so eindeutig, wie Chávez es zu ihrem Ärger getan hatte, auf die Seite der Armen, der Kleinbauern und Landarbeiter stellen. Diese forderten gerechten Lohn und Landreformen, das heißt etwas eigenes Land, und hatten sich zur Durchsetzung ihrer Anliegen organisiert. Oscar Romero, der der Befreiungstheologie skeptisch gegenüberstand, wurde dem »politischeren« Arturo Rivera y Damas, dem bisherigen Stellvertreter Chávez', vorgezogen.[7] Doch das Konzept der Oligarchie ging dann nicht auf.

Romeros Bekehrung zu den Armen

Als Neunundfünfzigjähriger erlebte Oscar Romero die entscheidende Wende in seinem Leben. Am Samstag, dem 12. März 1977, wurde der Jesuit Rutilio Grande, Pfarrer in der Landgemeinde Aguilares im Norden San Salvadors, zusammen mit seinem Küster und einem halbwüchsigen Jungen bei einer Dienstfahrt ermordet. Die Organisation der Großgrundbesitzer (FARO) übernahm die Verantwortung für die Bluttat. Ein von kirchlicher Seite hinzugezogener Arzt, der auch Erfahrungen als Gerichtsmediziner hatte, stellte fest, daß die drei Ermordeten von Geschossen aus fünf verschiedenen Richtungen getroffen worden waren. Die Geschosse stammten von einem Typ von Maschinenpistolen, den in El Salvador nur die Polizei benutzte.[8]

Rutilio Grande war mit Romero eng befreundet und arbeitete als Befreiungstheologe energisch für die Verbesserung der Lebensverhältnisse der Landarbeiter und Kleinbauern. Es kam andauernd zu Konflikten mit den Großgrundbesitzern. Er wurde von ihnen marxistischer Agitation beschuldigt. Anonym wurde er mehrfach mit dem Tod bedroht. Aber er nahm kein Blatt vor den Mund. Einen Monat vor seinem Tode hatte er nach der Ausweisung des kolumbianischen Priesters Mario Bernal aus der Gemeinde Apopa in einer Predigt herausfordernd gesagt: »In unserem Land ist praktisch illegal, ein echter Christ zu sein. Das ist so, weil die Welt, die uns umgibt, auf einer allgemeinen Unordnung aufgebaut ist, der gegenüber allein schon die Verkündigung des Evangeliums eine subversive Tat ist. Ich fürchte sehr, meine lieben Brüder und Freunde, daß die Bibel bald vor unseren Grenzen Halt machen muß, weil jede ihrer Seiten subversiv ist, gegen die Sünde natürlich. Wenn Jesus von Nazaret zurückkehrte und wie in jener Zeit von Galiläa nach Judäa hinunterzöge, das heißt, wage ich zu sagen, von Chalatenago nach San Salvador, er käme in diesem Moment mit seinen Predigten und Werken nicht bis Apopa. Ich glaube, er würde aufgehalten auf der Höhe von Guazapa. Dort würde er festgenommen und in den Kerker geworfen. Ohne Zweifel würden sie ihn wieder ans Kreuz schlagen.«[9]

Rutilio Grande war eine Symbolfigur der Hinwendung der katholischen Kirche El Salvadors zur Welt der Armen. Der gewaltsame Tod seines Mitpriesters öffnete Romero die Augen für die Machtstrukturen im Lande und die Interessen und Methoden der Machthaber. »Nachdem die Mächtigen gewagt hatten, einen Priester umzubringen, war nun im Lande alles möglich.«[10] Er eilte sofort nach Aguilares und hielt noch in der Nacht inmitten der Gemeinde und mit ebenfalls herbeigeeilten Mitbrüdern eine Totenmesse. So wurde der 12. März 1977 der entscheidende Tag im Leben Romeros. Er hat später selbst oft davon gesprochen.

War es eine »Bekehrung«? Der Anspruch, der sich damit verbindet, war ihm zu hoch. »Wäre ich doch bekehrt!« pflegte er dann zu sagen. Jedoch bestimmte die Erfahrung dieser Nacht sein weiteres Leben. Er stellte sich von da an konsequent an die Seite aller Opfer der Unterdrückung durch die Reichen.

Zwei Tage später wurde in der Kathedrale von San Salvador eine Gedenkmesse für die drei Opfer des Meuchelmords gefeiert. Mehr als einhundert Priester konzelebrierten. Diese Messe hatte tiefe symbolische Bedeutung für die gesamte Kirche El Salvadors. Sie war, wie einer der Priester äußerte, Ausdruck der Auflehnung nicht nur gegen diese schreckliche Tat, sondern auch Protest wegen aller Opfer der Gewalttätigkeiten, die El Salvador seit Jahren erschütterten. In seiner Predigt, die auch über den Sender der Erzdiözese ausgestrahlt wurde, bezeichnete Romero das Engagement des ermordeten Rutilio Grande als völlig im Einklang mit der Lehre der Kirche. Die Befreiung, die der Ermordete verkündet habe, sei eine Befreiung auf dem Nährboden des Glaubens:

»Und weil dies oft mißverstanden wird bis hin zur Tötung, ist Pater Grande gestorben. ... Wer weiß, ob seine Mörder in ihrem Versteck Radio hören ... Wir möchten euch sagen, ihr mörderischen Brüder, daß wir euch lieben und daß wir Gott für eure Herzen um Reue bitten; denn es ist der Kirche unmöglich zu hassen, sie kennt keine Feinde. Ihre einzigen Feinde sind jene, die sich selbst als solche bezeichnen. Die Kirche liebt sie und stirbt wie Christus: ›Verzeih ihnen, Vater, denn sie wissen nicht, was sie tun‹.«[11]

Ferner verfügte Romero nach eingehender Beratung mit dem gesamten Klerus und den Ordensfrauen seiner Diözese die Schließung der kirchlichen Schulen für drei »Tage der Besinnung«. Das war ein weiteres Signal des Protestes. Und für den folgenden Sonntag ordnete Romero an, daß sämtliche Gottesdienste ausfielen. Statt dessen sollte eine zentrale Messe aller Priester und Gläubigen in der Kathedrale der Hauptstadt stattfinden. Die Gläubigen, die nicht dorthin kommen konnten, wurden gebeten, den Gottesdienst am Radio mitzufeiern. Auch das war eine Demonstration gegen die Gewalt und eine Aufforderung zur Änderung der Politik im Lande.

Führende Persönlichkeiten der salvadorianischen Gesellschaft wie auch hohe kirchliche Würdenträger außerhalb der Erzdiözese protestierten gegen diese Maßnahmen. Sie zeigten damit an, daß sie diese Schritte des Erzbischofs als Einmischung in die Politik, als Aufwiegelung der Bevölkerung und als Kritik an den Repräsentanten der Macht auffaßten. Die Vorgänge dieser Tage wurden zur Wurzel eines bleibenden Zerwürfnisses zwischen Romero und dem apostolischen Nuntius und einigen Brüdern im Bischofsamt.

Die Verfolgung der Kirche ging weiter. Am 11. Mai 1977 wurde Pater Alfonso Navarro wegen seiner prophetischen Predigten und seiner Unterstützung von Protestgruppen ermordet. Eine Woche darauf wurde Aguilares im Zuge einer »Säuberungsaktion« von Militär umstellt, weil Campesinos eine Zuckerrohr-Hacienda besetzt hatten. Achtunddreißig Menschen wurden erschossen, Pfarrhaus und Kirche verwüstet, das Tabernakel geöffnet und das Allerheiligste entweiht. Oscar Romero wurde gewaltsam daran gehindert, die Kirche zu betreten und das geschändete Allerheiligste zu bergen.

Die politische Lage in der Vergangenheit

Oscar Romero wurde Erzbischof in der Hauptstadt eines Landes, das seit Jahrzehnten von schweren gesellschaftlichen und politischen Widersprüchen geprägt war.[12] Seit der Loslösung von Spanien 1821 hatte sich eine Schicht von immer reicher werdenden Cafetaleros – Besitzern von Kaffeeplantagen – herausgebildet. Sie enteigneten Zug um Zug das Gemeinschaftsland der indianischen Urbevölkerung und verdrängten sie in die unfruchtbareren Gebiete. Um zu überleben, verdingt diese sich seit über hundert Jahren in der Erntezeit zu Hungerlöhnen auf den Fincas. Später setzte sich diese Entwicklung in anderen Teilen des Landes mit dem Großanbau von Baumwolle oder Zuckerrohr fort. Die Schwankungen der Konjunktur auf dem Weltmarkt führten dazu, daß einige wenige Großgrundbesitzer die kleineren Plantagenbesitzer an die Wand drängten und auch die Banken und die in den Städten entstehenden Industriebetriebe kontrollierten. Diese Oligarchie – die »vierzehn Familien« – kontrollierte das Land in einer Weise,[13] daß sie zwar gute Kontakte zu den USA hatte, aber stets dafür sorgte, daß sich keine der bekannten US-Fruit-Companies in El Salvador etablierte. Indio zu sein, Gemeinschaftsland zu bebauen, etwas anderes zu sein als ein dem Patron ausgelieferter rechtloser Tagelöhner, war durch das 1907 vom Präsidenten und Cafetalero Escalón verkündeten Landrecht illegal geworden. Dieses Gesetzeswerk verbot, »unzivilisierte Kleidung« zu tragen oder »heidnische Kulte« zu treiben. Es beseitigte die letzten Reste von gemeinschaftlich genutztem Land, verbot Zusammenschlüsse der Landbevölkerung und beschädigte auch sonst die indigenen kulturellen Gemeinschaftswerte. In seinen Grundzügen galt dieses Gesetz noch, als Oscar Romero Erzbischof wurde.

Dennoch entstand auf dem Land und in den Städten eine Opposition, die eine Alternative zum Massenelend suchte. Sie organisierte sich nach dem Ersten Weltkrieg in einer Art Gewerkschaft, der Regionalen Salvadorianischen Arbeitsföderation und in dem Socorro Rojo, der »Roten Hilfe«, die sich als kommunistische Bewegung verstand. Deren Führer hatten allerdings weder ein umfassendes ideologisches System noch ein differenziertes strategisches Konzept. Aber sie setzten sich für eine Verbesserung der gesellschaftlichen Verhältnisse ein. Die meisten Mitglieder konnten nicht lesen und nicht schreiben und vertraten auch keine politische Ideologie, sondern stellten lediglich die bestehende Ordnung in Frage, die ihnen nichts als Hunger, Ausbeutung, unwürdiges Leben und frühes Sterben brachte. Das Wort »Landreform« bedeutete für diese Menschen ein Stückchen Land für eine »Milpa«, ein kleines Maisfeld, für die Mitglieder der Oberschicht dagegen die bolschewistische Weltrevolution.

So wurde im Januar und Februar 1932 die Niederschlagung eines Massenaufstands der Armen zum Auslöser eines großen Massakers unter den (indianischen) Campesinos, die aufgrund der Wahllisten als Anhänger der Opposition identifiziert werden konnten. In wochenlangen Ausrottungsaktionen wurden ganze Dörfer ausgelöscht. Man schätzt, daß an die 30.000 Menschen ermordet wurden.

Miguel Marmol, einer der Anführer des Aufstandes, der in einem Leichenhaufen als anscheinend Füsilierter überlebte, berichtet: »Aus der Kaserne von Ahuachapan floß des Blut in Strömen, als ob's Wasser oder Pferdeurin wäre. Ein Leutnant, der dort Dienst tat, erzählte weinend, daß die Campesinos, die dort im Hof exekutiert wurden, das »Heiliges Herz, dein Reich komme« sangen, ein katholisches Lied, und daß er und die Soldaten des Hinrichtungskommandos in den Blutlachen deutlich das Bild Christi gesehen hätten und daß sie sich weigerten, weiter zu töten, und daß sie bei ihren Vorgesetzten protestierten. Der Protest wurde mit solch eindringlichen Worten vorgebracht, daß der Kommandeur befahl, sofort die Massaker einzustellen.«[14]

Dieser Völkermord hatte Folgen bis in die Gegenwart: Im kollektiven Bewußtsein der Campesinos hinterließ er ein Trauma. Jederzeit konnte der blutige Terror von oben wieder gegen sie entfesselt werden.

Die Oligarchie lebte seit 1932 in dem Bewußtsein, auch in Zukunft die auf sie zugeschnittene Gesellschaftsordnung durch blutige Gewalt gegen jede Veränderung schützen zu können. Die Armee war ihr hörig. Den führenden Militärs wurde – anders als in anderen lateinamerikanischen Staaten – erfolgreich verwehrt, zur Geldaristokratie aufzurücken. Die »vierzehn Familien« ließen stets eine ihnen genehme Regierung wählen – und sei es, durch Manipulationen des Wahlvorgangs – und bestimmten die Richtlinien der Politik. Politische Opposition wurde immer wieder unschädlich gemacht.

Opposition und christliche Basisgemeinden

Unerwartet entstanden in den sechziger Jahren neue Organisationskerne des Widerstands in Gestalt der Bibelgruppen und Basisgemeinden. Und es kamen junge Theologen aufs Land, die – inspiriert durch die Theologie der Befreiung – eine auf soziale Gerechtigkeit ausgerichtete Gemeindearbeit betrieben, erst recht nach der Zweiten Gesamtlateinamerikanischen Bischofssynode von Medellin 1968. Die Basisgemeinden hatten enge Beziehungen zur – eigentlich illegalen, aber wegen ihrer kirchlichen Verbindungen geduldeten – Campesino-Gewerkschaft »Christliche Föderation Salvadorianischer Campesinos« FECCAS. Dieser Zweig der weltweiten katholischen Gewerkschaftsbewegung war ursprünglich kaum mehr als eine Zubringerorganisation für die gemäßigt oppositionelle christdemokratische Partei bei Wahlen, gewann aber zunehmend an politischer Bedeutung.

Pater Octavio Cruz beschreibt den Prozeß der Politisierung durch christliche Basisgemeinden im Ort Aguilares. Dort bekamen in den sechziger Jahren die Landpächter ihr Land entzogen und mußten als Lohnarbeiter auf den entstehenden großen Zuckerrohrplantagen ihr Leben fristen:

»Es entstand große Unzufriedenheit, zunächst wegen der schlechten Bezahlung und weil niemand mehr eigenes Land hatte. Das war die Lage, als wir 1973 mit unseren Missionen begannen. Wir hier in Aguilares fingen mit den Vorstellungen von Medellin an, mit Teilen der Theologie der Befreiung, und auch mit einer neuen Methode, indem wir von Paulo Freire einiges auf die Evangelisierung anwendeten. In jedem Dorf »feierten« wir fünfzehn Tage lang das Wort Gottes. Aber anstatt einfach zu predigen, gaben wir allen ein Neues Testament und suchten Texte aus, die viel mit der Lage der Leute zu tun hatten. Dann bildeten wir Gruppen, und am Ende der Mission blieben fünfzehn bis zwanzig Verantwortliche über, die einmal in der Woche in den Gruppen »das Wort Gottes feierten«, die Laienprediger. Die Gruppen boten die Möglichkeit, sich zu treffen und über sich nachzudenken.

Unser Hauptgedanke war von Anfang an, daß das Evangelium Gerechtigkeit fordert. Diese Erkenntnis brachte gleich Konflikte; die Menschen erhalten für ihre Arbeit nämlich nur niedrige Löhne und haben kaum Land. Unsere Gruppenstruktur gab ihnen größere Macht als etwa die christdemokratische Partei, die sie zuvor unterstützt hatten. Die war ja nur alle zwei Jahre vorbeigekommen, hatte Propagandamaterial verteilt und war wieder weg. Eine Organisation war das nicht, aber die Bibelgruppen dagegen schon. ... Im Januar 1973 begannen wir mit den Missionen, und schon im Mai gab es den ersten Arbeitskonflikt. Die Arbeiter gewannen ihn und schrieben ein Lied, das sie von nun an immer sangen. Im nächsten Monat gab's bereits einen zweiten Konflikt. Die Campesinos kamen häufig zu uns, um in Rechtsfragen Hilfe zu erhalten. ... Die Laienprediger traten in den Versammlungen auf, sie hatten weniger Angst zu reden, sie besorgten auch einige Anwälte, und schon bald sah man bei Konflikten die Arbeiter mit dem Gesetzbuch in der Hand.

Seit 1964 gab es eine Art Bauerngewerkschaft, FECCAS. Sie führte 1974 in der Hauptstadt einen Kursus über Rechtsfragen und Organisierung durch. Aus unserer Gegend nahmen etwa sechzig Leute teil. Danach breitete sich FECCAS sehr schnell aus. Vertreter der Organisation brauchten nur über Land zu fahren, und schon traten die Campesinos bei. Das geschah oft nach dem Gottesdienst. So diente die Kirche als Versammlungsort des Volkes. Auf diese Weise gab es eine Verbindung zwischen Gottesdienst und Organisierung der Landarbeiter – und die Priester wurden verdächtigt, die Demonstrationen zu organisieren.«[15]

Die meisten Katecheten wurden auch zu Organisatoren lokaler FECCAS-Gruppen, die bald im ganzen Land bestanden, immer in enger Verbindung zu Basisgemeinden und der Gemeindepastoral der Theologie der Befreiung. Neben FECCAS bildete sich illegal die »Union der Landarbeiter« (UTC). 1975 schlossen sich beide Organisationen zusammen. Eine sozialpsychologische Folge der kirchlichen und politischen Gruppenbildung der Campesinos war, daß lange verschüttete Gemeinschaftstraditionen wieder auflebten. Diese sollten später während des Bürgerkrieges überlebenswichtig werden.

Die unerwartete Volksorganisierung stellte die traditionellen Mechanismen der Herrschaft auf dem Lande in Frage. Die Großgrundbesitzer schufen deshalb 1962 ORDEN, eine Organisation, die durch ein System von Kollaborateuren unter den Ortsvorstehern und Zwischenhändlern, durch ein enges Netz von Spitzeln, durch paramilitärische Gruppen, die von den örtlichen Armeekommandanten ihre Order erhielten, und durch Geheimbünde – wie die »Union der Weißen Krieger« – die bestehenden Machtverhältnisse absichern sollte. ORDEN und Guardia Civil begannen, christliche Basisgemeinden und FECCAS/UTC gleichermaßen zu terrorisieren, Gewerkschafter ebenso wie Laienprediger. Immer häufiger wurden auch katholische Priester beschuldigt, Kommunisten zu sein und auf einen Umsturz der Verhältnisse hinzuarbeiten. Ausländische Geistliche wurden ausgewiesen. 1977 las man die Parole »Sei Patriot, töte einen Pfarrer!« auf Flugblättern oder als Graffito auf Häuserwänden.[16]

Die salvadorianische Linke wurde von der raschen Organisierung der Landarbeiteropposition völlig überrascht. Andererseits radikalisierte der Druck der immer unerträglicher werdenden sozialen Lage die Campesinos. Es entstanden demokratische Organisationen und

Guerillaverbände, die Allianzen eingingen und schließlich 1980, in den Monaten nach Romeros Ermordung, die beiden Blöcke »Frente Farabundo Marti para Liberatión Nacional« FMLN und »Frente Democratico Revolutionario« FDR bildeten.[17] Die Unvereinbarkeit von katholischer Soziallehre und christlichen Werten auf der einen Seite und – grob gesagt – marxistischen Strategien und gewaltsamen Praktiken auf der anderen konnte in der Volksbewegung nie aufgehoben werden und führte zu unvermeidbaren Spannungen. Aber die Bündnispolitik war erfolgreich. 1977 war der Organisierungsgrad der Volksmassen erheblich höher als in Nicaragua. Die Umwandlung der ökonomischen und politischen Strukturen El Salvadors erschien damals realisierbar.

Die politische Situation seit Romeros Amtsantritt

In dieser Situation wurde Oscar Romero am 22. Februar 1977 zum Erzbischof eingesetzt. Fast zur gleichen Zeit fand die Präsidentenwahl statt. Zu deren »Sieger« wurde mit Hilfe manipulierter Wahlergebnisse der damalige Verteidigungsminister General Carlos Humberto Romero erklärt. Es gab deswegen große öffentliche Proteste, die gewaltsam unterdrückt wurden und viele Tote forderten.

General Romero löste General Arturo Armando Molina als Staatspräsident ab. Dessen Regierung hatte die Situation der armen Bevölkerung mit einer Agrarreform verbessern und dadurch Unruheherde ausräumen wollen. Sie hatte dieses Vorhaben aber auf Druck der Oligarchie im Oktober 1976 abbrechen und das entsprechende Reformgesetz aufheben müssen. Die Oligarchie verlangte zudem finanzielle Wiedergutmachung und die Einschüchterung der Landbevölkerung, die, in ihren die Erwartungen und Hoffnungen getäuscht, protestierte. Daher folgte der Annullierung des Agrarreformgesetzes eine Welle gewaltsamer Repressionen.

Neu war, daß die Gewaltmaßnahmen sich jetzt auch gegen Teile der großen katholischen Kirche und gegen manche kleine evangelische Kirche wie die der Lutheraner[18] richteten, weil diese sich mit der notleidenden Bevölkerung identifizierten und nicht mehr der Oligarchie zu Diensten waren. General Carlos Humberto Romero, der am 1. Juli 1977 in sein Amt eingeführt wurde, hatte der Oligarchie offiziell versprochen, unter den »störenden Elementen der Kirche aufzuräumen.«[19]

Wie brisant die innenpolitische Lage wurde, kann man daraus ersehen, daß Oscar Romero in seiner dreijährigen Amtszeit drei Regierungen erlebte: Im Oktober 1979 wurde General Romero durch einen Staatsstreich junger Offiziere unter Mitwirkung der USA gestürzt. Dadurch sollte eine weitere revolutionäre Zuspitzung verhindert werden. Die Junta aus zwei Offizieren und drei Zivilisten versprach soziale Reformen. Mit denen wollte man den demokratischen Volksbewegungen den Wind aus den Segeln nehmen. Sie konnte die Versprechungen jedoch nicht halten. Wirkliche Änderungen hätten die vitalen Interessen der Oligarchie tangiert. Das wollten auch die USA nicht. Statt dessen setzte die Junta die Politik der Einschüchterung durch blutige Gewalt fort und provozierte damit Streiks, Fabrikbesetzungen, militärische Gegenschläge einer zusehends erstarkenden Guerillabewegung. Die Spirale eskalierender Gewalt drehte sich immer schneller. Deswegen traten am 31. Dezember 1979 die drei zivilen Minister unter Protest zurück. Es bildete sich eine zweite Junta. Die öffentliche Erklärung der aus dem Amt Scheidenden ist überdeutlich:

» … Das Bündnis von Militärmacht und Oligarchie und die Tatsache, daß man sich erneut für die politische Unterdrückung als adäquates Vorgehen entschieden hat, stellt die ganze Regierung gegen das Volk. Aus diesen Gründen ist die Lage für diejenigen unter uns unerträglich geworden, die nicht mehr bereit sind, als Instrumente einer wirtschaftlichen, politischen und sozialen Herrschaft zu dienen, die eine winzige Oligarchie weiterhin über das Volk als Ganzes ausüben will. … Wir bedauern es, daß eine Rechte, die dumm und skrupellos ist, weiterhin das Schicksal unseres Volkes bestimmt und daß mit solcher Verantwortungslosigkeit die letzte Chance für eine demokratische und friedliche Lösung der Krise des Landes zunichte gemacht wurde. Jetzt erkennen wir, daß dieses politische Vorhaben von Anfang an ein Manöver gegen unser Volk war. … Die Volksorganisationen, der vielen Täuschungen müde, hatten schnell den wahren Charakter dieser Politik erkannt. … Die Stärkung der Volksbewegung stellt die Folge einer erweiterten Einsicht in den historischen Wahrheitsgehalt ihrer politischen Positionen dar. ...«[20]

So wurde während der Amtszeit von Erzbischof Romero ein Krieg der Oligarchie gegen das Volk entfesselt.[21] Dabei wurden mit Hilfe der USA[22] die im Vietnamkrieg entwickelten Methoden von »Counterinsurgency« und »Low-Intensity-Warfare«[23] angewandt. Nach Oscar Romeros Ermordung wütete der »Aufstandsbekämpfung« genannte staatliche Terror weiter. Ganze Regionen wurden menschenleer gebombt und geschossen. Erst am 16. Januar 1991 wurde der Bürgerkrieg, der insgesamt mehr als 75.000 Menschen das Leben kostete und mehr als eine Million Salvadorianer zu Flüchtlingen machte, durch einen Friedensvertrag notdürftig beendet. Weite Teile des Landes waren verwüstet. In seiner wirtschaftlichen Entwicklung war es um mindestens zwanzig Jahre zurückgeworfen.

Konsequenzen des Erzbischofs

In dieser politischen Wirklichkeit übte Oscar Romero sein Amt als Erzbischof aus. Er trug Verantwortung für die ganze Kirche seines Landes. Und er fühlte sich dem Wohl seines Vaterlandes El Salvador verpflichtet. Die Ermordung Rutilio Grandes war der entscheidende Anstoß für ihn gewesen, konsequent Partei für die Unterdrückten zu nehmen. Er analysierte die politischen Verhältnisse kompromißlos aus der Perspektive der Armen und bezeichnete die egoistische, materialistische Interessenslage der Oligarchie als hauptverantwortlich für die strukturelle Gewalt im Staat. Das Vorgehen des Heeres und der Sicherheitskräfte, die behaupteten, sie wollten die staatliche Ordnung schützen und die nationale Sicherheit garantieren, demaskierte er als repressive Gewalt, um das verzweifelte Aufbegehren der Armen zu unterdrücken.

Oscar Romero bejahte den Kurs seiner Kirche nach dem Zweiten Vatikanischen Konzil und die Beschlüsse von Medellin. In gläubiger Radikalität setzte er seine organisatorischen Fähigkeiten und seine bischöflichen Mittel an Einfluß, Mitarbeitern, Geld und Räumen, aber auch seine Gaben als Seelsorger und Prediger ein, um diese Leitlinien der katholischen Weltkirche in seiner Diözese in die

Tat umzusetzen. So wurde er zu einem markanten Vertreter der Befreiungstheologie. Er erhielt bereitwillige Unterstützung durch die überwiegende Mehrheit des Klerus und der Ordensfrauen, durch die Verantwortlichen in den Basisgemeinden und die engagierten Laien. Seine bischöflichen Kollegen hielten Romeros Engagement für theologisch falsch, politisch inopportun, für subversiv, ja für das Ergebnis einer Infiltration durch kommunistisch verdorbene Priester.

Mit seiner einfachen Lebensführung zeigte Oscar Romero, wie die lateinamerikanische Kirche seit Medellin ihren Weg mit den Armen gehen will. Statt in einer bischöflichen Residenz wohnte er in einem drei kleine Räume umfassenden Anbau eines Krankenhauses. Den Aktenraum seiner Kanzlei ließ er in eine Cafeteria umgestalten. Hier war er jederzeit für Hilfesuchende zu sprechen. Hier wurden zwischen Mitarbeitern und Besuchern beziehungsweise Hilfesuchenden Informationen ausgetauscht und Aktionen abgesprochen. Romero vermied einsame, autokratische Entscheidungen und praktizierte statt dessen einen konsensorientierten Leitungsstil. Den Weiterbau der Kathedrale in der Hauptstadt ließ er stoppen. Gelder aus dem Ausland, die er dafür erhielt, verwandte er für Zwecke, die ihm für den Dienst der Kirche am Volk wichtiger erschienen.

Oscar Romero hatte seit seiner Tätigkeit als Diözesansekretär den Einsatz von Medien im Dienst der Kirche organisieren gelernt. Deshalb lag ihm das Funktionieren einer Druckerei für die Bistumszeitung und vor allem der Ausbau der bischöflichen Rundfunkstation »YSAX« am Herzen. Die Übertragung seiner sonntäglichen Predigten, die in ganz Zentralamerika gehört wurden, hatte in El Salvador Einschaltquoten bis 75 Prozent. Aus dem ganzen Land ging Zuhörerpost ein wie diese: »Immer höre ich Radio YSAX und jeden Tag wächst mein Glaube, denn ich habe nie gespürt, daß die Kirche uns armen Leuten so nahe war wie jetzt.« »Wir möchten Ihnen sagen, daß Ihre Predigten und Ansprachen uns dazu bewegen, stärker und wirkungsvoller um den Aufbau einer gerechteren Ordnung zu kämpfen und bei uns selber anzufangen.«[24]

Romero schuf damit eine kritische Gegenöffentlichkeit. Er machte unterdrückte Nachrichten bekannt. Sonntag für Sonntag informierte er in seinen Predigten über Massaker oder andere Übergriffe der staatlichen Ordnungskräfte oder der Privatmilizen der Oligarchie, konkret mit Angaben von Ort, Zeit und möglichen Verantwortlichen. Er verurteilte die Untaten, ganz im Gegensatz zu den übrigen Medien, die solche Ereignisse totschwiegen oder als notwendige Polizeimaßnahmen gegen kommunistische Umstürzler darstellten. Darüber hinaus analysierten Romero und seine Mitarbeiter innerhalb der Woche die Konflikte im Lande aus der Perspektive der Armen. Das schuf politisches Bewußtsein und bestärkte das Volk in seinem Überlebenskampf. Die Medienarbeiter der Erzdiözese und der Erzbischof selbst wurden zu gefragten Informationsquellen und Kommentatoren für ausländische Journalisten. So ist es nur zu verständlich, daß Redaktionsräume, Druckerei und Sendeanlage mehrfach durch Bomben rechtsterroristischer Gruppen zerstört wurden.

Weil die Ermordung Rutilio Grandes staatlicherseits nicht aufgeklärt und gesühnt wurde, lehnte Oscar Romero es ab, bei offiziellen staatlichen oder gesellschaftlichen Ereignissen zu erscheinen. Zuerst müsse die Gerechtigkeit wieder hergestellt werden. Weil die Aufklärung dieses Mordes weiter auf sich warten ließ, änderte auch Romero sein Verhalten bis zu seiner Ermordung nicht. Diese Geste des Protestes wurde ihm von der Oligarchie und auch vom Nuntius übelgenommen, im Lande aber wohl verstanden.

Trotz seiner konsequent eingehaltenen Distanz zur Regierung blieb der Erzbischof bis zuletzt der seelsorgerliche Berater mancher Politiker, hoher Offiziere und führender Männer aus Wirtschaft und Verwaltung. Darüber gibt sein Amtstagebuch an vielen Stellen Auskunft. Er gab seinen Rat, wenn er darum gefragt wurde, auch bei den weiteren Zuspitzungen der innenpolitischen Lage.[25] Jon Sobrino bemerkt dazu, Oscar Romero habe regelrecht eine »Pastoral der Begleitung« von verantwortlichen Christen in Organisationen und politischen Parteien entwickelt.[26] Er blieb wie früher der Seelsorger von Angehörigen der Oberschicht, die sich in existentiellen Nöten an ihn wandten. Er stand ihnen bei, wenn auch sie unter der Brutalität des Bürgerkrieges litten, wenn Kräfte der Volksbewegungen ihnen die Angehörigen entführt oder ermordet hatten[27] oder wenn sie zwischen den Fronten standen wie manche Vertreter der christdemokratischen Partei.[28]

Erzbischof Romero wollte die Gewissen der Menschen erreichen. Notwendige politische Veränderungen und Veränderungen der inneren Einstellung waren für ihn nicht voneinander zu trennen. Eine Erneuerung der Gesellschaft mußte für ihn Hand in Hand gehen mit einer Umkehr der Menschen. Daher verlangte er unermüdlich die Beachtung christlicher Werte um des Wohles der Allgemeinheit in El Salvador willen. Er wurde damit zum öffentlichen Gewissen der Nation. Er forderte notwendige Reformprozesse, vor allem eine gerechtere Verteilung des Volkseinkommens, Rechtssicherheit für das einfache Volk, friedliche Konfliktlösungen. Für reformerisch gesonnene Politiker blieb er die Stimme des Ansporns und der Hoffnung.

Trotz seiner scharfen Kritik verdammte er die aktiven Verwalter der Macht im Staate nicht ein für alle mal. Vielmehr konfrontierte er sie – außer mit Fakten und Analysen – mit den Weisungen des Wortes Gottes und mit Wegen zu einer friedenstiftenden Gerechtigkeit. Er appellierte an ihr christliches Gewissen und ihre Vernunft, denn er glaubte daran, daß Gott Menschen zur Umkehr bewegen kann:

»Die Logik verlangt, daß die Mächtigen der Oligarchie womöglich in aller menschlichen und christlichen Gelassenheit über den Ruf nachdenken, den Jesus Christus im Evangelium an sie richtet: ›Wehe euch, morgen werdet ihr weinen!‹ (vgl. Lukas 6, 24-26). Um ein bekanntes Bild zu wiederholen: Es ist besser, Ihr streift Eure Ringe vom Finger, noch bevor man Euch die Hand abhackt. Verfahrt nach der Logik Eurer menschlichen und christlichen Überzeugungen und gebt dem Volk die Chance, sich in Gerechtigkeit zu organisieren. Verteidigt nicht, was sich nicht verteidigen läßt!«[29]

Umgekehrt fühlte er sich verpflichtet, auch bei den Mächtigen nach Ansätzen für eine gerechte und friedliche Lösung des bürgerkriegsähnlichen Konflikts zu suchen. In den Fällen, wo er sie wahrnahm, stellte er sie in seinen Ansprachen oder Kommentaren positiv heraus. Jon Sobrino spricht bei Oscar Romero vom Konzept einer »Pastoral der Umkehr« für jene Christen, die aufgrund der

Strukturen zu den ökonomisch und politisch mächtigen Schichten gehören.[30]

Beistand der demokratischen Volksbewegungen

Im Verlaufe der Auseinandersetzungen wurden den Campesinos das Organisations- und Versammlungsrecht abgesprochen und Gewerkschaften, Landarbeiterassoziationen und kirchliche Basisgemeinden als kommunistische, subversive Gruppierungen denunziert. Damit waren ihre Mitglieder tödlicher Verfolgung im – wie es hieß – »Interesse der nationalen Sicherheit« ausgesetzt. Romero verteidigte das Organisationsrecht des Volkes von Anfang an als ein demokratisches Grundrecht, das nach seinen Worten zudem ein überlebenswichtiges Verteidigungsmittel der Armen gegen die ökonomische Ausbeutung durch die Reichen darstellt: »Wir verteidigen das Recht, legitime Forderungen zu stellen, und wehren uns dagegen, daß solche Forderungen auf gefährliche und böswillige Weise simplifiziert, verdreht und als Terrorismus und gesetzwidrige Subversion verurteilt werden. Niemand darf den Menschen, zumal den Armen, das Versammlungsrecht entziehen, denn der Schutz der Schwachen ist das Ziel der Gesetze und der sozialen Organisationen.«[31] Damit galt auch er als Kommunist und zog wütende Angriffe der Presseorgane, die im Dienst der Oligarchie standen, auf sich.

Er bejahte die entstehenden Volksorganisationen einschließlich ihrer militanten Flügel. Denn er erkannte das Selbstverteidigungsrecht des Volkes an. Oft traf er sich mit ihren Führern und beriet sie seelsorgerlich und politisch. Er hatte großes Verständnis für Protesthandlungen des Volkes, auch wenn sie seine eigene Arbeit behinderten, so durch Kirchenbesetzungen bis hin zur Besetzung der Kathedrale. Oscar Romero erklärte öffentlich, daß solche Aktionen die letzte und durch den Kirchenraum einigermaßen geschützte Möglichkeit der öffentlichen Anklage darstellten.

Auf der anderen Seite kritisierte er Aktionen der Volksorganisationen und Protestgruppen, wenn er bei ihnen christliche Maßstäbe mißachtet sah. Es bedrückte ihn, daß manche ihrer Vertreter nicht nur unversöhnlich hart auf Gewalt setzten, sondern auch immer wieder versuchten, ihn und die katholische Kirche zu einer totalen Identifikation mit ihnen zu zwingen. Dem widersetzte er sich mit großer Souveränität, versuchte aber zugleich, die bestehende Vertrauensbasis zu erhaltenen. Er verstand sich als Hirte auch der revolutionären Gruppen, obwohl einige ihrer Mitglieder als überzeugte Marxisten nicht mehr den Weg der Kirche mitgingen. Wenngleich er ihnen nicht radikal genug erschien, genoß Oscar Romero auch bei ihnen ein großes Ansehen. Zu seiner Zeit erhielt die Kirche in El Salvador einen neuen, hohen Stellenwert beim einfachen Volk.

Märtyrer auf seinem Lebensweg

Die Kirche Oscar Romeros wurde schließlich ebenso verfolgt wie das Volk. Die Parole »Sei ein Patriot, töte einen Pfarrer!« stand nicht nur an Häuserwänden und auf Flugblättern, sondern war Wirklichkeit geworden. Außer Rutilio Grande wurden fünf Geistliche[32] während der Amtszeit Oscar Romeros ermordet:

Alfonso Navarro am 11. Mai 1977
Ernesto Barrera am 28. November 1978
Octavio Ortiz Luna am 20. Januar 1979
Rafael Palacios am 20. Juni 1979
Alirio Napoleon Macías am 20. August 1979

Von ihnen sagte Oscar Romero 1979 – und nach seiner Ermordung gilt das auch für ihn selber:

»Für mich sind sie wirkliche Märtyrer. Natürlich beziehe ich mich nicht auf die kanonische Bedeutung des Wortes; die setzt einen Heiligsprechungsprozeß voraus, wodurch jemand von der universalen Kirche zum Märtyrer erklärt wird. Ich respektiere dieses Gesetz, und niemals werde ich sagen, daß unsere ermordeten Priester kanonisierte Märtyrer sind; aber sie sind Märtyrer im volkstümlichen Sinn. Männer, die in ihrer Predigt und in ihrem Leben eins geworden sind mit der Armut, die bis an die gefährlichen Grenzen gegangen sind, wo die »Union der Weißen Krieger« droht, sie zu Todeskandidaten erklärt und schließlich ermordet, wie man auch Christus umgebracht hat. Daß sie trotzdem nicht feige geflohen sind, sondern ausgeharrt haben in dieser Situation von Leid, Qual und Mord, hat für mich den Rang eines Blutzeugnisses. Wir müssen ihre Erinnerung bewahren. Gerade wenn man sie herabsetzen will und sagt, sie seien verfolgt worden, weil sich die Kirche in die Politik eingemischt habe, weil sie kommunistisch und subversiv geworden sei. Wir wissen schon, was diese Begriffe bedeuten; auch auf Christus hat man sie angewandt, um ihn ans Schafott zu bringen.«[33]

Viele Priester und kirchliche Mitarbeiter wurden in El Salvador bedroht, entführt, gefoltert, ausländische Geistliche und Ordensmänner und -frauen des Landes verwiesen. In dem Jahr der Ermordung Oscar Romeros wurden weitere neun Priester und Ordensfrauen umgebracht. Die Repression gegen die Kirche an der Seite der Armen wuchs ungeheuer.[34] Während der Friedensverhandlungen wurden am 16. November 1989 sechs Jesuitenpatres, die Haushälterin der Jesuitenkommunität und deren Tochter in San Salvador von einer Heereseinheit ermordet.[35] Insgesamt starben in diesen Jahren Zehntausende uns unbekannter christlicher Laien eines gewaltsamen Todes, Märtyrer Jesu Christi, die sich für Gerechtigkeit und ein menschenwürdiges Leben der Armen einsetzten – wie er.[36]

Romeros Hirtenbriefe

In vier Hirtenbriefen nahm Oscar Romero kraft seines Lehramtes Stellung zur Lage El Salvadors. Sie sind bis heute Lehrstücke einer »politischen Diakonie«, zugleich auch Dokumente dafür, daß der Erzbischof die Unabhängigkeit seines kirchlichen Amtes zu wahren wußte. Alle seine Hirtenbriefe sind das Ergebnis intensiver Gespräche mit Theologen und Laien und durchliefen oft langwierige Entwurfsstadien. Stets beteiligt waren die salvadorianischen Befreiungstheologen von der Jesuitenuniversität, unter ihnen Ignacio Ellacuría und Jon Sobrino.

»Kirche von Ostern her«: Den ersten Hirtenbrief veröffentlichte Romero kurz nach seiner Einführung Ostern 1977. Es geht darin um das künftige Engagement der Erzdiözese. Der Brief zeigt, wie sehr sich Romero an der Enzyklika »Evangelii nuntiandi« Papst Pauls VI.

vom 8. Dezember 1975 und an den pastoralen Leitlinien von Medellin 1968 orientiert. Die Kirche weigere sich, anstelle des Gottesreiches menschliche Befreiungskonzepte zu verkünden. Aber die im Evangelium verkündigte Liebe zu den Bedürftigen und Leidenden lege eine notwendige Verbindung zwischen der Verkündigung des Evangeliums und der Verkündigung der Befreiung auf Erden nahe. Glauben sei nicht vom praktischen Leben zu trennen. Alle müßten sich zu den grundlegenden Ansprüchen der Bergpredigt bekehren. Die Kirche sei bereit, auf alle Privilegien zu verzichten, die die Lauterkeit ihres Zeugnisses zu trüben drohten. Sie suche den Dialog mit allen, die auf dem politischen und sozialen Feld tätig sind und Veränderungen bewirken könnten.[37]

Die weiteren drei Hirtenbriefe datierte Oscar Romero jeweils auf den 6. August der Jahre 1977, 1978 und 1979, auf das Fest der Verklärung Christi. Dieser Tag ist der Nationalfeiertag El Salvadors, des Landes, das den Namen des göttlichen Erlösers trägt. Romero wollte damit die Politik seines Vaterlandes unter den Anspruch seines Namenspatrons stellen.

»Die Kirche, Leib Christi in der Geschichte«: Im zweiten Hirtenbrief geht es um die Realität der Kirche. Es sei ihre Pflicht, »Christus durch die Geschichte hindurch ihre Stimme zu leihen, damit Jesus sprechen kann; ihre Füße, damit er durch die heutige Welt schreiten kann; ihre Hände, um am Aufbau des Himmelreichs in der heutigen Welt mitzuarbeiten; und alle ihre Glieder, ›um zu ergänzen, was an den Leiden Christi noch fehlt‹ (Kolosser 1, 24)« Die Kirche werde verfolgt, weil sie die institutionalisierte Gewalt entlarve und anklage, und ihr werde marxistische Propaganda vorgeworfen, weil sie neben ihrer traditionellen Verurteilung des Marxismus nun auch in gleicher Weise das kapitalistische System als ein System des praktischen Materialismus verurteile: »Die Kirche wird verfolgt, weil sie in Wahrheit die Kirche Christi sein will. Solange die Kirche ewige Erlösung verkündet, ohne selbst in die realen Probleme dieser Welt einzutauchen, wird sie geachtet und gepriesen und sogar mit Privilegien überschüttet. Wenn sie aber ihrer Sendung treu ist und auf die Sünde hinweist, die so viele ins Elend stürzt, wenn sie die Hoffnung auf eine gerechtere und menschlichere Welt verkündet, dann wird sie verfolgt und verleumdet, wird subversiv und kommunistisch genannt.[38]

Romeros Hirtenbrief wurde als Pendant zur Antrittsrede General Romeros verstanden. Der hatte sich tief besorgt über das schlechte Image des Landes im Ausland geäußert. Das habe seinen Grund in den derzeitigen Zuständen. Der Präsident folgerte aber, es müsse endlich wieder für »Ordnung und Sicherheit« gesorgt werden.[39]

»DIE KIRCHE UND DIE ORGANISATIONEN DES VOLKES«: Im dritten Hirtenbrief[40], den Romero 1978 zusammen mit Arturo Rivera y Damas, dem Bischof von Santiago de Maria, veröffentlichte, verteidigen die beiden Bischöfe das Versammlungsrecht der Armen und ihre Organisierung in Oppositionsgruppen: »Es ist ... eine Tatsache, ... daß sich wirtschaftlich einflußreiche Minderheiten organisieren dürfen und dies sehr oft zum Schaden für die Mehrheit des Volkes. Diese Minderheiten dürfen sogar gegen die Regierung gerichtete öffentliche Kampagnen durchführen; sie können die Gesetzgebung in hohem Maße beeinflussen, wie dies beispielsweise bei der Agrarreform und bei dem Gesetz zum Schutz der Aufrechterhaltung der öffentlichen Ordnung der Fall war. Andere Gruppen hingegen, die der Mehrheit des einfachen Volkes angehören, stoßen nur auf Schwierigkeiten und Repressionen, wenn sie sich organisieren wollen, um die Interessen der Mehrheit zu verteidigen. ...«[41]

Selbst in Organisationen, die eine bewußte Distanz zur Kirche und zum Christentum hätten, aber sich für die Befreiung des Volkes einsetzten, sei der Geist Christi am Werk, der die Befreiung der Armen wolle: »Die Kirche glaubt nämlich, daß das Wirken des Heiligen Geistes, der Christus in uns Menschen zum Leben erweckt, stärker ist als sie selbst. Denn die Kraft Christi reicht über die Grenzen der Kirche hinaus. Deshalb werden die Befreiungsbemühungen des einzelnen wie der Gruppe, auch wenn sie sich nicht zum christlichen Glauben bekennen, durch den Geist Jesu inspiriert; und deshalb versucht die Kirche sie in diesem Sinne zu verstehen, um sie ... zu ermutigen und zusammen mit den Bemühungen der Christen in die umfassende Erlösung durch Christus einzubeziehen.«[42]

Der andere Schwerpunkt dieses Hirtenbriefes ist die Gewaltproblematik: Romero und Damas verurteilen jegliche Art von »institutionalisierter Gewalt«. Die erkennen sie in den Ausbeutungsverhältnissen in El Salvador, ferner in »repressiver Gewalt« der Staatsorgane zugunsten der Oligarchie. Ebenso verurteilen sie »aufführerische, terroristische Gewalt«. Den Ausdruck »revolutionäre Gewalt« möchten sie in diesem Zusammenhang nicht verwandt wissen, weil es auch »explosive Revolutionen der Verzweiflung« (Paul VI.) gäbe, für die sie Verständnis zeigen.

»Spontane Gewalt von unten«, erkennen sie als Notwehr gegen den »Terror von oben« an. Dabei erinnern beide Bischöfe an die drei Kriterien, an denen schon Paul VI. Befreiungskämpfe christlich gemessen hatte:

- alle anderen Wege zur Befreiung müssen zuvor beschritten worden sein,
- die Gewaltmittel müssen verhältnismäßig sein und Aussicht auf Erfolg haben,
- es darf durch Gegengewalt kein größeres Übel als das bekämpfte entstehen.

Das sind die traditionellen Kriterien des »gerechten Krieges«, in dieser Situation formuliert im Hinblick auf eine »gerechte Revolution«. Daß einzelne Gruppen Gewalt als einzigen Weg zur Änderung der Verhältnisse propagieren, nennen sie »fanatische Gewalt«, »Vergötzung der Gewalt« und lehnen sie ab. »Gutes läßt sich nicht durch Böses erreichen.« Der den Christen von Christus vorgegebene Weg heißt Gewaltlosigkeit und Kampf für einen Frieden, dessen Grundbedingung Gerechtigkeit ist. Frieden in El Salvador gewaltsam und ohne die permanente Bemühung um die Herstellung gerechterer Verhältnisse zu erreichen, halten sie für unmöglich. Um Frieden zu schaffen, ist es notwendig, auf den verklärten Christus zu schauen und auf sein Wort zu hören, damit er die Herzen umwandeln kann.

»Auftrag der Kirche inmitten der Krise des Landes«: Im vierten Hirtenbrief[43] vom 6. August 1979 wollte Romero die Beschlüsse von Puebla für die Arbeit vor Ort in Kraft setzen. Was die Bischöfe über die soziale Ungerechtigkeit und die Unterdrückung des Volkes in ganz Lateinamerika feststellen, gilt auch für El Salvador: »Man sieht mit bösen Augen die Organisierung der Fabrikarbeiter, Landarbeiter und anderer Sektoren des Volkes, und man ergreift repressive Maßnahmen, um sie zu verhindern. Diese Art der Kontrolle wird nicht auf Gruppierungen der Arbeitgeber angewandt, die ihre ganze Macht ausüben können, um ihre Interessen zu sichern.«[44] Scharf verurteilt er mit Puebla die direkte und die indirekte, institutionalisierte Gewalt, die gegen das Volk ausgeübt wird, und nennt ausdrücklich auch die terroristische Gewalt der extremen Rechten: »Die letzte Wurzel der ernsten Übel, die uns bedrücken, die Verrohung der Gewalt eingeschlossen, ist diese »strukturelle Gewalt«, die sich in der ungerechten Verteilung des Reichtums und des Eigentums konkretisiert, besonders, was den Landbesitz betrifft, und allgemeiner in jenem Bereich ökonomischer und politischer Strukturen verankert ist, durch die einige Wenige immer reicher und mächtiger werden, während die Mehrheit immer ärmer und schwächer wird.«[45]

Die Gegengewalt revolutionärer linker Volksgruppen scheint er hingegen nicht mehr absolut zu verurteilen, er warnt nur vor Unverhältnismäßigkeit und Auswüchsen: »Auch verurteilt die Kirche die Gewalt politisch-militärischer Gruppen und Personen, wenn sie absichtlich unschuldige Opfer verursachen und die Gewalt, die sie einsetzen, in keinem Verhältnis steht zu dem positiven Effekt, den sie mit ihr kurz- oder mittelfristig erreichen wollen.«[46] Er schreibt unter Berufung auf die Enzyklika »Populorum Progressio« Papst Pauls VI. und deren Aufnahme in Medellin, daß »›ein Aufstand berechtigt ist im sehr außergewöhnlichen Fall einer offensichtlichen und andauernden Tyrannei, die schwerwiegend gegen die Menschenrechte verstößt und dem allgemeinen Wohl des Landes gefährlich schadet, möge diese Tyrannei von einer Person oder von offensichtlich ungerechten Strukturen ausgehen‹ ... In der gleichen Linie der legitimen aufständischen Gewalt kann man die Gewalt der legitimen Verteidigung ansiedeln, wenn eine Person oder eine Gruppe eine ungerechte Aggression, der sie ausgesetzt waren, mit Gewalt bekämpft. Dies sind die gefährlichen Kräfte der Gewalt, die provoziert werden, wenn man Strukturveränderungen der unterdrückerischen Gewalt verzögert und meint, diese mit der Gewalt der Repression erhalten zu können.«[47]

Oscar Romero erinnert noch einmal an die Kriterien, unter denen aufständische Gewalt legitim sein kann, die er im dritten Hirtenbrief benannt hatte. Vor allem aber mahnt er zum Frieden und zum Dialog: »In der Praxis erscheint es sehr schwer, all diese theoretischen Maßnahmen zur Rechtfertigung von Gewalt zu erfassen. Durch die Erfahrung der Geschichte wissen wir, wie grausam und schmerzhaft der Preis des Blutes ist und wie schwierig die sozialen und ökonomischen Schäden des Krieges wiedergutzumachen sind.«[48]

Romero nennt die Zahl der Opfer der Gewalt in El Salvador seit Jahresanfang. Damit stellt er zugleich fest, daß die Gewalt von oben im Volk eine »explosive Revolution der Verzweiflung« provoziert und man sich immer mehr von der Möglichkeit entfernt, die Krise des Landes auf friedlichem Wege zu lösen: »Es scheint sogar, daß wir uns bereits in einem echten Bürgerkrieg befinden, informell und mit Unterbrechungen, aber erbarmungslos und ohne Pardon, der das gewöhnliche kommunale Leben zerreißt und alle Häuser in El Salvador mit Furcht erfüllt… Die Regierung erweist sich als unfähig, die Eskalation der Gewalt im Lande aufzuhalten. Mehr noch, eine verdächtige Toleranz gegenüber bewaffneten Banden, die wegen ihrer unerbittlichen Verfolgung von Gegnern der Regierung als dieser zu Diensten betrachtet werden könnten, widerspricht in der Praxis den emphatischen Erklärungen der Regierung gegen jede Art von Gewalt. Sie scheint eher gegen jede politische Opposition und gegen jede Organisation, die sozial protestiert, Repression zu proklamieren.«[49]

Zum Thema »Antimarxismus im Kapitalismus« sagt er in Übereinstimmung mit Puebla: »Darüber hinaus darf nicht vergessen werden, daß, obwohl sehr wenig wissenschaftliche Kenntnis des Marxismus vorhanden sein mag, einige antimarxistische Erklärungen und Aktionen von Christen sich zu einer Unterstützung des Kapitalismus verwandeln können. Das ist in unserem Lande der Fall. Um es klar zu sagen: der Kapitalismus ist gerade das Unchristlichste an der Gesellschaft, in der wir leben. ›Furcht vor Marxismus‹, sagt Puebla, ›hält viele davon ab, die unterjochende Realität des liberalen Kapitalismus wahrzunehmen.‹…«[50]

Der Dienst der Kirche für die Befreiung der Armen kann nur darin liegen, daß die Kirche konkret das Evangelium verkündet, die wahren Verhältnisse im Lande beim Namen nennt und zur Umkehr aufruft. In Anlehnung an das Schlußdokument von Puebla benennt Romero deshalb die Felder des öffentlichen und privaten Lebens, auf denen Korruption und Verfall der Moral voranschreiten. Dem allen liege Götzenkult zugrunde: die Ideologie des Privateigentums, das egoistische Streben nach Reichtum, das Vertrauen auf repressive Gewalt aufgrund der Doktrin der Nationalen Sicherheit. Die Entlarvung der Götzen des Todes sollte bis zu seiner Ermordung das theologische Leitthema Oscar Romeros werden.[51]

Helfer und Tröster

»Es fällt mir zu, die Niedergetretenen, die Toten und alle bei der Kirchenverfolgung Übriggebliebenen zu sammeln,«[52] sagte Oscar Romero am 19. Juni 1977, noch fast zu Beginn seiner Wirksamkeit als Erzbischof, als er in Aguilares anstelle von Rutilio Grande einen neuen Pfarrer einsetzte und die bei dem Massaker verwüstete Kirche wieder weihte. Er wiederholte die Aussage oft, daß seine bischöfliche Aufgabe darin bestehe, die Opfer des Terrors zu bergen. Wenn irgendwo ein Massaker bekannt wurde, war er zur Stelle, tröstete und half. Trägt man alle Hinweise in den Berichten darüber zusammen, so ergibt sich ein riesiges seelsorgerliches Pensum, das sich Romero und seine Mitarbeiter in diesen Jahren abverlangten. Die einfachen Menschen dankten es ihm mit großer Liebe und Verehrung.

Der Erzbischof hielt unzählige Totenmessen für Ermordete, besuchte oder empfing die Trauernden und versuchte, sie aufzurichten. Als Mitbrüder ermordet wurden, führte er deren Angehörige zusammen, damit sie sich gemeinsam ihrer Märtyrer erinnerten und dabei Trost fanden. Er feierte mit den Gemeinden der ermordeten Pfarrer Gedächtnisgottesdienste. Er besuchte verhaftete Priester sogleich im Gefängnis, protestierte bei den Behörden und intervenierte, wenn sie ausgewiesen werden sollten. Er ging zu den Campesinos, die in ihrer Verzweiflung öffentliche Gebäude und sogar die Kathedrale besetzten, begrub ihre Toten und hielt mit ihnen Gottesdienst. Er verhandelte dann auch mit den Sicherheitskräften und verhinderte Polizeiaktionen.

Kirchliche Zentren erhielten zu seiner Zeit eine große Bedeutung als Stätten des Asyls. Am 22. Januar 1980 wurde zum Beispiel eine Großdemonstration zum Gedenken des Massakers von 1932 mit

Schüssen auseinandergetrieben und die Demonstranten von der Polizei verfolgt. In seinem Diensttagebuch vermerkt Romero:

»22. Januar: ... Allein in der Kathedrale lagen abends elf Leichen. ... Wir haben versucht, bei dieser Tragödie zu helfen; an die dreihundert Flüchtlinge wurden ins Erzbischöfliche Ordinariat gebracht, wo sie zu essen bekamen und untergebracht wurden. Dabei halfen die Schwestern und andere katholische Organisationen, die zu dieser kirchlichen Hilfe beitrugen, sehr großzügig. Ein großer Teil der Leute flüchtete jedoch in die Universität, man schätzt an die vierzigtausend. Die Nacht verlief tragisch. Es explodierten Bomben ... eine wurde auch bei der Antenne unseres katholischen Senders YSAX gelegt ...

23. Januar: Schon in der Frühe wurden wir um Vermittlung gebeten, damit der militärische Ring aufgelöst wird, der sich um die Nationaluniversität gelegt hat, in der sich über vierzigtausend Menschen wie in einer Falle vorkommen ... Nachmittags war der Park neben der Kathedrale voller Menschen, auch die Kathedrale selbst, in der ich im Kreise vieler Priester die Totenmesse feierte und zu der Menge sprach, die sich um die Särge mit den Toten geschart hatte.«[53]

Die körperlichen Strapazen, die seelische Anspannung, die dieses alles für den Erzbischof mit sich brachte, sind kaum zu ermessen.

Neben der persönlichen, seelsorgerlichen Hilfe richtete Oscar Romero ein Rechtshilfebüro ein, dessen Aufgabe es war, jedem einzelnen Fall von Menschenrechtsverletzung nachzugehen, insbesondere den Verschleppungen und Morden. Es war die einzige Stelle, an die sich Angehörige der Opfer wenden konnten, um Nachforschungen und gerichtliche Aufklärung in Gang zu setzen. Mit den Dokumentationen der Untaten protestierten Romero selbst oder seine Mitarbeiter bei der Regierung. Sie traten damit auch an den Vatikan und an ökumenische Stellen heran. Manche Dossiers wurden von Romero in seinen Sonntagspredigten verlesen. So verbanden sich Seelsorge, Diakonie und prophetischer Protest.

Internationale Beachtung

Nicht nur in El Salvador, sondern auch im Ausland wurde Erzbischof Romero als Verteidiger der Menschenrechte bekannt. Damit wuchs auch in der ganzen Welt die Kenntnis der Leiden des Volkes von El Salvador. Zugleich entstand ein Bewußtsein davon, wie gefährdet Romero als Person war. Internationale Beachtung konnte ihn schützen. Zeichen der Solidarität aus dem Ausland konnten die demokratischen Volksbewegungen stärken. Ökumenische Delegationen kamen ins Land, Parlamentariergruppen, engagierte Einzelpersonen, Journalisten.

Man vernahm Romeros Stimme nun auch in den USA und in Europa. Die Jesuitenuniversität in Georgetown, Washington D.C. – USA, verlieh ihm im Frühjahr 1978 die Ehrendoktorwürde. Im Vorfeld hatten vatikanische Kreise versucht, dies als unerwünschtes Politikum zu unterbinden. Romero nahm die Ehrung in der Kathedrale von San Salvador entgegen in dem Bewußtsein, daß es auch eine Geste der Solidarität sei, »die jene, die hier auf so demütigende Art Gewalt gegen ihre fundamentalen Rechte erleiden, anfeuert und ihnen Hoffnung gibt.«[54] Einhundertundachtzehn Abgeordnete des britischen Unterhauses nominierten ihn im Dezember 1978 für den Friedensnobelpreis.

Oscar Romero nahm als Konsultor der Päpstlichen Kommission für Lateinamerika, nicht als Delegierter der salvadorianischen Bischofskonferenz und deshalb ohne Stimmrecht, an der Dritten Gesamtlateinamerikanischen Bischofskonferenz vom 26. Januar bis zum 13. Februar 1979 in Puebla teil. Er arbeitete normal und unauffällig in den Kommissionen mit, wurde aber – wegen der politischen Lage in El Salvador und wegen seiner Offenheit und Direktheit – neben Dom Helder Camara und Leonidas Proanio der von den Medien am meisten beachtete Teilnehmer. Es tat ihm gut, mit Bischöfen zusammenzuarbeiten, die seine Ansichten und Besorgnisse teilten und ihn unterstützten – ganz im Gegensatz zu seinen Erfahrungen mit der Bischofskonferenz El Salvadors. Eine Gruppe jener gab ihm einen Brief mit, der ihn und seine Mitarbeiter ermutigte: »Wir ermuntern Sie, fortzufahren auf diesem engen und steilen Pfad des stetigen Aufbaus des Reiches, das Christus seiner Kirche als Gabe des Geistes und als Aufgabe anvertraut. ... Die Hoffnung der Armen wird nicht sterben, denn ihnen gehört die Verheißung.«[55]

Der Einladung, vor dem Nationalen Rat der Kirchen der USA in New York Anfang November 1979 zu sprechen, konnte er wegen der

Krise im Lande nicht Folge leisten, aber er übersandte eine Botschaft mit dem Thema »Die Mitarbeit der Kirche am Befreiungsprozeß«.[56] Darin heißt es: »Die Kirche würde ihre Liebe zu Gott und ihre Treue zum Evangelium verraten, wenn sie aufhörte, die Stimme derer zu sein, die keine Stimme haben, und wenn sie nicht mehr Anwalt der Rechte der Armen, Ratgeber und humanisierender Förderer jeden legitimen Kampfes für eine auf Gerechtigkeit basierende Gesellschaft sein wollte, die dem wahren Königtum Gottes in dieser Welt den Weg bereitet. Das verlangt von der Kirche eine größere Nähe zu den Armen, mit denen sie sich sogar in Gefahr und Verfolgung identifizieren muß …«[57]

Oscar Romeros Rede anläßlich der Verleihung der Ehrendoktorwürde in Löwen am 2. Februar 1980 über das Thema: »Die politische Dimension des Glaubens«[58] gehört inzwischen zu den Grundtexten der lateinamerikanischen Befreiungstheologie. Der Erzbischof reflektiert darin den Weg der Kirche El Salvadors und beschreibt, was für sie Nachfolge Jesu heute heißt, nämlich umzukehren, »sich in die Welt der Armen zu inkarnieren«, selbst arm zu werden, die Armen zu verteidigen, die Sünde zu entlarven, gegen die Götzen des Todes zu kämpfen, die politische Dimension des Glaubens zu erfahren, tieferen Glauben an Gott und seinen Christus geschenkt zu bekommen:

»Mit größter Deutlichkeit sehen wir, daß es hier keine Möglichkeit gibt, neutral zu bleiben. Entweder wir dienen dem Leben der Menschen in El Salvador, oder wir sind Komplizen ihres Todes. Hier muß die geschichtliche Vermittlung einer Grundentscheidung des Glaubens erfolgen: Entweder glauben wir an einen Gott des Lebens, oder wir dienen den Götzen des Todes. Im Namen Jesu arbeiten wir für ein Leben in seiner ganzen Fülle, das sich nicht erschöpft in der Befriedigung materieller Grundbedürfnisse und sich nicht auf den sozioökonomischen Bereich beschränkt. Wir wissen sehr gut, daß wir volles Leben in Fülle erst im endgültigen Reich des Vaters haben werden, und daß diese Fülle sich geschichtlich realisiert im Dienst für dieses Reich und in der Hingabe an den Vater. Aber ebenso wissen wir, daß es im Namen Jesu eine reine Illusion, eine Ironie, ja eine Blasphemie wäre, zu vergessen, daß es Voraussetzungen zum Leben geben muß wie Brot, ein Dach über dem Kopf, Arbeit.

... Um den Armen Leben geben zu können, muß man vom eigenen Leben abgeben und manchmal auch das eigene Leben hingeben. ... Es gibt viele Menschen in El Salvador, die bereit sind, ihr Leben zu geben, damit die Armen Leben haben. Darin folgen sie Christus und machen ihren Glauben an ihn sichtbar. ... Unter diesem Blickwinkel ist die Geschichte unserer Kirche sehr alt. Denn es ist die Geschichte Jesu, die wir in aller Bescheidenheit fortführen wollen.«[59]

Vierzehn Tage darauf schrieb Erzbischof Romero einen offenen Brief an den Präsidenten der Vereinigten Staaten Jimmy Carter.[60] Er beschwor ihn darin, die Militärhilfe der USA an die Sicherheitskräfte El Salvadors sofort zu stoppen. Sie diene nicht der Sicherung der Menschenrechte, wofür Carter immer einträte, sondern trüge nur zu weiterem Blutvergießen bei. Oscar Romero verlas den Text am 17. Februar 1980 in seiner Sonntagspredigt und sagte anschließend: »Ich werde den Brief absenden, wenn ich weiß, was Ihr darüber denkt!«[61] Wie der Applaus zeigte, fand er die Zustimmung des Volkes. In Washington wie im Vatikan dagegen wurde er mit äußerstem Befremden zur Kenntnis genommen.

Feindseligkeit der Mitbischöfe

Was Oscar Romero während seiner ganzen Amtszeit sehr belastete, war das Zerwürfnis mit vier der fünf Bischöfe in El Salvador und mit dem apostolischen Nuntius. Gewiß gab es so etwas wie die Tradition der Minderwertigkeitsgefühle gegenüber dem Primus inter pares, der Bischöfe El Salvadors gegenüber dem Erzbischof von San Salvador. Es waren auch Gegensätze der Charaktere mit im Spiel und allzumenschliche Erscheinungen wie Mißgunst und Rechthaberei. Aber die Feindseligkeit war vor allem darin begründet, daß Oscar Romero zum Befreiungstheologen auf der Grundlage von Medellin und Puebla geworden war, offene Kritik an Oligarchie und Regierung übte, von den Armen geliebt wurde, weil er sie verteidigte, und grundlegende Reformen forderte. Es war der Kampf um die Linie der Kirche in El Salvador. Romero wurde in Sitzungen der Bischofskonferenz persönlich und in seiner Amtsführung diffamiert.

Er schade der Kirche, sympathisiere mit marxistischen Priestern, erkenne nicht die marxistische Ausrichtung der Basisgemeinden, helfe subversiven Elementen.[62]

Hinter seinem Rücken wurde er in Rom durch Eingaben schwer beschuldigt: »18. Mai 1979: Ich sprach mit Bischof Rivera über das Geheimdokument einer Anzeige der vier Bischöfe gegen mich. Man klagt mich beim Heiligen Stuhl an: in Glaubensdingen, wegen Politisierung der Seelsorge und theologisch falscher Grundlagen; ein Bündel von Anklagen, die meinen bischöflichen Dienst völlig in Verruf bringen. Trotz des Ernstes der Lage habe ich viel Frieden verspürt.«[63]

Mehrfach mußte Romero nach Rom reisen, um sich zu rechtfertigen. Im Vatikan wurde seine Abberufung beziehungsweise die Einsetzung eines Apostolischen Administrators erwogen.[64] Im Jahre 1978 wurde Bischof Antonio Quarracino aus Argentinien als Apostolischer Visitator,[65] im Jahre 1979 Kardinal Aloisío Lorscheider aus Brasilien im Auftrag des Vatikan zu ihm geschickt. Letzterer ermutigte ihn, den Weg, den die Erzdiözese unter seiner Leitung nahm, fortzusetzen, und stellte sich schützend vor ihn.[66] Romeros Diensttagebuch offenbart, wie sehr er unter der Heimtücke seiner Mitbrüder litt, zeigt aber auch, daß er zu streiten wußte und daß er immer wieder versöhnlich sein wollte und die Hoffnung auf ein besseres Verhältnis zu den feindseligen Brüdern nicht aufgab.

In den Tagen vor der Beerdigung Romeros fastete eine Gruppe von Priestern, Ordensfrauen und Mitgliedern von Basisgemeinden in der Kathedrale. Sie hatten ein großes Spruchband über dem Eingang befestigt mit der Forderung, die salvadorianischen Bischöfe, die Romero das Leben so schwer gemacht hätten, die Mitglieder der Junta und der Botschafter der USA sollten der Totenmesse, die gefeiert werden sollte, fernbleiben. Die Botschaft wirkte. Als einziger salvadorianischer Bischof nahm Arturo Rivera y Damas, der Freund Oscar Romeros, an dem Gottesdienst teil.[67] Ein Mitarbeiter Romeros kommentierte später: »Sonst exkommunizierten diese Bischöfe Menschen aus den Basisgemeinden. Diesmal haben Menschen aus den Basisgemeinden diese Bischöfe exkommuniziert!«

Polizeischikanen

Romeros Diensttagebuch vermerkt an mehreren Stellen,[68] daß er im letzten Lebensjahr Polizeischikanen ausgesetzt war: Sein Wagen wurde angehalten, seine Akten und Papiere wurden durchsucht, oder er wurde an der Weiterfahrt zu einem Gottesdienst gehindert und zum Aussteigen gezwungen. Zweifellos war damit eine neue Stufe seiner Bekämpfung erreicht. Zuvor waren es »nur« Presseangriffe und diplomatische Interventionen beim Nuntius und bei päpstlichen Behörden in Rom gewesen. Die neuen Schikanen bedeuteten nichts anderes, als daß die Sicherheitskräfte nun sein geistliches Amt mißachteten und in ihm eine Gefahr für die nationale Sicherheit meinten bekämpfen zu müssen. Es erging ihm nun nicht mehr anders als den Priestern und Ordensfrauen, den Laien aus den Basisgemeinden und dem ganzen Volk, das ständig durch Überwachungsmaßnahmen eingeschüchtert wurde.

Romero wehrte sich durch Beschwerden bei der Regierung und durch öffentlichen Protest über den Sender YSAX. So berichtete er am 19. August 1979 in seiner Sonntagspredigt, neulich hätten im Gottesdienst in Chalatenango Offiziere Tonbandmitschnitte seiner Predigt gemacht. Am Ende habe er deshalb die Gemeinde gefragt: »Glaubt ihr, ich hätte irgend etwas Subversives gesagt? Wenn ja, sagt es mir, ich werde dann versuchen, es richtigzustellen. Habt ihr aus meinen Worten irgend etwas Subversives herausgehört?« Alle Zuhörer hätten geklatscht und gerufen »Nein!«. Da habe er den Offizieren gesagt: »Ihr, die Ihr diese Feier überwacht, seht her, wie es das Volk verstanden hat. Geht jetzt nicht hin und verdreht alles!«[69]

Morddrohungen und Todesahnungen

Zu den Einschüchterungen, denen Romero ausgesetzt war, gehörten auch Morddrohungen. Sie begleiteten seinen Weg als Erzbischof von dem Augenblick an, als er den Kampf gegen die Götzen des Todes in El Salvador aufnahm und sich für das Leben der armen Massen einsetzte. Am 4. Januar 1979 wurde ihm »von jemand Gutunterrichtetem persönlich« hinterbracht, daß es Mordpläne gegen ihn gäbe.[70] Im Mai 1979 erhielt er in einem offiziellen Briefumschlag des Verteidigungsministeriums die Androhung seines Todes durch die rechtsradikale Union Weißer Krieger.[71] In seinem Diensttagebuch vermerkt er unter dem 1. Juni 1979, ihn hätten Telefonanrufe mit Morddrohungen erreicht, ebenso eine Postkarte mit Hakenkreuzen. Absender sei die Union Weißer Krieger gewesen. Sie habe ihm befohlen, seine Predigtweise zu ändern; den Kommunismus zu verdammen und der Toten der Sicherheitskräfte anerkennend zu gedenken, andernfalls werde er ausgeschaltet.[72]

Am 7. September 1979 vermerkt er im Diensttagebuch, der Unterstaatssekretär des Verteidigungsministeriums, Oberst Iraheta, habe ihn im Auftrag von Präsident Romero vor einem Attentat gewarnt. Der Regierung waren also Überlegungen zu seiner Beseitigung bekannt: »Sie wollten mir alles bieten, was ich zu meiner Sicherheit wünschte, auch einen gepanzerten Wagen. Ich dankte ihm .... Den mir angebotenen Schutz könne ich nicht annehmen, weil ich unter demselben Risiko leben will wie das Volk auch; es wäre für die Seelsorge ein Antizeugnis, wollte ich in Sicherheit leben, während mein Volk in großer Unsicherheit ist. Doch bat ich ihn bei dieser Gelegenheit lieber um Schutz für das Volk in bestimmten Zonen, in denen die ... Militäroperationen viel Blutvergießen anrichten ... . Ich teilte ihm mit, daß ich selbst Gegenstand dieser Schikanen gewesen wäre, als sie mich vor Arcatao durchsuchten und mich dabei die Hände hochnehmen ließen.«[73]

Am 11. September 1979 teilt ihm auch der Nuntius die Sorge des Präsidenten um seine Sicherheit mit: »Er sieht viele Gefahren und bietet mir Sicherheit an. Ich wiederholte dem Herrn Nuntius, ... daß ich bereit sei, mit denselben Risiken wie das Volk zu leben, daß es sehr schwer fiele, mich absichern zu lassen, während das Volk wehrlos leidet. ... Nachts kündigte ein Anruf im Krankenhaus – wo sich Romeros Unterkunft befand – der Oberin an, man würde gleich wegen der zehntausend Colones kommen, die ich für einen Mord an jemandem angeboten hätte. Die Madre war sehr aufgeregt und drängte mich, in einem anderen Zimmer zu schlafen, obwohl ich ihr sagte: ›Das sind anonyme Anrufe, um uns verrückt zu machen!‹ Trotzdem verbreitete sich der Alarm, aber es war nichts dran.«[74]

Im November 1979 setzte ihn der Nuntius in Costa Rica davon in Kenntnis, daß eine linksextreme Gruppe beschlossen habe, ihn umzubringen. In seiner Predigt vom 11. November überlegte er öffentlich, warum so betont würde, die Aktion werde von links geplant. Manch einer frage sich, ob es nicht vielmehr eine Machenschaft der extremen Rechten sei, um ihn zum Schweigen zu bringen: »Ich lasse diese Frage offen. Es stimmt, daß ich gesagt habe, die Gefahr für mich würde von den Extremisten kommen, denen ich ein Dorn im Auge bin. Ich will euch aber versichern, und ich bitte um euer Gebet, damit ich diesem Versprechen treu bleiben kann: Ich werde mein Volk nicht verlassen, sondern will mit ihm alle Risiken teilen, die mein Dienst mir auferlegt.«[75]

Je mehr der Erzbischof die Oligarchie zur Umkehr aufrief und sie als die Hauptverantwortliche für die Eskalation von Gewalt und Ungerechtigkeit mit dem Evangelium konfrontierte, desto direkter wurden die Drohungen und desto gewisser wurde ihm auch sein gewaltsamer Tod.

Am 24. Februar 1980 sagte er in einer Predigt, die YSAX übertrug: »Die soziale Gerechtigkeit ist nicht so sehr ein Gesetz, das zum Teilen zwingt; christlich gesehen ist sie eine innere Haltung, so wie Christus, der, obwohl er reich war, arm wurde, um mit den Armen seine Liebe teilen zu können. Ich hoffe, durch diesen Aufruf der Kirche wird das Herz der reichen Minderheit nicht noch mehr verhärtet, sondern zur Umkehr bewegt. Sie sollen teilen, was Sie sind und was Sie haben. Bringen Sie nicht uns, die diese Einladung aussprechen, durch Gewalt zum Schweigen! Töten Sie uns nicht, die wir uns bemühen, eine gerechtere Verteilung der Macht und des Reichtums in unserem Land zu erreichen! Ich spreche in der ersten Person; weil mir diese Woche mitgeteilt wurde, daß ich auf der Liste derer stehe, die nächste Woche umgebracht werden sollen. Es soll aber kein Zweifel darüber bestehen, daß niemand die Stimme der Gerechtigkeit töten kann.«[76]

Romeros »Gethsemane«

Ende Februar 1980 hielt der Erzbischof seine jährliche geistliche Besinnungszeit zusammen mit sieben anderen Priestern im Exerzitienhaus in Planes de Renderos in den Bergen oberhalb von San Salvador. Sein Beichtvater, der Jesuit Segundo Azcue, bemerkte bei ihm Vorahnungen des Martyriums: »Ich wage es, diese seine letzten geistlichen Exerzitien als sein Gebet im Garten Gethsemane zu bezeichnen. Erzbischof Romero sah seinen möglichen und unmittelbar bevorstehenden Tod voraus. Er empfand einen Schrecken davor, wie Jesus im Garten. Aber er verließ weder seinen Posten noch seine Pflicht, er war bereit, den Kelch zu leeren, den der Vater für ihn bereithalten würde.«[77]

Den Höhepunkt der Exerzitien bildete eine Meditation über das Reich Gottes und die Nachfolge Christi. In sein Exerzitienheft schrieb Romero das Gebet der Hingabe aus den »Geistlichen Übungen« von Ignatius von Loyola:

»Nimm hin, Herr, und empfange meine ganze Freiheit, mein Gedächtnis, meinen Verstand und meinen ganzen Willen, meine ganze Habe und meinen ganzen Besitz. Du hast es mir gegeben, dir, Herr, gebe ich es zurück; alles ist dein, verfüge nach deinem ganzen Willen; gib mir deine Gnade und Liebe, das ist mir genug.«[78]

Oscar Romero fügte dem folgendes persönliche Zeugnis hinzu: »Auf diese Weise drücke ich meine Weihe an das Herz Jesu aus, das immer eine Quelle der Begeisterung und Freude in meinem Leben war. Auf diese Weise unterstelle ich mein ganzes Leben seiner liebenden Fügung und nehme im Glauben an ihn meinen Tod an, wie schwer er auch sein möge. Ich will ihm gegenüber keine Absichten vorbringen, etwa meinen Tod für den Frieden meines Landes oder das Gedeihen unserer Kirche zu bestimmen. Das Herz Jesu wird wissen, wohin es ihn wenden soll, zu seinem Zweck. Damit ich glücklich und zuversichtlich sein kann, genügt das sichere Wissen, daß in ihm mein Leben und mein Tod sind, daß ich trotz meiner Sünden mein Vertrauen in ihn gesetzt habe und daß ich nicht zugrundegehe. Andere werden mit mehr Einsicht und Heiligkeit die Werke der Kirche und der Nation weiterführen.«[79]

Zwei Wochen vor seinem Tode sagte er José Calderón Salazar, dem Guatemala-Korrespondenten der mexikanischen Zeitung Excelsior, am Telefon: »Ich bin oft mit dem Tode bedroht worden. Ich muß Ihnen sagen, daß ich als Christ nicht an einen Tod ohne Auferstehung glaube. Sollte ich umgebracht werden, so werde ich im salvadorianischen Volk wieder auferstehen. Ich sage dies, ohne zu prahlen, mit der größten Bescheidenheit. Als Hirte bin ich aufgrund des göttlichen Auftrags verpflichtet, mein Leben hinzugeben für jene, die ich liebe, sogar für die, welche mich vielleicht töten werden. Sollten die Drohungen ausgeführt werden, so bringe ich bereits jetzt mein Blut Gott dar, zur Befreiung und zur Auferstehung El Salvadors. Das Martyrium ist eine Gnade Gottes, die ich wohl nicht verdiene. Aber sofern Gott das Opfer meines Lebens annimmt, so sei mein Blut ein Same der Freiheit und ein Zeichen, daß Hoffnung zu Wirklichkeit wird. Wird mein Tod von Gott angenommen, dann möge er zur Befreiung meines Volkes dienen und ein Zeugnis der Hoffnung auf die Zukunft sein. Wenn es ihnen gelingt, mich umzubringen, so sagen Sie, daß ich den Tätern verzeihe und sie segne. Wenn sie doch überzeugt würden, daß sie ihre Zeit verschwenden. Ein Bischof wird sterben, aber die Kirche Gottes, die das Volk ist, wird nie vergehen.«[80]

Die letzte Sonntagspredigt

Den letzten Anstoß zu Oscar Romeros Ermordung gab seine vom bischöflichen Sender YSAX auch über das ganze Land verbreitete Sonntagspredigt am 23. März 1980. In dieser Predigt wandte er sich mit dem Gebot »Du sollst nicht töten!« direkt an die Soldaten: »Brüder! Ihr gehört zu unserem Volk! Ihr tötet eure eigenen Brüder! Erinnert euch an die Worte Gottes: Du sollst nicht töten! Kein Soldat ist verpflichtet, einem Befehl zu gehorchen, der Gottes Gebot widerspricht; niemand braucht ein unmoralisches Gesetz zu erfüllen. Es ist Zeit, eurem Gewissen zu folgen und nicht sündigen Befehlen.« Und dann wandte er sich direkt an die Machthaber: »Die Kirche kann beim Anblick der Greuel nicht schweigen. Sähe die Regierung doch ein, daß Reformen nichts nützen, wenn sie so viel Blut fordern! Im Namen Gottes, im Namen dieses leidenden Volkes, dessen Klageschreie Tag für Tag lauter zum Himmel steigen, bitte ich euch, flehe ich euch an, befehle ich euch: Im Namen Gottes, hört auf mit der Unterdrückung!«[81]

Am nächsten Tag wurde er ermordet.

Welche Buchstaben erkennen wir im »neuen Alphabet« des Märtyrers Oscar Romero?

VÖLLIGES VERTRAUEN ZU GOTT: Oscar Romero glaubte an Gott »von ganzem Herzen, von ganzer Seele und von ganzem Gemüte«. Er ließ sich von den biblischen Aussagen und von der Lehre der Kirche leiten. Aber Gott war ihm unendlich viel mehr. Er glaubte und vertraute Gott als der ersten und der letzten Wirklichkeit der umkämpften irdischen Geschichte.

GEBET UND LEBEN: Oscar Romero war ein Beter. Mitarbeiter berichten, daß er bei schwierigen Sitzungen manchmal zwischendurch die Kapelle aufsuchte, um im Gebet vor Gott zu bedenken, was man verhandelte. Seine große Ausstrahlung, seine Wirkung auf andere waren nicht nur darin begründet, daß er den Menschen zugewandt war, sondern daß er im Angesicht Gottes lebte.

IGNATIANISCH GEPRÄGTE NACHFOLGE JESU CHRISTI: Seine eigentliche christliche Prägung erhielt Romero durch die Exerzitien des Ignatius von Loyola. Er wollte ohne irgendwelche Abstriche in seinem ganzen Leben Christus nachfolgen. Er stellte alle Kräfte Leibes und der Seele in den Dienst Jesu. Die Spiritualität der Nachfolge korrigierte sein alltägliches Verhalten und die persönlichen Fehler. Aus ihr bezog er seine Kraft.

GLÄUBIGER SOHN DER RÖMISCHEN KIRCHE: Romero identifizierte sich gänzlich mit der römisch-katholischen Kirche. Er praktizierte seinen Glauben in einer konservativen, volksverbundenen Form, von der Marienfrömmigkeit bis zur Wertschätzung besonderer Heiligtümer. Ihm war ein fast kindlich zu nennendes Vertrauen zu den Päpsten eigen. Alle Feindseligkeit, die er in seiner Kirche erfuhr, konnten seine Liebe zu ihr nicht erschüttern.

SENSIBILITÄT FÜR DIE ZEICHEN DER ZEIT: Romero entwickelte große Sensibilität für die Zeichen der Zeit. Er bemerkte die positiven Veränderungsprozesse in seiner Kirche seit dem Zweiten Vatikanischen Konzil und Medellin und Puebla und verstärkte sie: Die Kirche ist Sakrament des Reiches Gottes in der Welt. Sie engagiert sich für ganzheitliche Entwicklung. Als politische Mittel für die Humanisierung der Gesellschaft und die Befreiung der Menschen schätzt sie Mündigkeit und Partizipation. Romeros Engagement war Handeln aufgrund der Zeichen der Zeit im Einklang mit der Gesamtkirche.

KONKRETES REAGIEREN AUF DIE POLITISCHE LAGE: Oscar Romero liebte sein Vaterland. Als Erzbischof oblag ihm auch politische Verantwortung für gerechte und menschenwürdige Verhältnisse. Dieses Wächteramt nahm er ernst. In theologischen und politischen Analysen des Konfliktes in El Salvador wollte er erfassen, wozu Gott in dieser Situation aufrief. Seine Reaktionen waren fest und bestimmt, wenn er zu einer klaren Einsicht gekommen war, demütig fragend, wenn er noch nicht alles übersah, aber begriffen hatte, daß er reagieren mußte. Auf jeden Fall handelte er.

PARTEINAHME FÜR DIE ARMEN: Romeros Skepsis gegenüber der Befreiungstheologie wich, als er begriff, mit welcher Unerbittlichkeit die Armen im Lande von der Oberschicht unterdrückt wurden. Nach der Ermordung Rutilio Grandes wurden ihm die Augen für die wirklichen politischen und theologischen Zusammenhänge geöffnet. Von da an konnten die Armen und alle, die sich an ihrer Seite für eine Veränderung der Verhältnisse einsetzten, auf ihn zählen.

KORREKTUR DER MACHTHABER: Über die wirklichen Machtverhältnisse in El Salvador machte sich Oscar Romero keine Illusionen. Er sah die Eigensucht und Verstocktheit der Oligarchie und der von ihnen abhängigen Repräsentanten der Macht. Unerbittlich wies er sie immer wieder auf die bedrohliche Lage hin. Romero war davon überzeugt, daß der Friede in seinem Vaterland sich nur auf Wahrheit und Gerechtigkeit gründen könne. Deshalb appellierte er an das christliche Gewissen und die Vernunft der Mächtigen. Er traute ihnen trotz allem als Kindern des himmlischen Vaters die Möglichkeit einer Umkehr zu.

WIDERSTAND MIT DEM WORT DER WAHRHEIT: Oscar Romero war ein Mann des Friedens. Wenn auch kein radikaler Pazifist, so vertraute er doch dem Wort der Wahrheit mehr als Waffen. Darum informierte er über Mordtaten der Sicherheitskräfte. Er korrigierte falsche Informationen der Medien. Er prangerte die Untätigkeit der Justiz an. Er veröffentlichte Analysen, um die wahre Situation El Salvadors sichtbar zu machen. Und vor allem: Er beurteilte seine Informationen von der Botschaft der Bibel her, daß Gott den Schrei seines gequälten Volkes gehört habe und zu seiner Befreiung komme, und dazu den Dienst von Menschen brauche. Deshalb zeigte er politische Handlungsziele und die Schritte zu ihrer Realisierung auf. So leistete er Widerstand mit dem Wort der Wahrheit.

Entlarvung der Götzen des Todes: Oscar Romero brachte den Kampf zur Verteidigung der Armen theologisch auf den Punkt: »Kampf gegen die Götzen des Todes.« In der Welt, besonders der des gegenwärtigen Kapitalismus, regieren Todesmächte. Sie versprechen Leben, Heil und Reichtum. Aber in Wahrheit werden ihnen unzählige Menschenleben geopfert. Damit erweisen sie sich als Lügengebilde. Statt Leben bringen sie Tod. Sie sind Götzen des Todes. Wer sie anerkennt und ihnen dient, beleidigt den lebendigen Gott, dem das Leben aller Menschen wichtig ist. Und er beleidigt Jesus Christus, der gekommen ist, damit alle Leben und volles Genüge hätten. Konkret sieht Romero in der Vergötzung des Reichtums, in der ideologischen Absolutsetzung und brutalen Verteidigung des Privateigentums und in der Doktrin der Nationalen Sicherheit gegenwärtige Götzen des Todes. Ihnen müssen Christen ohne Wenn und Aber widerstehen. So praktiziert Romero die »zweite Aufklärung«, das heißt die Kritik der gegenwärtigen religiösen, ideologischen, gesellschaftlichen und politischen Verhältnisse durch eine von der biblischen Botschaft erleuchtete Vernunft.

Todesmutiges Christentum: Oscar Romero war sich bewußt, daß ihm ein gewaltsamer Tod drohte. Wer die todbringenden Strukturen eines ganzen Landes ändern will, die einer kleinen Schicht Reichtum und Vorherrschaft sichern, wer die Armen verteidigt und wie Jesus Partei gegen den Götzen Mammon nimmt, muß damit rechnen, beseitigt zu werden wie er. Romero besaß den Mut, nicht von dem Weg abzuweichen, den er nach dem Tod Rutilio Grandes eingeschlagen hatte. Daß die Kirche seines Landes verfolgt wurde, war ihm ein Beweis dafür, daß die Bekehrung der Kirche zu den Armen richtig war. Romero suchte das Martyrium nicht, aber er wich ihm auch nicht aus – so wie die vielen unbekannten armen Christen seiner Kirche, die zu Märtyrern der Gerechtigkeit des Reiches Gottes wurden.

»Monseñor Romero wurde von den Reichen ermordet, denn er sagte die Wahrheit und verteidigte die Armen.« So deuten Campesinos in salvadorianischen Basisgemeinden den Märtyrertod Oscar Arnulfo Romeros.

MARGARIDA MARIA ALVES – GEWERKSCHAFTSFÜHRERIN

»Wir lassen uns nicht einschüchtern.
Es ist besser, im Kampf zu sterben als vor Hunger.«
(Margarida Maria Alves, 1983)

Ein Mord

Alagoa Grande ist eine kleine Stadt im Bundesstaat Paraíba in Nordostbrasilien. Hier erscheinen am Spätnachmittag des 12. August 1983 drei Männer in einem roten Auto. Sie halten in der Olinda-Straße vor einem kleinen Arbeiterhaus. Eine Frau tritt vor die Tür. Einer der Männer steigt aus und fragt, ob sie Margarida Alves sei. Als sie das bejaht, zieht er seine Pistole und schießt ihr in den Kopf. Die Frau ist auf der Stelle tot. Ihr Ehemann und der achtjährige Sohn werden Zeugen des Verbrechens. Der Mörder und seine beiden Komplizen entfernen sich eilig, ohne daß jemand wagt, sie aufzuhalten.

Mehrere tausend Menschen nahmen am Begräbnis der Ermordeten teil. Der Bischof von Guarabira, Dom Marcelo Pinto Carvalheira, bezeugte: »Margarida Maria Alves war eine Frau, die für ihr Volk gekämpft hat, für die ländliche Arbeiterschaft.« Zur Aufklärung des Mordes geschah so gut wie nichts. In den ersten Tagen wurden einige Zigeuner, die sich gerade in Alagoa Grande aufhielten, als Tatverdächtige verhaftet. Sie konnten jedoch ihre Unschuld beweisen und wurden wieder freigelassen. Gut eine Woche nach dem Verbrechen ließ eine Gruppe von Großgrundbesitzern über Zeitungen und lokale Rundfunksender verbreiten, die Ermordete sei das Opfer von »Unruhen« in Alagoa Grande, die von kommunistischen Agitatoren ausgelöst worden seien. Ein Jahr später stellte die Polizei die Nachforschungen ein, obwohl inzwischen Erkenntnisse über die Identität des gedungenen »Pistoleiros« und auch seiner Auftraggeber vorlagen. Nach Angaben von Amnesty International waren fünf Jahre später noch immer kaum Fortschritte erzielt worden, die Mörder von Frau Alves vor Gericht zu bringen. 1987 lagen den Behörden Hinweise vor, daß Mitglieder einer »Todesschwadron« aus Militär und ziviler Polizei sowohl an diesem wie auch an dem Mord des Rechtsanwalts Evandro Cavalcanti Filho beteiligt waren. Cavalcanti wurde – ähnlich wie Margarida Alves – am 28. Februar 1987 unter den Augen seiner Frau und seiner vierjährigen Tochter von zwei »Pistoleiros« erschossen. Er hatte seit sieben Jahren für die Landarbeitergewerkschaft von Surubim, Pernambuco, gearbeitet.[1]

Wer war Margarida Alves?

Über ihre Herkunft und ihre persönlichen Lebensumstände sagen die vorliegenden Berichte wenig. Aber man erfährt, wofür Margarida Alves sich einsetzte.

Sie stammte aus einer kinderreichen Familie von Kleinbauern und wurde ungefähr 40 Jahre alt. Schon als Kind von acht Jahren mußte sie den Eltern bei der Landarbeit mithelfen. Sie war katholisch wie alle in der Familie. Als Padre Geraldo, der Pfarrer von Alagoa Grande, den Anstoß zur Gründung einer Landarbeitergewerkschaft gab, motivierte er auch sie zur Mitarbeit. Da war sie 18 Jahre alt war. Severino Cassimiro Alves, ihr späterer Mann, wurde damals zum Vorsitzenden dieser örtlichen Gewerkschaft gewählt.

Alagoa Grande liegt in einem Gebiet, wo in Monokulturen Zuckerrohr zur Treibstoffgewinnung angebaut wird. Der Boden und die Alkoholfabriken gehören wenigen Großgrundbesitzern; acht Prozent der Bevölkerung besitzen 92 Prozent des nutzbaren Landes. Die Erfahrungen eines Landkonflikts, der ihre Eltern betraf, wurden der Anlaß für Margarida Alves' Aufstieg in der Gewerkschaft. João Senhor, der Besitzer großer Ländereien in Alagoa Grande, beanspruchte das Land, auf dem ihre Familie lebte und arbeitete. Sie klagte gegen ihn und gewann. Aufgrund dieser Erfahrung leistete Margarida Alves auch anderen Landarbeitern bei Gerichtsverfahren Beistand und hatte Erfolg. Denn sie war eine aktive Frau und nahm warmherzig Anteil am Schicksal der anderen. Die Landarbeiter sahen in ihr eine geborene Führerin. Darum wählten sie sie bald zur Schatzmeisterin und später zur Vorsitzenden der Gewerkschaft. Ihr Mann unterstützte sie sehr, besonders mit seinen Kenntnissen im Arbeitsrecht.[2]

Margaridas kämpferisches Bewußtsein speiste sich aus der Erfahrung, wie stark die Position der Arbeiter sein kann, wenn sie sich darauf besinnen, daß sie das geltende Recht auf ihrer Seite haben. Andere, ältere Gewerkschaftsführer versuchten besorgt, sie zurückzuhalten, aber Margarida Alves setzte sich über sie hinweg. Sie verstand sehr wohl, daß diese Vorsicht von den Erfahrungen nach dem Militärputsch 1964 herrührte. »Sie haben immer noch Angst, das alles noch einmal durchmachen zu müssen. Es sind Leute, die festgenommen und geschlagen wurden, deren Kollegen man ermordet hat.«[3]

Was Margarida Alves besonders am Herzen lag, waren Aufklärung der einfachen Menschen über ihre Rechte, politische Bewußtseinsbildung und Stärkung des Selbstbewußtseins der Landarbeiter.

Noch am Morgen ihres Todestages hatte sie in Guarabira, der nahegelegenen Bischofsstadt, an der Vollversammlung des Zentrums für Weiterbildung teilgenommen. Gemeinsam mit den Gewerkschaften aus drei benachbarten Orten hatte sie ein Programm zur gewerkschaftlichen Aktivierung entwickelt. Dabei ging es um folgende Schwerpunkte:

- Organisation der Arbeiterinnen und Arbeiter in Gruppen,
- Erstellung von Flugblättern, Zeitungen, Arbeitsbögen und Spielszenen, um die politische Bewußtseinsbildung der Gewerkschaftsmitglieder zu fördern und ihre Kenntnisse zu vertiefen,
- Entwicklung eines Programms, das Jugendliche von weiterführenden Schulen oder Universitäten in Kontakt zu bringt mit der Wirklichkeit des Lebens auf dem Lande,
- Austausch und Vergleich der Erfahrungen der vier beteiligten Gewerkschaften.[4]

Im Jahr vor ihrer Ermordung leitete Margarida Alves eine Aktion, die zum das Ziel hatte, daß den Arbeitern der Lohn korrekt ausgezahlt wurde. In der Umgebung von Alagoa Grande arbeiteten nach Schätzungen ungefähr 95 Prozent der 120.000 Zuckerrohrarbeiter »ohne Papiere«, das heißt sie erhielten weniger als den gesetzlich vorgeschriebenen Mindestlohn. Ferner »reduzierten« die Großgrundbesitzer ihre Lohnkosten dadurch, daß sie – angeblich aufgrund »freiwilliger Vereinbarung« mit den Arbeitern – den Lohn erst ab einem späteren Datum zahlten, Die Gewerkschaft wollte durchsetzen, daß endlich in den Arbeitsverträgen der tatsächliche Beginn der Arbeitsaufnahme vermerkt wurde, nicht ein fiktiver. Ferner ging es um die Auszahlung des gesetzlich garantierten 13. Monatsgehalts und um die Lohnfortzahlung während des Urlaubs.

In den ersten Monaten des Jahres 1983 wurden auf gewerkschaftliche Initiative hin 57 Prozesse gegen einige Großgrundbesitzer geführt, die in eklatanter Weise gegen das geltende Arbeitsrecht verstoßen hatten. Margarida Alves begleitete die Kläger als Beistand in die Verhandlungen.[5]

Die Kampagne hatte Erfolg und begann, die Großgrundbesitzer in Alagoa Grande Geld zu kosten. Sie reagierten mit Einschüchterungsversuchen, zum Beispiel verboten sie den Gewerkschaftern, ihre Güter zu betreten. Margarida Alves versammelte daraufhin die Arbeiterinnen und Arbeiter an den Wochenenden im Gewerkschaftshaus, wo sie die Probleme besprechen und gemeinsame Aktionen verabreden konnten.[6] Ihre Rede vom 1. Mai 1983 läßt erkennen, wie angespannt die Lage war, sie zeigt aber auch Margaridas kämpferischen Geist:

» ... Weicht dem Kampf nicht aus. Es ist besser, niedergestreckt zu werden als wegzulaufen. Die Mächtigen werfen uns vor, in ihr Eigentum einzubrechen. Aber sie sind es, die einbrechen. Sie brechen ein in die Gesetze, die auf unserer Seite sind. Sie stehlen unsern gerechten Lohn. Sie stehlen uns Arbeitern das 13. Monatsgehalt. Sie verweigern uns das Nötigste zum Leben. Sie unterdrücken unsere Gewerkschaft und uns Arbeiter. Mit ihrer Übermacht wollen sie uns kleinkriegen. Aber sie können uns nicht entmutigen! Wir wollen ja nichts haben, was anderen gehört. Wir wollen, was uns zusteht. Hier in Sapé starben unsere Genossen, die die Stimme für unsere Rechte erhoben. …

Wir wissen, daß wir unser Recht nur durch Einheit und Geschlossenheit bekommen. Keiner soll glauben, daß ein anderer unsere Probleme lösen wird, weder die Regierung noch ein Abgeordneter oder Senator werden unsere Probleme lösen. Nur wir selbst können unsere Probleme lösen, wir, die organisierten Arbeiter. Wenn wir uns hierhin und dorthin verkriechen, wenn wir uns uneinig sind, werden sie Druck machen, weil sie spüren, daß wir schwach sind. Darum bedrohen uns die Mächtigen von Alagoa Grande sogar vor der Tür unseres Gewerkschaftshauses mit Revolvern, zum Beispiel gestern, als sie gekommen sind, um uns einzuschüchtern. Sie kamen auf ihren Jeeps, um zu sehen, welche Arbeiter das Gewerkschaftshaus betraten.

Ich bitte Euch, wenn Ihr jetzt nach Hause geht, denkt daran und betet für die, die im Kampf gefallen sind. Betet auch für die, die noch kämpfen, die den Bedrohungen standhalten müssen, die in Revolvermündungen blicken. Die Unterdrückung durch die Mächtigen bei uns in Alagoa Grande ist keine Spielerei. Sie wollen verhindern, daß Ihr Arbeiter zum Gewerkschaftshaus kommt, weil sie vor unserer Organisation Angst haben. Sie wissen, daß kleine Gruppen von zehn oder zwölf Personen niemals in der Lage wären, zu erlangen, was das Recht den Landarbeitern garantiert. Darum stellen sie Wächter vor unser Gewerkschaftshaus, um zu notieren, wer zur Versammlung der Gewerkschaft kommt. Wir dürfen dazu nicht schweigen, wir müssen es anklagen …«[7]

Sie erhielt manche anonyme Morddrohung. Ihre Antwort darauf hieß: »Es ist besser, im Kampf zu sterben als vor Hunger!« Schließlich schickten ihre Gegner den bezahlten Mörder.

Bischof Dom Marcelo Pinto Carvalheira sagte über Margarida Maria Alves: »Sie kämpfte mit ehrenhaften Waffen für die Landarbeiter. Sie setzte sich für Gerechtigkeit ein und brachte die Fälle, in denen Arbeitern Unrecht geschah, vor Gericht. Die Antwort der großen Herren war, Margarida auszulöschen. Warum kämpften sie nicht mit gleichwertigen Waffen: Wort für Wort, Argument für Argument? Statt dessen beseitigten sie sie. Es ist ein unsägliches Verbrechen, die Kleinen und Armen auszulöschen, die über keine Macht und keine Waffen verfügen. Verbrechen wie dieses zerstören die Menschlichkeit. Aus ihnen erwächst weitere Gewalt. Wie werden die Armen auf die Gewalt der Herren des Landes antworten? Auf die Gewalt derer, die sich für Träger der Kultur halten und die Macht besitzen? ... Ich bin überzeugt, daß die Gewalt im Grunde vom Egoismus und von der sozialen Ungerechtigkeit herrührt. ... Wie viele wie Margarida werden nicht Opfer dieser Gewalt, die alles beherrscht? Deswegen müssen die sozialen Strukturen geändert werden.«[8]

Dieser Mord ist kein Einzelfall

So wie Margarida Maria Alves wurden in den letzten Jahrzehnten in Brasilien viele engagierter Menschen bei Konflikten auf dem Lande umgebracht. Allen diesen Morden ist gemeinsam, daß sie nur zögernd verfolgt und selten aufgeklärt oder gar gesühnt wurden.[9]

Amnesty International stellt fest, daß man von 1980 bis 1988 mehr als 1000 Personen – meist Kleinbauern oder Landarbeiter – gewaltsam beseitigte.[10] Sie hatten Bewußtseinsbildung betrieben oder um gerechten Lohn gekämpft. Sie hatten sich gegen Enteignungen gewehrt oder Landbesetzungen organisiert. »Diese Morde hatten eine klare politische Motivation. Menschen wurden und werden deshalb getötet, weil man glaubt, daß ohne ihren Einfluß und ihre Hilfe Bauern ihren Kampf um Land aufgeben, Landarbeiter ihre Forderung nach höheren Löhnen und besseren Lebensbedingungen fallen lassen.«[11] Die brasilianische Bischofskonferenz erklärte anläßlich der »Kampagne der Brüderlichkeit 1986«: »Die Gewalt auf dem Lande ist eine strategisch geführte Gewalttätigkeit, die sich gegen jene Arbeiter richtet, die sich im Kampf für ihre Gemeinschaft oder in der Gewerkschaft besonders engagieren ... Im Namen welcher Sache werden die Arbeiter getötet? Im Namen des Landbesitz-Monopols. Man kann in Brasilien die Gewalt in den ländlichen Regionen nicht nur der Grausamkeit einiger bestimmter Menschen zuschreiben. Sie ist die Folge einer wirtschaftlichen Entwicklung, die aus der Errichtung von Großunternehmen ... resultiert. Es ist politische Gewalt, denn sie wird eingesetzt, um das Landmonopol einer immer kleineren Interessensgruppe zu festigen, die nichts mit den dringendsten Bedürfnissen der Bevölkerung zu tun haben will.«[12]

»Die Repression richtet sich gegen die Armen, weil man sie als Bedrohung für die Privilegien der wenigen Herrschenden sieht. Man unterdrückt die Armen, die kämpfen, und die übrigen Armen, damit sie nicht kämpfen« heißt es in einem theologischen Traktat über das »Martyrium – eine gefährliche Erinnerung in Lateinamerika heute«.[13] Dom Marcelo Pinto Carvalheira sagte zu Recht: »Margaridas Schicksal ist kein Einzelfall. Hunderte von Habenichtsen werden jedes Jahr in Brasilien und in Lateinamerika ermordet. Doch aus dem Martyrium dieser Armen, die Gottes Lieblingskinder sind, entsteht der Samen einer neuen Geschwisterlichkeit.«[14]

Folgen

»Eine Marguerite wurde zertreten
durch den Stiefel des Patrons.
Getränkt wurde das Land
durch Margaridas Blut und unsere Tränen.
Aber nun werden noch mehr Blumen blühen!
Was Margarida Maria mit ihrem Tod unterschrieb,
wird das Volk nie vergessen!«[15]

»Für die Landarbeiterinnen und Landarbeiter, Landlosen und Kleinbauern Nordostbrasiliens wurde Margarida Maria Alves nach ihrer Ermordung eine der wichtigsten Symbolfiguren.«[16] Ihr Engagement und ihr Märtyrertod sind unvergessen. Jedes Jahr finden an ihrem Todestag große Veranstaltungen statt. »1985 veranstaltete die Gewerkschaft zusammen mit der Abteilung ›Ländliche Pastoral‹ der Diözese Guarabira ein Treffen, an dem 8000 Arbeiterinnen und Arbeiter teilnahmen. Es wurden drei Themen behandelt:
- Ende der Gewalt auf dem Land und Bestrafung der Mörder,
- Landreform,
- Kampagne für die Lohnerhöhung der Zuckerarbeiterinnen und -arbeiter.

Zu Beginn des Jahres 1987 hat die Zentralvereinigung der Arbeiterschaft den Vorschlag verschiedener brasilianischer Bewegungen von Arbeiterinnen aufgegriffen und den 12. August zum ›Nationaltag des Kampfes für die Rechte der Arbeiterinnen‹ erklärt. Die Beteiligung der Frauen in den Gewerkschaften und in den Basisgemeinden hat rapide zugenommen. Das ausgebeutete und arme Volk, dem die elementarsten Rechte vorenthalten werden, richtet sich nach einem Ausspruch, den Margarida Maria Alves häufig zitierte: ›Menschen können sie umbringen, Ideen nicht!‹«[17]

In den christlichen Basisgemeinden, die vielfach gleichzeitig Gewerkschaftsgruppen sind, analysiert man anhand ihres Schicksals die Sache, für die man kämpft:

»Margarida war Christin. Darum verurteilte sie öffentlich die Ungerechtigkeit, die uns Landarbeitern widerfährt. Ihre Ermordung ist eine Untat der Mächtigen, um uns im Kampf zu schwächen. Aber sie haben uns damit nicht eingeschüchtert, sondern gestärkt. Andere Margaridas tauchen auf und kämpfen heute aktiv für die gleiche Sache, für die Margarida ihr Leben hingab.

Margarida ist eine Märtyrerin des Evangeliums, weil sie die Wahrheit sagte und die Ungerechtigkeit anklagte. Ihr Tod zeigt, daß die, die zu den Unterdrückten halten, von den Mächtigen verfolgt werden. So, wie es Jesus tat und dafür von den Mächtigen gekreuzigt wurde. Ihr Kampf ging um das Wohl der Armen, sie setzten sich für das Reich Gottes ein, das war ihre Lebensaufgabe.

Sich an Margarida zu erinnern heißt, ohne Angst weiter zu kämpfen. Die Großgrundbesitzer wollten nicht nur Margaridas Stimme zum Schweigen bringen, sondern auch Angst verbreiten und unsere Bereitschaft zum Kampf ersticken. Aber unser Bewußtsein für unsere Rechte wächst und die Hoffnung auf eine Welt, in der das Volk Gottes Land, Brot und Frieden haben wird.«[18]

Und man singt Lieder wie dieses zu ihrem Gedächtnis:

»Laßt uns weitergehen ohne anzuhalten,
bis auf dieser Erde, die Gott gehört,
alle ein Stück Land bekommen,
wo sie wohnen, säen und ernten können.

Dieses Mal traf es Margarida,
die Blume, die der Mörder mit Unverstand herausriß.
Das kapitalistische System
brachte sie vor unseren Augen um,
dieses grausame System, das wehrlose Menschen tötet,
uns das Brot vom Tisch stiehlt und Arbeiter erdrückt.

Aber mit jedem Leben, das es auslöscht,
bereitet es sich selbst den Untergang.
Das Leben ist wie ein Samen:
Wenn er herausgerissen ist, verbreitet er sich.
Aus dem Blut Margaridas
werden tausend neue Margaridas sprießen.

Die Großen erklären uns den Krieg,
wollen das ganze Land besitzen
Doch Gott schützt uns,
Gott trügt nicht.
Gott gab uns sein Wort,
das schärfer ist als ein Schwert.

Laßt uns viele Felder bepflanzen,
das Land muß uns gehören,
denn das Land gehört dem,
der darauf arbeitet.«[19]

Buchstaben im neuen Alphabet der Märtyrerin Margarida Maria Alves

EINTRETEN FÜR DAS RECHT: Margarida Alves litt unter der Ungerechtigkeit, mit der die Landarbeiterinnen und -arbeiter auf den großen Gütern behandelt wurden.. Weil damit gegen geltendes Arbeitsrecht verstoßen wurde, organisierte sie Widerstand durch Bewußtseinsbildung und Rechtshilfe.

SOLIDARITÄT: Margarida Alves erkannte, daß ein einzelner Armer sich nicht gegen die Macht der Ausbeuter wehren kann. Und sie wußte, daß solidarisch sein heißt, sich an die Seite der Opfer zu stellen. Deshalb verstärkte sie mit ihrem Einsatz die konkrete Solidarität unter den Ausgebeuteten.

Unerschrockenheit: Behinderungen durch Großgrundbesitzer konnten die Gewerkschafterin nicht aufhalten. Auch durch Todesdrohungen ließ sie sich nicht einschüchtern. Margarida Alves wußte, daß sie sich für die gerechte Sache engagiert.

Glaube, Liebe, Hoffnung konkret: Margarida Maria Alves war eine gläubige Katholikin. Sie lebte und handelte aus einem tiefen Glauben an Gott, einer starken Liebe zum Nächsten und einer unzerstörbaren Hoffnung auf das Reich Gottes.

DAS GEKREUZIGTE VOLK

»Diese blutigen Aktionen, die vom guatemaltekischen Heer durchgeführt werden, gemahnen uns an die schrecklichen Verfolgungen, welche die Christen im kaiserlichen Rom erlitten. Es ist kein großer Unterschied, ob man damals im römischen Zirkus Tieren vorgeworfen wurde oder ob man heute im Namen des Gottes »Kapital« bei einem Massaker ermordet wird.« (Rogelio Gonzáles, 1982)

Völkermord in Guatemala

Guatemala ist mit rund 109.000 Quadratkilometern ungefähr so groß wie die beiden deutschen Länder Baden-Württemberg und Bayern zusammen. Es hat zehn Millionen Menschen. Über 60 Prozent der Bevölkerung gehören verschiedenen Mayavölkern an.

Exportorientierte Landwirtschaft ist der Hauptwirtschaftszweig des Landes. Kaffee, Baumwolle, Zucker und Bananen werden in Großbetrieben erzeugt, die einer einheimischen Oligarchie, hohen Militärs und transnationalen Konzernen, zum Beispiel dem US-Konzern Del Monte, gehören. Zwei Prozent der Grundbesitzer verfügen über 65 Prozent der anbaufähigen Böden, 90 Prozent der Landeigentümer dagegen teilen sich 20 Prozent des Ackerlandes. 500 Latifundienbesitzer lassen mehr fruchtbares Land brachliegen als 300.000 Kleinbauern zusammen besitzen.

Die Indios bilden den ärmsten Teil der Bevölkerung. Ihre Kultur wird verachtet. Viele können vom Ertrag ihrer kleinen Felder allein nicht leben. Sie verdingen sich als Wanderarbeiter auf den großen Gütern. Es ist üblich, daß ihnen nur ein Teil des gesetzlich vorgeschriebenen Mindestlohns ausgezahlt wird.[1]

1954 wurde eine größere Landreform, bei der auch Ländereien

der United Fruit Company an landlose Bauern übergeben wurde, durch einen Staatsstreich und das Eingreifen von US-Marines rückgängig gemacht. In der Folgezeit rissen größere soziale Unruhen nicht ab. Die Armen forderten ausreichende Möglichkeiten zum Überleben und die Mayas Anerkennung ihrer uralten Kultur. Die Reaktion bestand in repressiver Gewalt, um die Macht- und Wirtschaftsstrukturen zu erhalten. Es entwickelten sich Befreiungsbewegungen, die mit noch härterem Terror verfolgt wurden.

Besonders in den achtziger Jahren wurden die Indios Opfer einer »Politik der verbrannten Erde«. Die Aufstandsbekämpfung erfolgte aufgrund der Strategie, »den Fischen das Wasser zu entziehen«, das heißt jegliche Unterstützung der Befreiungsbewegungen durch die Landbevölkerung unmöglich zu machen. Die Armee zerstörte 440 Dörfer und richtete unter der Maya-Bevölkerung gezielt Massaker an. Ungefähr eine Million Guatemalteken waren ständig auf der Flucht im eigenen Land. Mehr als 100.000 Indios flüchteten nach Mexiko.

Ganze Landstriche wurden zwischen 1980 und 1983 entvölkert und die Sozialstrukturen der Indiogemeinden zerstört. Statt dessen wurden die Flüchtenden in »Modelldörfern« konzentriert. Dabei wurden Angehörige verschiedener Sprachgruppen und Mayavölker bewußt gemischt, um solidarische Aktionen zu erschweren.[2] Aus der Landbevölkerung wurden sogenannte »Zivilstreifen« – paramilitärische Einheiten – aufgestellt, die zur gewaltsamen Kontrolle der Dörfer eingesetzt wurden. Bis zum Beginn von Friedensgesprächen wurden mehr als 150.000 Menschen getötet oder »verschwanden«, ohne daß ihr Schicksal je aufgeklärt wurde. Unter den Ermordeten sind 13 Priester und Ordensleuten und mehrere hundert Katecheten.[3] 1980 ließ Bischof Juan Gerardi Conedera von El Quiché nach einem mißglückten Anschlag auf sein Leben die Kirchen offiziell schließen, begab sich mit den restlichen neun Priestern nach Mexiko und baute dort mit der »Guatemaltekischen Kirche im Exil« Strukturen für Flüchtlingsseelsorge und Menschenrechtsarbeit auf.[4]

Obwohl 1989 der »nationale Dialog« begann und seit 1992 Flüchtlinge zurückkehren, hören die Massaker nicht auf. So überfiel eine Militäreinheit am 5. Oktober 1995 das Heimkehrerdorf »Aurora Ocho de Octubre« in Xamán, Departement Alta Vera Paz, tötete elf Indios, verwundete weitere 21 schwer und löste unter den Überlebenden eine Panik aus. Die katholische Bischofskonferenz von Guatemala verurteilte die Bluttat: »Wir finden keine Gründe, die die Vorfälle erklären können: es gibt keine Erklärungen für feig ermordete Mütter und Ehemänner oder für das unschuldige Kind, das von vier Schüssen tödlich getroffen wurde, als es sich 400 Meter vom Gemeinschaftszentrum entfernt befand. ... Leider müssen wir erkennen, daß die schwere und entmenschlichte Gewalt der vergangenen Jahre wieder zur Gegenwart wird.«[5]

Christen verfolgen Christen

Solche Untaten geschehen in einem Staat, dessen Repräsentanten sich als Christen verstehen. Der Völkermord in Guatemala erreichte seinen Höhepunkt unter der Präsidentschaft von General Efraín Ríos Montt, der ein »wiedergeborener« Christ und ordinierter Laienprediger der fundamentalistischen Kirche »El Verbo« – »Kirche des Wortes« – ist. Während seiner kurzen Amtszeit von März 1982 bis August 1983 wurden im Rahmen des »Nationalen Planes für Sicherheit und Entwicklung« mehr als 12.000 Indios ermordet, darunter hunderte Katecheten und Verantwortliche für die Wortverkündigung in den christlichen Basisgemeinden.

Dies ist eine Aufstellung von Massakern mit mehr als 50 Toten in den ersten fünf Monaten der Amtszeit von General Ríos Montt:[6]

23. März 1982	Paraxtut, El Pajarito, Pichiquil, zwischen Quiché und Huehuetenango	mehr als 500 Tote
24. – 27. März 1982	Las Pacayas, Chisirám, El Rancho, Quixal und weitere Dörfer von San Cristobál, Alta Verapaz	100 Tote
28. März – 10. April 1982	Estancia de la Virgen, Chocatalún, Chipilá und weitere Dörfer von San Mártin Jilotepeque, Chimaltemango	250 Tote
30. März – 2. April 1982	Chinique, Quiché	55 Tote
3. – 5. April 1982	El Mangal, Chajul, Quiché	mehr als 100 Tote

17. – 22. April	1982	Xesic, Chacamán, Chitatul, Chajbal und andere Dörfer von Santa Cruz Quiché, Quiché	67 Tote
20. April	1982	Josefinos, La Libertad, Petén	mehr als 100 Tote
29. April	1982	Palstina, La Libertad, Peteén	mehr als 100 Tote
29. April	1982	Pueblo, Quiché	200 Tote
21. Mai	1982	Sajquiyá, Chichicastenango, Quiché	110 Tote
im Juni	1982	Pampach, Tactic, Alta Verapaz	100 Tote
im Juni	1982	Chisec, Alta Verapaz	160 Familien
14. Juli	1982	Xepocol, Chichicastenango, Quiché	52 Tote
17. Juli	1982	San Francisco, Huehuetenango	mehr als 300 Tote
20. Juli	1982	San Miguel Acatán, Huehuetenango	200 Tote
20. Juli	1982	Santa Teresa, Huehuetenango	60 Tote
24. Juli	1982	Lacaná II, Chichicastenango, Quiché	65 Tote
31. Juli	1982	Lacaná i und II, Chichicastenango, Quiché	61 Tote

Die Menschenrechtskommision von Guatemala gibt an, daß die Armee allein während der Amtszeit von Ríos Montt auf dem Lande 246 Massaker mit 10.556 Toten verübte, weitere 2.796 Menschen mittels extralegaler Hinrichtungen tötete und 883 Menschen »verschwinden« ließ.[7] Ríos Montt spielt noch heute eine große Rolle in der Politik Guatemalas.[8]

Zahlreiche Zeugenaussagen von Menschen, die den Massakern entkommen konnten, liegen vor. Es gibt keinen Grund, an ihrem Wahrheitsgehalt zu zweifeln. Wer sie zur Kenntnis nimmt, wird mit den Kräften konfrontiert, die gegenwärtig die Welt regieren. Eine kleine, elitäre Schicht sichert ihre Macht-, Geld- und Eigentumsinteressen, indem sie sich auf internationale Militärhilfe, neueste Waffentechnik und psychologische Kriegsführung stützt, aber auch bestialische Mordtaten der Armee befiehlt. Theologisch gesprochen: hier werden den »Götzen des Todes« (Oscar Romero) mit Namen: »Ideologie des Privateigentums«, »Sicherung der Kapitalinteressen« und »Doktrin der nationalen Sicherheit« Menschenopfer dargebracht.

Bei der psychologischen Kriegsführung bediente man sich auch des Christentums. Fundamentalistische Sekten, die einen entpolitisierenden Erlösungsglauben vertreten, wurden ins Land geholt und gefördert. Sie wurden ausgespielt gegen Kirchen, die aufgrund der biblischen Botschaft Gerechtigkeit für die Armen forderten und Verbrechen gegen die Menschlichkeit anklagten. Christliche Basisgemeinden wurden als subversive Zellen verfolgt, Katecheten als kommunistische Guerillaführer ermordet, wenn man bei ihnen die »Biblia Latinoamericana« fand, die Vertreter der Befreiungstheologie gewöhnlich benutzen.[9]

Der leidende Gottesknecht heute

Der Theologe und Anthropologe Ricardo Falla SJ legte auf der Jahrestagung der American Anthropological Association im Dezember 1982 in Washington D. C. eine Dokumentation über das Massaker am 17. Juli 1982 auf dem Landgut San Francisco im Departement Huehuetenango vor, wo fast die gesamt Bevölkerung ermordet wurde. Er ist nicht der einzige, der diese Militäraktion bekannt machte. Am 6. August 1982 hatte die Zeitung El Día in Mexico und am 12. Okober 1982 die New York Times in den USA darüber berichtet.

Der Ablauf der Ereignisse stellt sich so dar: Am Vormittag des 17. Juli 1982 trafen 600 Soldaten zu Fuß in San Francisco ein. Ein Hubschrauber mit Militärkennzeichen brachte Nachschub. Die Bewohner wurden gebeten, den Soldaten zwei Stiere zur Aufbesserung der Verpflegung abzuliefern. Dann ließ der befehlshabende Offizier die Bevölkerung auf dem Dorfplatz zusammenrufen. Da diese Einheit bereits drei Wochen zuvor das Dorf aufgesucht und sich dabei freundlich gezeigt hatte, befürchteten die Indios nichts. Plötzlich wurde befohlen, Frauen und Männer voneinander zu trennen und die Männer ins Gerichtsgebäude, die Frauen in die Kirche zu sperren. Da beide Gebäude nur 20 Meter von einander entfernt waren, konnte jede der beiden Gruppen verfolgen, was mit der anderen geschah: Zunächst wurden die Frauen in Gruppen aus der Kirche herausgerufen und niedergemacht. Danach plünderten die Soldaten die Häuser und ermordeten anschließend die Kinder in der Kirche. Schließlich töteten sie gruppenweise die Männer, erst die Alten, dann die Erwachsenen, schließlich die Jungen. Ermordet wurden auch der Bürgermeister und die Polizisten des Dorfes, die das Militär früher selbst eingesetzt hatte. Einige wenige, die für tot gehalten wurden, konnten fliehen.[10]

Sucht man nach Gründen für dieses Blutbad, ist man auf Vermutungen angewiesen: Die Militäreinheit war möglicherweise frustriert, weil es ihr mißlungen war, ein Guerillalager in dieser Gegend aufzuspüren.[11] Die Kooperative San Francisco wurde als Nachschubbasis der Guerilla eingeschätzt.[12] So wurde die Aktion gegen die Guerilla umgelenkt auf ihre vermuteten Unterstützer. Auf jeden Fall flohen nach diesem Massaker mehr als 9.000 Indios aus den umliegenden Orten über die nahe Grenze nach Mexiko. Deshalb ist denkbar, daß diese blutige Aktion bezweckte, der Guerilla die Basis zu entziehen, indem das ganze Gebiet von Menschen geräumt wurde.[13]

Die Überlebenden flohen nach Chiapas. Pater Falla fand sie in einem Flüchtlingslager. Er stellte mit ihrer Hilfe eine Namensliste der Ermordeten zusammen.[14] Auch nahm er ihre Zeugenaussagen zu Protokoll und rekonstruierte den Ablauf des Massakers: die Nervosität der Soldaten, die Angst der Eingeschlossenen, das systematische Abschlachten von Menschen. Vor allem dokumentierte Falla auch die Versuche der mit dem Leben davon gekommenen Indios, zu verarbeiten, was ihnen angetan wurde.

»Es ist wie das Schlachten von Vieh. Und sie lachen sie noch aus, als sie sie töten. Arme Leute! ... Sie beten zu Gott, der sie retten kann, und bitten ihn, sie bei sich aufzunehmen, denn es gibt nichts mehr zu sagen. ... Sie kommen, unsere Brüder, warum wollen sie uns töten? Ist das nicht ein Elend, Gott schickt uns keine Strafe. Aber wir selber lassen es zu, daß unsere Brüder die Leute töten, und deshalb beten wir. Das machen alle, als sie unsere Brüder, unsere Freunde holen.«[15]

Sterben wie Christus

Eine Gruppe guatemaltekischer Priester, Ordensleute und Laien schrieb Papst Johannes Paul II vor dessen Reise nach Mittelamerika im März 1983 einen Brief. Das Militär hatte unter der Indiobevölkerung paramilitärische »Streifen für die zivile Verteidigung« zur Einschüchterung ihrer Nachbarn aufgestellt.

»Damit Ihre Heiligkeit einen Eindruck von der Bedeutung des Einsatzes dieser Streifen bekommt, möchten wir Ihnen erzählen, was sich im Dezember 1982 in Tabil, einem Ort bei Santa Cruz del Quiché, ereignet hat. Ein für die Aktion der Streife verantwortlicher Offizier des Heeres übergab der Zivilstreife dieses Bezirkes eine Liste mit den Namen von fünf Personen, die vom Heer zum Tode verurteilt worden waren, und sagte: ›Wir haben es satt, daß man uns Soldaten als Mörder bezeichnet. Jetzt ist es an euch, diese fünf hinzurichten. Wenn sie bis morgen nicht tot sind, werden wir das ganze Dorf dem Erdboden gleichmachen.‹ Angesichts dieser Drohung wußten die Streifenmitglieder nicht, was sie tun sollten: Sie waren alle Christen und Angehörige der Acción Católica.[16] Die Verurteilten waren Nachbarn und Brüder derselben Gemeinde. Sie riefen alle Leute in der Kapelle zusammen und teilten ihnen die Befehle des Heeres mit. Unter den Anwesenden befanden sich auch die fünf Verurteilten. Nachdem sie eine Weile gemeinsam gebetet und beratschlagt hatten, boten sich die fünf Verurteilten selbst an: ›Es ist besser, wir sterben, als daß sie die ganze Gemeinde töten.‹ Und sie machten sich selbst auf den Weg zum örtlichen Friedhof, wo sie, nach einem Abschiednehmen von der Gemeinde und selbst von denen, die sie hinrichten sollten, ihr Leben hingaben, weil ›es notwendig war, für das Volk zu sterben.‹ Heiliger Vater, wir haben Ihnen diese Geschichte erzählt; sie ist eine von vielen, wie sie sich täglich in unserem Land wiederholen, in dem die Gewalten des Bösen freien Lauf haben und das Leben der Armen keinen Wert mehr besitzt.«[17]

In einem anderen Bericht über diesen Vorfall werden die Namen der Fünf und die Taten genannt, deretwegen sie sterben mußten:

»Die Ermordung der Christen in Guatemala weist in vielen Fällen ähnliche Züge auf wie der Tod Jesu Christi. Wir denken an fünf Märtyrer, die ihr Leben hingaben, um ihre Gemeinde vom Tod zu befreien: Lucas, Justo, Angel, Domingo und Juan. Es waren einheimische Katecheten von El Quiché. ... Sie verkündeten das Wort Gottes, veranstalteten Bibel- und Bildungskurse und förderten die Schaffung von Kooperativen. ... Die Regierungsagenten sahen in ihnen eine Gefahr für die ›nationale Sicherheit‹. ... Während ihres Lebens waren sie unermüdlich tätig, um die Daseinsbedingungen ihrer Gemeinden zu verbessern: sie kämpften für eine neue Gesellschaft. Jetzt bezeugen sie mit ihrem Tod, daß ihre Liebe zum Volk echt war.«[18]

Nicht nur einzelne Menschen werden heute zu Märtyrern. Das arme Volk wird verfolgt und gekreuzigt. Die Ermordeten bleiben ermordet. Werden die Mörder den Sieg behalten? Keine theologische Reflexion über das Martyrium heute darf verklärend in einem Atemzug von Tod und Auferstehung sprechen. Als die Liste mit den Namen der Ermordeten vom Landgut San Francisco in einer Messe im Flüchtlingslager »La Gloria« in Chiapas verlesen wurde, »herrschte völlige Stille. ... Dann setzte ein Gemurmel ein, das schließlich in ein nicht enden wollendes hemmungsloses Weinen umschlug.«[19]

Julia Esquivél, eine guatemaltekische Maya und evangelische Pastorin, schrieb diese Meditation:

»Heiliges Land

Bethlehem ist nicht weit, Bruder,
es ist in El Adelanto, in Pujujil,
wo ein neun Monate altes Kindchen schutzlos starb
mit einem Stück der Mutterbrust in seinem durstigen Mündchen,
als die Armee der Militärjunta
seine Mutter niedermetzelte und ihr Fleisch zerstückelte,
um sie dann zu verbrennen wie zu Herodes und Neros Zeiten.

Nazaret ist nicht weit, Schwester,
es ist da, wo Pedrito, ein Indiokind,
die Hacke ließ und die Machete nahm,
um die Jungfräulichkeit seiner Schwester zu verteidigen
und die Würde seiner Großmutter und Mutter,
als die Soldaten, wie Bauern gekleidet,
kamen, um Terror und Tod zu säen.

Auf der Straße nach Jericho,
zwischen El Salvador und Guatemala,
beraubten die Banditen Jesus seiner Tunika,

Huipil meines Volkes, heiliges Tuch,
fleckig von unschuldigem Blut.
Sie spucken ihm ins Gesicht, sie kastrieren und foltern ihn,
während die falschen Hirten keine Zeit haben, ihn zu verteidigen,
weil sie zu ihren Geschäften oder in ihre Kirchen gehen,
abgestumpft, ohne Liebe oder Menschlichkeit.

Bethanien ist gleich hinter Chajúl,
da, wo ein in der Panamakanal-Zone ausgebildeter Offizier befahl,
Patrocinio Menchú lebendig zu verbrennen,
und am vierten Tage hat sein Geist
Tausende in den Bergen sich erheben lassen.

Und Golgota ist nördlich von Chupol,
genau da, wo kreisende Flugzeuge
Indios niedermähen, Greise, Kinder und Frauen.
Da, wo die Mütter ihr Klagegeschrei erhoben,
den Verlust ihrer Kinder beweinten.
Da, wo Rahel sich nicht trösten lassen wollte,
als die Soldaten des Herodes
ihre Kinder erwürgten, sie niedermetzelten.

Wenn du Bethlehem und Nazaret oder Bethanien nicht
wiedererkennst,
wenn du dich sträubst, mit dem Volk nach Golgota
hinaufzusteigen,
bleiben deine Augen blind,
werden den Auferstandenen nicht wiedererkennen können
im Garten der Düfte, der Guatemala sein wird,
wenn die Kraft des Lebens die Herrschaftssiegel zerbricht
und unsere Geschichte sich der Morgendämmerung öffnet.«[20]

Buchstaben eines neuen Alphabets im Martyrium des gekreuzigten Volkes

In dieser Zeit wird uns eine neue Dimension des Martyriums bewußt: das Martyrium ganzer Bevölkerungsgruppen und Völker.

Am Schicksal der Mayas in Guatemala sehen wir exemplarisch: es ist ein kollektives Martyrium, das unschuldige Menschen trifft. Sie sterben wie Jesus, dessen Kreuz nur eines von vielen tausend Kreuzen von Armen war, die aus Gründen der Politik hingerichtet wurden. Die Kreuzigung des einen hat sich bis heute in der Kreuzigung der vielen fortgesetzt. Sie werden ermordet, während sie nach der Gerechtigkeit des Reiches Gottes auf Erden hungern und dürsten.

So ist es legitim, den Völkermord an den guatemaltekischen Mayas in biblische Zusammenhänge zu stellen. Haben die Indios nicht auch das erleiden müssen, was bei Deutreojesaja von dem leidenden Gottesknecht erzählt wird? Wurden die Kinder in den Dörfern nicht umgebracht wie die Kinder in Bethlehem? Erlitten die Mayas nicht auch die Gottesferne eines kollektiven Karfreitags?

Man erkennt auch hier »Buchstaben eines Alphabets der ewigen Wahrheit« (Baumgarten):

Opfer mörderischer Militärpolitik: Die gekreuzigten Völker sind Opfer einer Politik, welche die gewachsenen Kulturen und Sozialstrukturen bedenkenlos zerstört, damit die Sicherheitsinteressen derer, die die Macht haben, durchgesetzt werden. Man scheint nach der zynischen Devise zu verfahren: »Es ist besser, daß einige Menschen sterben, als daß das ganze Land umkommt.« Das Leiden und Sterben ganzer Völker wird in Kauf genommen und vor der Weltöffentlichkeit nach Möglichkeit verborgen gehalten.

Menschenopfer für die Götzen des Todes: Nationale Sicherheitspolitik scheint legitime staatliche Interessen abzudecken. Wie soll man aber richtig benennen, wenn man erkennt, daß damit nur Reichtum und Wohlleben einer kleinen Schicht abgesichert und das Leben unzähliger Menschen bedenkenlos geopfert wird? Der alte Götze Mammon wird in neuen Gestalten sichtbar. Die heutigen Opfer werden über ihren Tod hinaus verleumdet als subversive Elemente, Kommunisten, Terroristen. Die Götzen des Todes erweisen sich auch als Lügengötter.

Sterben wie Jesus: Jesus mußte sterben, weil er die Nähe des Gottesreiches verkündigte. Dadurch fühlte sich das »Anti-Reich«, wie Ignacio Ellacuría und Jon Sobrino es nennen, in seiner Existenz bedroht.[21] Es ließ ihn kreuzigen. In der Verfolgung des armen Volkes in Guatemala zeigt das »Anti-Reich«, daß es noch immer die Macht beansprucht. Es kämpft härter denn je gegen das Reich Gottes, das Jesus den Armen zugesagt hat, und scheut sich nicht, dieses im Namen von Christentum und Demokratie zu tun.

Gefährliche Erinnerung: Wenn das gekreuzigte Volk sich seiner Toten und der Umstände, weswegen sie sterben mußten, erinnert, pflegt es eine gefährliche Erinnerung: »Herr, wie lange richtest du nicht und rächst unser Blut?« (Offenbarung 6, 10) Nicht Gott ist schuld am Tod der Märtyrer, sondern kenntliche, identifizierbare Menschen und benennbare politische Interessen sind es. So werden die gottlosen Mächte entlarvt und angreifbar. Kräfte zum Überleben werden frei und Mut zur Gegenwehr geweckt. Es wächst die Hoffnung auf Auferstehung des Volkes.

JESUS VON NAZARET – URBILD DER MÄRTYRER DES REICHES GOTTES

»Selig sind, die um der Gerechtigkeit willen verfolgt werden, denn ihrer ist das Himmelreich.« (Matthäus 5, 10)

Die Märtyrer unserer Zeit gehören zur Widerstandslinie im Christentum. Sie begann mit Jesus, dem Rabbi aus Galiläa, und seiner Reich-Gottes-Bewegung. Sie setzte sich fort über die urchristlichen Märtyrer und die der alten Kirche, über die unterdrückten Armuts- und Protestbewegungen im Mittelalter, über Thomas Müntzer, die aufbegehrenden christlichen Bauern und die Täufer, die von den Herren hingeschlachtet wurden, über die Märtyrer der »ersten lateinamerikanischen Befreiungstheologie« wie Antonio de Montesinos, Antonio de Valdivieso und die aus den Reduktionen vertriebenen Jesuiten.

Diese Widerstandslinie führt auf ihre Weise die Geschichte der leidenden Gottesknechte fort, die in Israel begann, als die Propheten und die Armen Jahwes auftraten. Die wurden verfolgt wegen ihrer Kritik an den Reichen und Herrschenden, die die Gerechtigkeit des Bundes mit Gott verlassen hatten, den Mammonsgötzen dienten und die Geringen unterdrückten. In Israel selbst ist diese Linie nie erloschen.

Hinter den Märtyrern in der Nachfolge des politischen Jesus erscheint das Volk Gottes, das das Erste Gebot heilig hält und Gott mehr gehorchen möchte als den Menschen. Niemals sind die Märtyrer in der Nachfolge Jesu nur radikale Einzelgänger, sozusagen

Ausnahmen von der Normalität. Sie waren und sind eingebettet in kleinere oder größere Gruppen und Bewegungen.[1]

Diese Widerstandslinie in der christlichen Kirche stört eine andere Linie innerhalb der Christenheit, welche die Machtverhältnisse religiös legitimiert und bei Machtmißbrauch nicht interveniert. Daß man Gott mehr gehorchen müsse als den Menschen (Apostelgeschichte 5, 29), gehört zu den Maximen der christlichen Widerstandslinie. Und daß der Ruhm Gottes darin besteht, daß alle Menschen in Gerechtigkeit und Frieden leben.

Verfolgung und Ermordung von Christen machen sichtbar, welche Gegenkräfte auf den Plan treten, wenn es um die Gerechtigkeit des Reiches Gottes auf der Erde geht. Zu Beginn unseres Jahrhunderts hat die christliche Theologie nicht nur neu sehen gelernt, daß der Kern der Geschichte Jesu seine Verkündigung vom Anbruch dieses Reiches ist, sie hat auch wiederentdeckt, daß damit zugleich Züge eines »Anti-Reiches« offenbar werden, das sich mit allen Kräften gegen Gottes Reich wehrt.[2]

Die Ermordung von Christen heute macht sichtbar, welche Konflikte ausbrechen, wenn unmenschliche Verhältnisse unter Berufung auf Gottes Gebote konkreter Kritik unterzogen werden oder wenn um der Gerechtigkeit des Reiches Gottes willen Widerstand gegen Unrecht geleistet wird. Daß gewissenhafte, kritische, prophetische Menschen von den Herrschenden bedenkenlos beseitigt werden, zeigt, mit welcher Energie politische Machtverhältnisse abgesichert, wirtschaftliche Interessen durchgesetzt und ideologische Deutungen aufgezwungen werden. Die Tatsache des fortdauernden Martyriums macht auch in unserer Zeit die Mächte des »Anti-Reiches« sichtbar, die anstelle Gottes die Erde regieren möchten und über Leichen gehen, um dieses Ziel zu erreichen.[3]

Die Gottesherrschaft realisiert sich überall da, wo das Lebensrecht für die Niedrigen und Geringen erkämpft wird, wo sich das ereignet, was wir heute als Kampf um soziale Gerechtigkeit und Menschenrechte bezeichnen. »Ich bin gekommen, daß sie Leben und volles Genüge haben sollen«, sagt der johanneische Christus von sich als dem guten Hirten, der dafür sein Leben hingibt. (Johannes 10, 10f) Wer Nutznießer des Status quo ist, lehnt eine solche Bewegung ab. Der Rabbi aus Nazaret wurde wegen seiner Praxis, die mit der Botschaft vom Anbrechen der Gottesherrschaft verbunden war, verfolgt, gefoltert und umgebracht – nicht wegen seiner persönlichen Frömmigkeit. Das »Anti-Reich« wollte die Gefahr, die von der Praxis der Reichsgottesbotschaft ausging, im Keim ersticken.

Märtyrer in der Nachfolge des politischen Christus verkörpern den Ruf zur Umkehr – hin zu einer Welt, die der *guten Nachricht* und der *guten Praxis* Jesu entspricht. Damit gelten sie als Utopisten, mehr noch, als subversiv und staatsgefährdend. Ihr Blut wird vergossen, weil sie *an Jesus*, aber auch *wie Jesus* glauben und für die Gerechtigkeit des Reiches Gottes eintreten.

Zwischen den christlichen Konfessionen verlaufen die Fronten längst nicht mehr da, wo frühere kontoverstheologische Unterscheidungen sie markierten. Es gibt inzwischen eine selbstverständliche Ökumene im Einsatz für die Gerechtigkeit und den Frieden, die dem Reich Gottes entsprechen. Daher beschränkt sich das Martyrium in der Gegenwart auch nicht auf Angehörige einer bestimmten Konfession, sondern ist ein ökumenisches Phänomen: Zwei christliche Märtyrer der Hitlerära, der Katholik Franz Jägerstätter und der Lutheraner Dietrich Bonhoeffer, waren zur gleichen Zeit im Militäruntersuchungsgefängnis in Tegel inhaftiert. In Lateinamerika werden katholische wie protestantische Christen gleichermaßen als subversive Elemente denunziert und verfolgt, wenn sie Rechte für die Armen einklagen. Die Konsequenzen aus der Ökumene der Märtyrer für eine Theologie der Ökumene bedürfen dringend der weiteren Ausarbeitung.[4]

Zum Phänomen »Ökumene der Märtyrer« gehört aber auch, daß vor allem hohe kirchliche Amtsträger Bedenken tragen gegenüber dem, was den Märtyrern wichtig ist. Wo diese eindeutige Konsequenzen des Glaubens im politischen Bereich ziehen, befürchten jene unvorsichtige Grenzüberschreitung, politischen Irrtum, wenn nicht gar törichten Übereifer mit negativen Folgen für die Kirche. Der dänische Pfarrer Kaj Munk wie der deutsche Theologe Dietrich Bonhoeffer forderten beide eine radikale Widerstandspolitik – sollte das noch etwas mit dem »eigentlichen« Dienst der Kirche zu tun haben? Bei Bonhoeffer setzten sich die Bedenken auch nach seinem Tod noch fort: Soll gewaltbereiter Widerstand gegen eine verbrecherische Regierung etwa zur allgemeinen Christenpflicht werden?

Wenn die katholische Kirche den österreichischen Bauern Franz Jägerstätter seligspräche, wäre das ein starkes Votum Roms für die vorrangige christliche Option auf Wehrdienstdienstverweigerung aus Gewissensgründen. Die Seligsprechung des salvadorianischen Erzbischof Oscar Romeros hieße, radikale Parteinahme für die Armen und schroffe Kritik der unsozialen Reichen als verbindlich für alle Christen zu erklären.

Um sich dem Bekenntnis im Tode der Märtyrer zu entziehen, wird deshalb vorzugsweise argumentiert, bei den Ermordeten sei zu unterscheiden zwischen ihrem Christsein einerseits und ihrem politischen Engagement andererseits. Umgebracht worden wären sie »nur« wegen ihrer weltlichen Optionen – Jägerstätter, weil er Hitler ablehnte, Munk, weil er dänischer Patriot war, Bonhoeffer, weil er sich den Verschwörern anschloß und Romero, weil er die Herrschenden angriff.

Oder man entzieht sich dem Bekenntnis, das im Tod der Märtyrer laut wird, dadurch, daß man bei den Ermordeten »echtes« Christsein vermißt. Rudi Dutschke war ein sozialistischer Utopist, Margarida Alves eine eifernde Gewerkschaftsführerin, die Volksmassen, die massakriert werden, sterben als Unterstützer von Befreiungsbewegungen. Daß ihr Tod auf die Gerechtigkeit des Reiches Gottes hinweist, weigert man sich anzuerkennen.

In Wahrheit tragen alle diese Verfolgten und Ermordeten die Botschaft weiter, die Jesus verkörperte. Die heutigen Märtyrer zeigen uns durch ihren Tod, worum es dem Galiläer ging. Der brachte den Armen die *gute Nachricht*, daß Gott auf ihrer Seite steht und will, daß sie leben sollen. Bei ihm wurde offenbar, daß man nicht gleichzeitig dem Gott Israels und dem Götzen Mammon dienen kann. Und er wurde umgebracht um seiner *guten Praxis* willen, in der er den Armen neue Hoffnung gab und ein anderes, herrschaftsfreies Gesellschaftsmodell mit ihnen lebte: »Nennt keinen Menschen euren Herrn. Gott allein ist der Herr, wir sind aber alle seine Kinder und darum Geschwister!« (vgl. Matthäus 20, 25-28; 23, 8-11)

Der Mann aus Nazaret, der seine Dämonenaustreibungen und Wunderheilungen als Hinweise auf Gottes anbrechendes Reich verstand, bekam zuviel Echo beim einfachen Volk, und darum wurde er den Eliten, den Inhabern von Macht und Geld, zu gefährlich.

Gefangengenommen, gefoltert und als politischer Gefangener ermordet wurde Jesus zum Märtyrer der Befreiung. So wie wir die Märtyrer besser von Jesus von Nazaret und seiner Reich-Gottes-Botschaft her verstehen, so verstehen wir auch Jesus besser, wenn wir uns der Märtyrer des Reiches Gottes erinnern und Jesus selbst als Märtyrer begreifen lernen. Wenn wir uns zu Jesus als dem Christus bekennen, bekennen wir uns zu dem Urbild der Märtyrer des Reiches Gottes und damit zur Gerechtigkeit des Reiches Gottes.

Jesus war nicht der einzige galiläische Jude, der allein Gott seinen Herrn nannte und zum Märtyrer des Rufes nach Befreiung wurde.[5] Er ist einer von Tausenden, die in jener Zeit aus politischen Gründen im römischen Reich gekreuzigt wurden. Aber er hatte eine besondere Sendungsvollmacht. Einer seiner unverwechselbaren Worte hält fest: Wer sein Leben nicht aufopfern, sondern nur sich selbst verwirklichen will, wird nichts davon haben. Wer sein Leben aber nicht aufspart, sondern sich aufopfert, wird es dabei gerade gewinnen. (Matthäus 10, 39; 16, 25; Markus 8, 35; Lukas 9, 24; 17, 33; Johannes 12, 25). Was das heißt, sehen wir an ihm selbst. Er wurde das Urbild aller Märtyrer des Reiches Gottes, der Gerechtigkeit und der Wahrheit. Er lebt – und sie leben mit ihm.

Folterer, Mörder, Richter und Henker verfallen dem Wahn, sie hätten die Macht, Leib und Leben der Zeugen Jesu Christi zu vernichten, deren menschliche Integrität zu zerstören und vor allem deren Engagement zu diffamieren, also deren Alphabete auslöschen zu können. Aber sie kommen damit nicht zum Ziel. In Wirklichkeit bestätigen sie die Integrität ihrer Opfer.[6]

DANK

Bei der Arbeit an diesem Buch »Alphabete der Nachfolge« haben mir viele Menschen geholfen: durch Ermunterung und nachdenkliche Fragen, durch Texte und Ergänzungen, durch Gegenlesen einzelner Kapitel und sachliche Korrekturen. Ihnen allen danke ich herzlich. Einige wenige sind in den Anmerkungen erwähnt. Durch diese Mithilfe ist ein in vielerlei Hinsicht ökumenisches Buch entstanden.

Die Freundinnen und Freunde aus der Redaktion der Zeitschrift *Transparent* druckten die erste Fassung einiger Kapitel ab und setzten sie dem Lesetest der »kritischen Masse in der Rheinischen Kirche« aus. Ihr Feedback wie das der Leserinnen und Leser waren sehr wichtig.

Ausdrücklich danken möchte ich meinem theologischen Lehrer Ernst Käsemann. Er machte mir Mut zur Veröffentlichung in Buchform, nachdem er die Studien über Kaj Munk, Dietrich Bonhoeffer und Oscar Arnulfo Romero in *Transparent* gelesen hatte. Aber, so insistierte er, ich müsse auch eine Märtyrerin und einen Märtyrer aus dem Volk darstellen, die »prominenten Männer« dürften nicht unter sich bleiben. Seine Hartnäckigkeit verlangte zusätzliche Anstrengungen, aber die Arbeit führte zu unerwarteten Erkenntnissen!

Friedrich Grotjahn und meine Frau Margret Schoenborn halfen, den Text stilistisch zu glätten und lesbarer zu machen. Ihnen danke ich für ihre Mühe und Unerbittlichkeit besonders.

In diesem Jahr wird der Wuppertaler Peter Hammer Verlag, dieser »seltsame Briefträger« (Dorothee Sölle), 30 Jahre alt. Ihm und seinem Leiter Hermann Schulz gelten meine Solidarität und Sympathie seit Jahren. Daß dieses Buch gerade im Jubiläumsjahr 1996 dort erscheint, betrachte ich als eine Ehre.

»Alphabete der Nachfolge« widme ich Ida und Hendrikus Boers, Emory University, Atlanta, als Zeichen des Dankes für die besondere Freundschaft, die Margret und mich mit ihnen seit unserer gemeinsamen Bonner Studentenzeit verbindet.

Pfingsten 1996 *Paul Gerhard Schoenborn*

ANMERKUNGEN

Alphabete der Nachfolge

1 Jon Sobrino, Die Winde, die in Santo Domingo wehten, und die Evangelisierung der Kultur, »Grüne Reihe« der Missionszentrale der Franziskaner, Nr. 55, Bonn 1993, S. 45f.

2 »Christliches Martyrium ist »freie, duldende Annahme des Todes um des Glaubens willen«, definiert der Artikel »Martyrium« in: Lexikon für Theologie und Kirche, Band 7, Spalte 134ff., Herder Verlag, Freiburg 1962

3 Erik Peterson, »Zeuge der Wahrheit«, in: Theologische Traktate, Kösel Verlag, München 1950, S. 67-224, hier: S. 176 und 195. (Dieser Traktat war 1937 als selbständige Schrift veröffentlicht worden.) Den Hinweis auf Peterson verdanke ich dem Münsteraner Theologen Ludger Weckel, auf dessen fundamentaltheologische Dissertation zum Thema »Martyrium« man gespannt sein darf. Weckel ist dabei, wesentliche Korrekturen der traditionellen Darstellung und Bewertung der Märtyrer durch befreiungstheologische Aspekte zu erarbeiten.

4 Concilium, Internationale Zeitschrift für Theologie, 19. Jahrgang, Heft 3, 1983. Dieses Themenheft plädiert in allen Artikeln für eine Erweiterung des christlichen Märtyrerbegriffs.

5 Pedro Casaldáliga, Auf der Suche nach dem Reich Gottes, Hermagoras Verlag, Wien-Klagenfurt 1989, S. 270f.

6 Sobrinos neueste Christologie: Jesuchristo Liberador. Lectura históricoteologica de Jesus de Nazaret, Editorial Trotta, Madrid 1991, enthält innerhalb der Reflexionen über den Tod Jesu auch ein Kapitel »Das gekreuzigte Volk«. Eine deutsche Übersetzung erscheint demnächst im Matthias Grünewald Verlag, Mainz. Vgl. ferner Otto König/Gerhard Larcher (Hg.),Theologie der gekreuzigten Völker, Jon Sobrino im Disput, Schnider Verlag, Graz 1992; Nancy Elizabeth Bedford, Jesus Christus und das gekreuzigte Volk: Christologie der Nachfolge und des Martyriums bei Jon Sobrino, CRM Band 15, Verlag der Augustinus Buchhandlung, Aachen 1995

7 vgl. Ignacio Ellacuría, Das gekreuzigte Volk, in: Ignacio Ellacuría/Jon Sobrino (Hg.), Mysterium liberationis, Band II, Edition Exodus, Luzern 1996, S. 823ff., besonders S.837

8 vgl. Dietrich Bonhoeffer, Widerstand und Ergebung Neuausgabe (WEN),Christian Kaiser Verlag, München 1977, S. 413f.

9 vgl. dazu: Werner Oehme, Märtyrer der evangelischen Christenheit 1933-1945, Neunundzwanzig Lebensbilder, Evangelische Verlagsanstalt Berlin, 3. überarbeitete Auflage 1985

10 vgl.: Martin Lange/Reinhold Iblacker S.J., Christenverfolgung in Südamerika, Zeugen der Hoffnung, Herder Taschenbuch 770, Freiburg 1980, 2. erweiterte Auflage 1981; Sie leben im Herzen des Volkes, Lateinamerikanisches Martyriologium, Patmos Verlag, Düsseldorf 1984; Jon Sobrino: Spiritualität der Verfolgung und des Martyriums - Verfolgte und Ermordete für das Reich Gottes in Zentralamerika, In: ders., Geist, der befreit - Lateinamerikanische Spiritualität, Herder Verlag, Freiburg 1989 S. 101ff.; Artikel: »Märtyrer« in: Horst Goldstein, Kleines Lexikon zur Theologie der Befreiung, Patmos Verlag, Düsseldorf 1991, S. 142f.; Javier Jiménez Limon, Leiden und Tod, Kreuz und Martyrium, in: Ignacio Ellacuría/Jon Sobrino (Hg.), Mysterium liberationis, Band II, Edition Exodus, Luzern 1996, S.1115-1131

11 vgl. Tito de Alencar, Brasilianische Passion - Dokumente des Widerstands, hg. von Paul Helfenberger, Friedrich Reinhard Verlag, Basel 1979

12 Michael Baumgarten (1812-1889) verlor 1858 seine Professur für Altes Testament in Rostock, weil er gegen das Staatskirchentum kämpfte und in Examensarbeiten die Lehre der Heiligen Schrift in bezug auf die Berechtigung gewaltsamer Revolutionen untersuchen ließ. (Die Religion in Geschichte und Gegenwart, 1. Auflage, Band I, Spalte 955f., Verlag Mohr und Siebeck, Tübingen 1909)

13 Eberhard Bethge, Modernes Märtyrertum als gemeinsames evangelisch-katholisches Phänomen, in: ders., Ohnmacht und Mündigkeit, Christian Kaiser Verlag, München 1969, S.135

14 Arne Munk: Kaj Munk - 4. Januar 1944 - 4. Januar 1994 (Predigt im Gedächtnisgottesdienst am 8. Januar 1994 im Dom zu Maribo - deutsche Ausgabe), hg. von Joergen Glenthoej, S. 8

Franz Jägerstätter – Kriegsdienstverweigerer

In diesem Kapitel verwende ich die Forschungen von Gordon F. Zahn und Erna Putz. Letzterer bin ich für briefliche Hinweise sehr dankbar. Der Text wurde erstmals veröffentlicht in TRANSPARENT – Zeitschrift für die kritische Masse in der Rheinischen Kirche – 10. Jahrgang, Heft 41, Duisburg 1996.

1 *Literatur zu Franz Jägerstätter:*

- Gordon C. Zahn, Er folgte seinem Gewissen – Das einsame Zeugnis des Franz Jägerstätter, Styria Verlag Graz, Wien, Köln 1967, 3. Auflage 1988
- Ludwig Kaufmann, Der Realismus eines einsamen Gewissens, in: Orientierung, 35. Jahrgang, Heft 10, Zürich 1971, S. 109-112
- Georg Bergmann, Franz Jägerstätter – Ein Leben vom Gewissen entschieden, Stein am Rhein 1980
- Erna Putz, Franz Jägerstätter »...besser die Hände als der Wille gefesselt«, Veritas Verlag, Linz-Wien 1985

- Erna Putz, Gefängnisbriefe und Aufzeichnungen – Franz Jägerstätter verweigert 1943 den Wehrdienst, Veritas Verlag, Linz 1987
- Norbert Haase, Gott mehr gehorcht als dem Staat: Franz Jägerstätter vor dem Reichskriegsgericht – eine Dokumentation, in: Tribüne, Zeitschrift zum Verständnis des Judentums, 29. Jahrgang, Heft 114, 1990, S. 198-206
- Andreas Maislinger, Der Fall Franz Jägerstätter, in: Jahrbuch 1991 des Dokumentationsarchivs Österreichischer Widerstand, S. 20-32
- Erna Putz, Franz Jägerstätter stellt die Frage nach dem Krieg – Zur Rezeption eines Unbequemen, in: Jahrbuch 1991 des Dokumentationsarchivs Österreichischer Widerstand, S. 33-50
- Dokumentation zum 50. Todestag von Franz Jägerstätter, hg. von Pax Christi Österreich, Linz 1993

2 Das Ehrenbuch für die im Zuchthaus Brandenburg-Görden ermordeten Antifaschisten, Band IV verzeichnet auf den Seiten 104-112 die Namen:
Jägerstätter, Franz
Möller, Walter
Gross, Paul
Benedick, Alfred
Gentes, Raymond
Merling, Karl
Hasse, Heinz
Merling, Heinrich
Möschikofsky, Alfred
Maibaum, Erich
Pontoi, Josef
Wenzel, Eugen
Schneider, Walter
Heidebracht, Oskar
Vilsmeier, Otto
Koch, Joachim
Alfred Benedick, Raymond Gentes, Paul Gross, Heinrich Merling, Karl Merling und Walter Möller, die wie Franz Jägerstätter wegen »Wehrkraftzersetzung« verurteilt wurden, waren »Bibelforscher« bzw. »Zeugen Jehovas«. (Erna Putz, Brief vom 8. Februar 1996)
Zum Martyrium der Zeugen Jehovas, die Hitler den Kriegsdienst verweigerten, vgl. Detlef Garbe, Zwischen Widerstand und Martyrium – Die Zeugen Jehovas im Dritten Reich, Oldenbourg Verlag, München 1993

3 In: Erna Putz, Gefängnisbriefe, S. 58-60. Der Brief wurde gekürzt erstmals veröffentlicht in: Helmut Gollwitzer, Käthe Kuhn und Reinhold Schneider (Hg.), Du hast mich heimgesucht bei Nacht – Abschiedsbriefe und Aufzeichnungen aus dem Widerstand 1933 – 1945, Christian Kaiser Verlag, München 1954, S. 341

4 Erna Putz, Franz Jägerstätter, S. 252

5 ebda., S. 260
6 Gordon C. Zahn, Er folgte seinem Gewissen. S. 191
7 ebda., S. 192
8 Text in: Norbert Haase, Gott mehr gehorcht als dem Staat, S. 203-206; Ein Faksimile des Feldurteils in: Dokumentation zum 50. Todestag von Franz Jägerstätter, S. 12-14
9 Erna Putz, Franz Jägerstätter, S. 225
10 Rechtsgrundsätze des Reichskriegsgerichts, S. 5, nach: Detlef Garbe, Du sollst nicht töten – Kriegsdienstverweigerer 1939-1945, S.88 in: Die anderen Soldaten: Wehrkraftzersetzung, Gehorsamsverweigerung und Fahnenflucht im 2. Weltkrieg, hg. von Norbert Haase und Gerhard Paul, Fischer Taschenbuch 12769 (Reihe »Fischer Geschichte«) Frankfurt am Main 1995
11 Gordon C. Zahn, Er folgte seinem Gewissen. S. 103f.
12 Detlef Garbe, Du sollst nicht töten – Kriegsdienstverweigerer 1939-1945, S. 92f.
13 Detlef Garbe, Zwischen Widerstand und Martyrium – Die Zeugen Jehovas im Dritten Reich, S. 363. Das Kapitel »Kriegsdienstverweigerung der Zeugen Jehovas« in diesem Buch S. 344-394 erklärt auch viele Einzelheiten im »Fall Jägerstätter«.
14 dazu: Norbert Haase, Gott mehr gehorcht als dem Staat, S. 206; Benedicta Maria Kempner, Priester vor Hitlers Tribunaten, C. Bertelsmann Verlag, 3. Auflage, München 1996, S. 218f.
15 Gordon C. Zahn, Er folgte seinem Gewissen, S. 109
16 vgl. Katechismus der Katholischen Kirche, Oldenbourg Verlag, München-Wien 1993, S. 561-574
17 Erna Putz, Gefängnisbriefe, S. 57
18 ebda., S. 30
19 Erna Putz, Franz Jägerstätter, S. 231f.
20 in: Erna Putz, Franz Jägerstätter, S. 242f. – Heinrich Kreutzberg veröffentlichte in den fünfziger Jahren das Buch: Franz Reinisch: Ein Märtyrer unserer Zeit (Limburg 1953), das ein Kapitel »Franz II« über Franz Jägerstätter enthält.
21 Erna Putz, Franz Jägerstätter, S. 17
22 Erna Putz, Gefängnisbriefe S. 81-88
23 ebda., S. 83f.
24 Erwähnt im Feldurteil unter den Angaben zur Person. Siehe: Norbert Haase, Gott mehr gehorcht als dem Staat, S. 203
25 Gordon Zahn, Er folgte seinem Gewissen, S. 34
26 Erna Putz, Franz Jägerstätter, 2. Auflage, S. 38f.
27 ebda., S. 125f.
28 ebda., S. 52 – Gföllner hatte bereits im Hirtenwort über »wahren und falschen Nationalismus« vom 22. Januar 1933 – in einer Entschiedenheit,

die ihn von den übrigen österreichischen Bischöfen trennte – seinen Gemeinden geschrieben: »Der Nationalsozialismus krankt innerlich an materialistischem Rassenwahn, an unchristlichem Nationalismus, an nationalistischer Auffassung der Religion, an bloßem Scheinchristentum – sein religiöses Programm weisen wir darum zurück. Alle überzeugten Katholiken müssen es ablehnen und verurteilen.« Es sei unmöglich, führte er – in Abwandlung einer Erklärung Papst Pius XI gegen den Sozialismus – aus, »gleichzeitig guter Katholik und wirklicher Nationalsozialist zu sein.« Erna Putz, Franz Jägerstätter, S. 49

29 Alfred Läpple, Kirche und Nationalsozialismus in Deutschland und Österreich – Fakten, Dokumente, Analysen, Paul Pattloch Verlag, Aschaffenburg 1980, S. 197ff.

30 Erna Putz, Gefängnisbriefe, S. 131ff.

31 Die Niederschrift Jägerstätters stammt aus dem Jahre 1941. Text in: Erna Putz, Gefängnisbriefe, S. 124-127. Dazu ferner: Gordon C. Zahn, Er folgte seinem Gewissen, S. 129-131, und Erna Putz, Franz Jägerstätter, S. 83-85

32 vgl. Erna Putz, Franz Jägerstätter, S. 62f.

33 ebda., S. 94

34 ebda., S. 191

35 Erna Putz, Gefängnisbriefe, S. 89-123

36 ebda., S. 124-153

37 ebda., S. 124-127

38 vgl. dazu: Alfred Läpple, a.a.O. S. 180-184, 197ff. und besonders die Anmerkung 151 auf S. 424-427

39 Erna Putz, Gefängnisbriefe, S. 131

40 ebda., S. 133

41 ebda., S. 134

42 ebda., S. 138

43 ebda., S. 139

44 ebda., S. 139f.

45 ebda., S. 146

46 ebda., S. 146f.

47 ebda., S. 151

48 ebda., S. 152

49 ebda., S. 153

50 ebda., S. 152

51 ebda., S. 177f.

52 Erna Putz, Franz Jägerstätter, S. 192

53 ebda., S. 191f.

54 Gordon C. Zahn, Er folgte seinem Gewissen. S. 191f.

55 Erna Putz, Franz Jägerstätter, S. 147

56 ebda., S. 203

57 ebda., S. 207
58 Erna Putz, Gefängnisbriefe, S. 28f.
59 ebda., S. 47
60 ebda., S. 29f.
61 ebda., S. 45
62 ebda., S. 53
63 ebda., S. 184-220
64 ebda., S. 74f.
65 Erna Putz, Franz Jägerstätter, S. 276-281
66 Gordon C. Zahn, Er folgte seinem Gewissen, S. 158ff., bes. S. 169
67 Heinrich Kreutzberg, Er verweigerte den Eid, in: Mann in der Zeit 1948, Nr. 8 – nach: Erna Putz, Franz Jägerstätter, S. 259
68 Gordon C. Zahn, Inspiration Franz Jägerstätter, in: Dokumentation zum 50. Todestag, S.34. In einem Brief vom 23. Februar 1996 teilte Gordon C. Zahn mit: »I first heard of the Ellsberg action from a student who had heard him speak. It seems Bob Ellsberg, his son, had read the book and persuaded Dan to read it, and in his speech ... Dan declared that Franz's witness had impressed him so much that he felt he had to do something about the war in progress he considered unjust. So he released the Pentagon paper. Later at some kind of an academic luncheon I was seated next to Dan and I asked him about this. He confirmed it very empathically and went on to say how pleased he had been by the impact of his action.« Bob Ellsberg, der Sohn von Daniel Ellsberg, schrieb in einem Brief vom 5. März 1996 an Gordon Zahn, der mir eine Kopie schickte: »My Dad said that he did not literally come across ›In Solitary Witness‹ before releasing the Pentagon Papers, but that he read it soon afterward. He always had a keen interest in the subject of Nazi war crimes and the factors that allowed so many ›decent‹ bureaucrats to go along and fail to resist (eg. Albert Speer). Thus he was fascinated with the story of Jägerstätter, a ›simple‹ man who saw clearly the evil of the system and who offered his solitary resistance, even at the sacrifice of his life. He found this tremendously inspiring, and he has certainly cited the story (and your book) in countless talks. It had certainly been one of the key sources of inspiration in his lifetime of nonviolent resistance and it definitely confirmed (though it did not literally inspire) his decision to leak the Pentagon Papers.«
69 vgl. hierzu Ludwig Kaufmann, Der Realismus eines einsamen Gewissens, in: Orientierung 35. Jahrgang Nr. 10, Zürich 1971, S. 109-112
70 vgl. hierzu: Erna Putz, in: Jahrbuch 1991 des Dokumentationsarchivs Österreichischer Widerstand, S. 38ff.
71 Christoph von Schönborn OP, Franz Jägerstätter – Ein Zeugnis, in: Internationale katholische Zeitschrift, Heft 3, 9. Jahrgang, Köln 1980, S. 272f., nach: Erna Putz in: Jahrbuch 1991 des Dokumentationsarchivs Österreichischer Widerstand, S. 38ff.

72 Erna Putz, Franz Jägerstätter, S. 265ff.

73 Übersetzung der schriftlichen Vorlage: Mario von Galli in: Orientierung, 29. Jahrgang, Heft 20, Zürich 1965, S. 223-224. Erna Putz deutet an, daß Jean Goss und Hildegard Goss-Mayr vom Internationalen Versöhnungsbund Erzbischof Roberts zugearbeitet haben. (Erna Putz, Franz Jägerstätter, S. 266)

Kaj Munk – Märtyrer um des offenen Wortes willen

Erweiterte Fassung eines Aufsatzes, der in TRANSPARENT – Zeitschrift für die kritische Masse in der Rheinischen Kirche – 9. Jahrgang, Heft 37, Duisburg 1995, erschien.

1 *Bücher von und über Kaj Munk auf deutsch:*
- Kaj Munk, Fragment eines Lebens (Erinnerungen, autobiographische Reflexionen), übersetzt von Maria Bachmann-Isler, Artemis Verlag, Zürich 1944
- Kaj Munk, Bekenntnis zur Wahrheit. Predigten (Auswahl von 12 Predigten des Jahres 1941), Evangelischer Verlag A. G. Zollikon-Zürich
- Kaj Munk, Dänische Predigten, Neuer Verlag Stockholm (Esselte Aktiebolag Stockholm), o. J. (1945)
- Kaj Munk, Niels Ebbesen – Schauspiel in fünf Akten, Artemis Verlag, Zürich 1944
- Kaj Munk, Glückhafte Tage – Jagderzählungen, Artemis Verlag, Zürich 1946
- Kaj Munk, Jesus-Geschichten, wiedererzählt für die Kleinen, Editions Rocailles, Genève 1949
- Ebbe Neergaard, Kaj Munk – Ein Dichter zwischen zwei Weltkriegen, (Übersetzung: Maria Bachmann-Isler), Artemis Verlag, Zürich 1945
- Alfred Otto Schwede, Verankert im Unsichtbaren. Das Leben Kaj Munks, Evangelische Verlagsanstalt, Berlin, zweite Auflage 1971
- Christian Eisenberg, Die politische Predigt Kaj Munks, Verlag Peter D. Lang, Frankfurt am Main, Bern, Cirenchester/UK 1980
- Arne Munk: Kaj Munk – 4. Januar 1944 – 4. Januar 1994 (Predigt im Gedächtnisgottesdienst am 8. Januar 1994 im Dom zu Maribo – deutsche Ausgabe), hg. von Joergen Glenthoej

Eine Internationale Biographie zu Kaj Munk in: Kaj Munk – Dansk rebel og international inspirator, Akademisk Forlag, Kopenhagen 1995, S. 243-256

2 Bjarne Nielsen Brovst nennt in seinem Buch: Kaj Munk – krigen og mordet, Centrum Verlag, Aarhus, 2. Auflage 1994, die Namen: Peter Schwerdt (SS-Obersturmführer), Adam Gföller, Louis Nebel, Otto Söhnlein, Kurt Carstensen. Adam Gföller fiel an der Ostfront. Die übrigen vier Männer

wurden nach 1945 in Dänemark vor Gericht gestellt. Kurt Carstensen wurde von der Anklage des Mordes freigesprochen und ausgewiesen, die anderen drei des Mordes überführt und zum Tode verurteilt, später aber zu langen Freiheitsstrafen verurteilt (a.a.O., S. 465).

3 vgl. hierzu Bjarne Nielsen Brovst, Kaj Munk – liv og dod, Centrum Verlag, Aarhus 1984; ders., Kaj Munk og den staerke mand, Centrum Verlag, Aarhus 1992

4 Kaj Munk, Dänische Predigten, S. 33

5 Zitat bei Ebbe Neergaard, Kaj Munk – Ein Dichter zwischen zwei Weltkriegen, S. 252f.

6 Den Nachnamen »Munk« erhielt er von seinen Adoptiveltern Peter und Marie Munk, nahen Verwandten seiner Eltern Carl Emanuel, der 1899, und Ana Mathilde Petersen, die 1903 verstarb.

7 Alfred Otto Schwede, Verankert im Unsichtbaren. Das Leben Kaj Munks, S. 212f.

8 Übersetzung: Alfred Otto Schwede, a.a.O. S. 220

9 Übersetzung: Alfred Otto Schwede, a.a.O. S. 222

10 Bjarne Nielsen Brovst, Kaj Munk – krigen og mordet, S. 49-58 – Brovst stellt auch dar, wie verfälscht die Rede in der Presse wiedergegeben wurde; die »Gleichschaltung« hatte bereits eingesetzt.

11 Daß Christian X androhte, auch er und die Minister seiner Regierung würden den Judenstern tragen, falls die entsprechende Verordnung nicht zurückgenommen werde, ist wohl nur eine im Kern richtige Legende. Das Diktum läßt sich – so Joergen Glenthoej – nicht durch einen Zeugen oder ein Dokument belegen; vgl.: Joergen Glenthoej, The Little Dunkerque: The Danish Rescue of the Jews in Oct. 1943, in: Lausanne Consultation on Jewish Evangelism Bulletin, Nr. 34, November 1993, S. 15

12 Henrik Fossing, Die Haltung der dänischen Kirche gegenüber der Obrigkeit während der deutschen Besetzung (1940-1945), S. 97-118, hier S. 101; in: Ulrich Duchrow (Hg.), Zwei Reiche und Regimente: Ideologie oder evangelische Orientierung? Internationale Fallbeispiele zur Theorie und Praxis lutherischer Kirchen im 20. Jahrhundert, Gütersloher Verlagshaus Mohn 1977

13 Arne Munk, Sohn Kaj Munks, in einem Brief vom 3.10.1994

14 Joergen Glenthoej, Martyria – Kaj Munks kirkelige og politiske stilling under anden verdenskrig, in: Kaj Munk – Dansk rebel og international inspirator, Akademisk Forlag, Kopenhagen 1995, S 141-155, hier: S. 153

15 Kaj Munk, Dänische Predigten, S. 84

16 Joergen Glenthoej stellt in seinem Aufsatz: Martyria – Kaj Munks kirkelige og politiske stilling under anden verdenskrig, Kaj Munks Leben und Engagement insgesamt unter den neutestamentlichen Begriff »martyria«. Vgl. auch die Predigt von Arne Munk aus Anlaß des 50. Jahrestags der Ermordung seines Vaters in einem Gedenkgottesdienst im Dom zu Mari-

bo, in: Arne Munk: Kaj Munk – 4. Januar 1944 – 4. Januar 1994 (deutsche Ausgabe), hg. von Joergen Glenthoej

17 Zitat nach: Ebbe Neergaard, Kaj Munk – Ein Dichter zwischen zwei Weltkriegen, S. 308f.

18 Kaj Munk, Dänische Predigten, S. 5f.

19 Kaj Munk, Mindeudgave, Praedikerner, Nyt Nordisk Forlag Arnold Busck, Kjoebenhavn 1948, S. 204ff. – Ebbe Neergaard, der in »Kaj Munk – Ein Dichter zwischen zwei Weltkriegen«, S. 314ff. kürzere Auszüge bringt, bezeichnet diese Predigt als eine der bedeutendsten und schärfsten Kaj Munks.

20 Kaj Munk, Bekenntnis zur Wahrheit, S. 43ff. (Predigt über Markus 8,1-9: Die Speisung der Viertausend)

21 Kaj Munk, Dänische Predigten, S. 43

22 ebda., S. 42

23 ebda., S. 34f.

24 Übersetzung: Alfred Otto Schwede, a.a.O. S. 221

25 Kaj Munk, Dänische Predigten, S. 46

26 ebda., S. 42

27 ebda., S. 37

28 Arnd Helling, Die Theologie Eivind Berggravs im norwegischen Kirchenkampf – Ein Beitrag zur politischen Theologie im Luthertum, Neukirchener Verlag 1992, S. 162. Kaj Munk richtet sich ganz nach diesem Theologumenon aus dem norwegischen Kirchenkampf – ob er es kannte?

29 Der Brief ist abgedruckt in: Joergen Glenthoej, Kirkelige Dokumenter fra Besaettelsestiden, Selbstverlag des Herausgebers 1985, S. 18f.; deutsche Übersetzung: Alfred Otto Schwede, a.a.O., S. 264

30 Umfassende Informationen hierzu in: Arnd Helling, a.a.O.

31 Arnd Helling, a.a.O., S. 189 et passim

32 Arnd Helling, a.a.O., S. 166ff.

33 »Wenn der Kutscher trunken ist« ist abgedruckt in: Eivind Berggrav, Der Staat und der Mensch, Claasen Verlag, Hamburg o. J. S.301-320. Vgl. hierzu auch: Torleiv Austad, Die Lehre von den zwei Regimenten im norwegischen Kirchenkampf 1940-1945 – Fünfzehn Thesen, in: Ulrich Duchrow a.a.O., S. 87-96

34 Das Manuskript wurde im Juli 1944 außer Landes geschmuggelt. Die deutsche Übersetzung erschien 1946 im Neuen Verlag in Stockholm.

35 Torleiv Austad, Kaj Munk sett i lys av den norske kirkekamp, S. 171ff., hier: S. 179f., in: Kaj Munk – Dansk rebel og international inspirator. Dieser Aufsatz gibt auch Auskunft über das Verhältnis von Berggrav und Munk.

36 Johannes Dose, Georg Ferdinand Duckwitz in Dänemark 1943-1945, 2., erweiterte Auflage, Reihe: Berichte und Dokumentationen, hg. vom Aus-

wärtigem Amt, Bonn 1992; Königlich Dänisches Ministerium des Äußeren und das Museum des dänischen Widerstandes 1940-1945 (Hg.), Oktober 1943 - Die dänischen Juden - Rettung vor der Vernichtung, Kopenhagen 1993, S. 12ff.; Süddeutsche Zeitung 2./3. Oktober 1993, S. 9 »Stiller Volksaufstand gegen den Holocaust«; Joergen Glenthoej, The Little Dunkerque, S. 14-27

37 Text in: Joergen Glenthoej, Kirkelige Dokumenter fra Besaettelsestiden, S. 10f., vgl. ferner ders.: The Little Dunkerque, S. 19. Ferner: Henrik Fossing, a.a.O., S. 97-118, bes. S. 108-113

38 vgl. Henrik Fossing a.a.O., S. 108

39 Kaj Munk, Dänische Predigten, S. 37f. - Kaj Munk hielt diese Predigt am 5. Dezember 1943 in der Frue Kirke in Kopenhagen (Kaj Munk, Mindeudgave, Praedikerner, S. 349ff.).

40 Kaj Munk, Dänische Predigten, S. 71ff. - Predigt über den Hauptmann von Kapernaum (Matthäus 8,1-13)

41 ebda., S. 79

42 ebda., S. 79

43 Erik Thorstrup Jacobsen, Som om intet var haendt - Den danske folkekirke under besaettelsen, Odense Universitetsforlag 1991, S. 170

44 Joergen Glenthoj, Brief vom 17.2.1995

45 Kaj Munk, Bekenntnis zur Wahrheit, S. 76f.

46 Bjarne Nielsen Brovst zeigt in seinem Buch: Kaj Munk - krigen og mordet, Centrum Verlag, Aarhus 1994 (2. Aufl.), den unausweichlich auf die gewaltsame Beseitigung des Dichter-Pfarrers zustrebenden Konflikt zwischen dem deutschen Sicherheitsdienst und Kaj Munk. Die Vorträge über Niels Ebbesen wurden peinlich genau registriert: S. 72ff..

47 So lautet der Anfang des ersten Gedichtes, das er als Achtjähriger schrieb - eine 1942 aber auch politisch zu verstehende Hoffnungsbotschaft!

48 Kaj Munk's sidste digte, Nordens Friheds Forlag, Kopenhagen 1944

49 Übersetzung von Jürgen Henkys

50 vgl. hierzu Christian Eisenberg, Die politische Predigt Kaj Munks, S. 65ff.

51 Kaj Munk, Dänische Predigten, S. 52ff.

52 ebda., S. 24ff.

53 ebda., S. 63ff. (Predigt über die Hochzeit zu Kana, Johannes 2, 1-11)

54 Kaj Munk, Bekenntnis zur Wahrheit, S.78 ff. (Predigt zum Erntedankfest, Matthäus 6,24-34)

Dietrich Bonhoeffers umstrittenes Märtyrertum

Überarbeitete Fassung eines Aufsatzes, der in TRANSPARENT - Zeitschrift für die kritische Masse in der Rheinischen Kirche - 9. Jahrgang, Heft 37, Duisburg 1995, erschien. Der Exkurs: »Bonhoeffer und die Befreiungstheologie Lateinamerikas« geht auf meinen Werkstattbericht: »Bonhoeffer in Lateinamerika« in der Festschrift für Günther van Norden: Kirche im Spannungsfeld von Staat und Gesellschaft, Schriftenreihe des Vereins für Rheinische Kirchengeschichte Nr. 111, Rheinland Verlag, Köln 1993, S. 395-446, hier S. 396 und S. 440-446, zurück.

1 Zur Problematik dieses »Standgerichts« und vor allem zum Skandal und den Konsequenzen seiner rechtlichen Bewertung durch den Bundesgerichtshof 1956: Benedicta Maria Kempner, Priester vor Hitlers Tribunalen, München 1996, S. 32-34; Joachim Perels: Die schrittweise Rechtfertigung der NS-Justiz. Der Huppenkothen-Prozeß, in: Festschrift für Otwin Massing, Baden-Baden 1994; ferner: Christoph U. Schminck-Gustavus: Der »Prozeß« gegen Dietrich Bonhoeffer und die Freilassung seiner Mörder, Verlag J. H. Dietz Nachfolger, Bonn 1995; Heinz Ponnath: Ein schändliches Urteil – Für den Bundesgerichtshof war Bonhoeffer Hochverräter, in: Evangelische Kommentare, 4/1995, S. 200ff..

2 Eberhard Bethge, Dietrich Bonhoeffer – Theologe, Christ, Zeitgenosse, Christian Kaiser Verlag, München 1967, S. 1038

3 vgl. Toni Siegert, Das KZ Flossenbürg, Ein Lager für sogenannte Asoziale und Kriminelle, in: Martin Broszat, Elke Fröhlich (Hg.), Bayern in der NS Zeit Band II, München/Wien 1979, S. 477f.

4 Joergen Glenthoej, Zwei neue Zeugnisse von der Ermordung Dietrich Bonhoeffers, in: Rainer Mayer und Peter Zimmerling, Dietrich Bonhoeffer – Mensch hinter Mauern, Theologie und Spiritualität hinter Gefängnismauern, S. 99-111, vgl. auch Heinz Höhne; Canaris, Patriot im Zwielicht, München/Gütersloh o. J., S. 563ff.

5 Faksimile des Schreibens von Dr. Fischer-Hülstrung vom 4.4.1955 auf der Rück-Innenseite von Wolf Dieter Zimmermann, Wir nannten ihn Bruder Bonhoeffer – Einblicke in ein hoffnungsvolles Leben, Wichern-Verlag, Berlin 1995, zu Person, Verhalten und Aussagen des Lagerarztes vgl. auch Christoph U. Schminck-Gustavus, a.a.O. S. 29ff.

6 Eberhard Bethge, a.a.O. S.1041 – Übersetzung im Beiheft S. 31

7 zu Paul Schneider vgl.: Der Prediger von Buchenwald – Das Martyrium Paul Schneiders, Lettner Verlag Berlin 1953 (danach viele Auflagen); Der Christuszeuge Paul Schneider, Gedenkschrift anläßlich des 50. Todestages, herausgegeben von der Evangelischen Kirche im Rheinland, Düsseldorf 1989; Rudolf Wentorf, Der Fall des Pfarrers Paul Schneider, Eine biographische Dokumentation, Neukirchner Verlag 1989.
Albrecht Aichelin hat in seiner umfassenden Biograhie Paul Schneiders nachgewiesen, daß dieser Dorfpfarrer aus dem Hunsrück schon frühzeitig von der Unvereinbarkeit der Ideologie des NS-Staates mit dem Geist des Evangeliums von Jesus Christus überzeugt war: Albrecht Aichelin, Paul Schneider – ein radikales Glaubenszeugnis gegen die Gewaltherrschaft des Nationalsozialismus, Christian Kaiser/Gütersloher Verlagshaus,

Gütersloh 1994; ders.: Widerstand aus Glauben – Paul Schneiders Kampf gegen das NS-Regime, in: Arbeitshilfen des Archivs der Evangelischen Kirche im Rheinland Nr. 2, Widerstandsforschung am Beispiel der rheinischen Kirche, Düsseldorf 1994, S. 1-14

8 Eberhard Bethge, a.a.O. S. 1042 zitiert aus dem ihm vorliegenden Verteilblatt der Abkündigung

9 vgl. dazu Eberhard Bethge, Dietrich Bonhoeffer – Gefährdetes Erbe in bedrohter Welt, in: Heinrich Fink, Carl Jürgen Kaltenborn, Dieter Kraft (Hg.), Dietrich Bonhoeffer – Gefährdetes Erbe in bedrohter Welt, Beiträge zur Auseinandersetzung mit seinem Werk, Union Verlag, Berlin 1987, S. 26-42, bes. S. 30ff.

10 vgl. hierzu: Günther van Norden, Die Barmer Theologische Erklärung und ihr historischer Ort in der Widerstandsgeschichte, in: Peter Steinbach/Johannes Tuchel(Hg.): Widerstand gegen den Nationalsozialismus, Schriftenreihe der Bundeszentrale für politische Bildung 323, Bonn 1994, S. 177ff., besonders S. 180f.

11 Eberhard Bethge, Modernes Märtyrertum als gemeinsames evangelisch-katholisches Phänomen, S.143 in: ders.: Ohnmacht und Mündigkeit – Beiträge zu Zeitgeschichte und Theologie, Christian Kaiser Verlag, München 1969, S. 133-151

12 vgl. dazu Eberhard Bethge, Widerstand und Terrorismus – Am Beispiel von Dietrich Bonhoeffers Schritt zur Gewalt, S. 161 in: ders.: Am gegebenen Ort – Aufsätze und Reden, Christian Kaiser Verlag, München, 1979, S. 158-174

13 vgl. dazu die Dokumentation der Gedenkveranstaltungen in Berlin und Sachsenhausen: Mut in böser Zeit – Gedenken an Dietrich Bonhoeffer und seine Freunde, Wichern Verlag, Berlin 1995; ferner: Christian Gremmels/ Heinrich W. Grosse, Dietrich Bonhoeffers Weg in den Widerstand (Texte der Veranstaltung am 15. Juni 1995 auf dem Gelände des ehemaligen KZ Neuengamme zum Gedenken an Dietrich Bonhoeffer während des Deutschen evangelischen Kirchentags in Hamburg)

14 Der Präses der Synode der Evangelischen Kirche in Deutschland und frühere Bundesjustizminister Jürgen Schmude übte laut epd vom 7.4.1995 scharfe Kritik am Umgang mit den Richtern, die Bonhoeffer zum Tode verurteilt hatten: »Der Vorsitzende des Standgerichts, das nach rechtsstaatlichen Maßstäben kein Gericht, sondern ein Mordkommando war, ist sogar freigesprochen worden.« Im Umgang mit der NS-Strafjustiz hätten sich bundesdeutsche Richter und Staatsanwälte der Einsicht verweigert, daß es sich bei der Durchsetzung der NS-Politik betriebenen Strafpraxis um »ein als Justiz verkleidetes Terrorregime ... gehandelt habe«. (Junge Kirche 5/95, S.319, Bremen Mai 1995) Vgl. ferner dazu Anm. 1 oben und die Berichte über die Aktion der Solidarischen Kirche und anderer »Rehabilitiert Bonhoeffer, den Widerstand und die Deserteure«, in:

TRANSPARENT Nr. 37, 39 und 42, ferner die Meldung über die Aktionen von Schülern des Dietrich-Bonhoeffer-Gymnasiums Hilden, eines Berliner Initiativkreises und eines Kreises der Fachhochschule Hannover, in: IBK. Bonhoeffer-Rundbrief, Mitteilungen des Internationalen Bonhoeffer-Komitees, Sektion Bundesrepublik Deutschland, Nummer 49, März 1996, S. 67.

15 In: IBK. Bonhoeffer-Rundbrief, Nummer 49, März 1996, S. 2

16 vgl. hierzu Wolf Dieter Zimmermann, a.a.O. S. 134f.

17 vgl. hierzu: Joergen Glenthoej, Bonhoeffer und die Ökumene, in: Die Mündige Welt, Band II, Christian Kaiser Verlag, München 1956, S. 116-203

18 Dietrich Bonhoeffer Werke, 16 Bände, Christian Kaiser Verlag/Gütersloher Verlagshaus, Gütersloh ab 1986

19 vgl. hierzu Eberhard Bethge, Dietrich Bonhoeffer -Theologe, Christ, Zeitgenosse, Christian Kaiser Verlag, München 1967, S. 224 – Die Bonhoeffer-Forschung geht aufgrund der spärlichen Quellenlage nur sehr vorsichtig mit diesem Veränderungsprozeß bei Bonhoeffer um

20 Dietrich Bonhoeffer, Gesammelte Schriften, hg. von Eberhard Bethge, Band 6, Christian Kaiser Verlag, München 1974, S. 367f.

21 ebda.

22 Dietrich Bonhoeffer Werke, London 1933-1935, (DBW 13) Christian Kaiser Verlag/Gütersloher Verlagshaus, Gütersloh 1994, S. 273 – Brief vom 14. 1. 1935 an seinen Bruder Karl Friedrich

23 vgl. hierzu Eberhard Bethge, Dietrich Bonhoeffer – Theologe, Christ, Zeitgenosse, Christian Kaiser Verlag, München 1967, S. 437-445

24 Dietrich Bonhoeffer Werke, London 1933-1935, (DBW 13) Christian Kaiser Verlag/Gütersloher Verlagshaus, Gütersloh 1994, S. 298 – 305. Bislang wurde dieser Text immer als »Bonhoeffers Friedenspredigt von Fanoe« bezeichnet, wohl im Hinblick auf eine Morgenandacht über Psalm 85,9 am 23. August 1934 auf der vorangehenden Jugendkonferenz. Der Text dieser Andacht konnte von den Herausgebern von DBW 13 nicht verifiziert werden.

25 Otto Dudzus, Dem Rad in die Speichen fallen, in: Begegnungen mit Dietrich Bonhoeffer – ein Almanach, hg. von Wolf Dieter Zimmermann, Christian Kaiser Verlag, München 1964, S. 74

26 Wolf Dieter Zimmermann, Wir nannten ihn Bruder Bonhoeffer – Einblicke in ein hoffnungsvolles Leben, Wichern-Verlag, Berlin 1995, S. 68

27 vgl. Dietrich Bonhoeffer Werke, Jugend und Studium 1918-1927 (DBW 9), Christian Kaiser Verlag, München 1986, S. 381, ferner Dietrich Bonhoeffer Werke, Ethik (DBW 6), Christian Kaiser Verlag, München 1992, S. 97 und 288

28 vgl. Ernst Feil, Die Theologie Dietrich Bonhoeffers – Hermeneutik, Christologie, Weltverständnis, Christian Kaiser Verlag, München 1971, S. 83f.

et passim. Für Feil ist die Vorordnung des actus directus vor den actus reflexus der Dreh- und Angelpunkt der Bonhoefferschen Theologie.

29 Dietrich Bonhoeffer Werke, Nachfolge (DBW 4), Christian Kaiser Verlag, München 1989, S. 30f.

30 ebda., S. 29f.

31 ebda., S. 300-303

32 vgl. zur Mystik dieses Kapitels der »Nachfolge« die Besinnung von Paul Gerhard Schoenborn in der Dokumentation: Begegnungen Heft 47/1986 »Gefährliche Erinnerung – riskante Zeitansage – Dietrich Bonhoeffer heute« der Evangelischen Akademie Mülheim

33 vgl. dazu: Eberhard Bethge, Dietrich Bonhoeffer und die Juden, in: Konsequenzen.Dietrich Bonhoeffers Kirchenverständnis heute, hg. von Ernst Feil und Ilse Tödt, IBF Band 3, Christian Kaiser Verlag München 1980, S. 174-214; vor allem: Christine-Ruth Müller, Dietrich Bonhoeffers Kampf gegen die nationalsozialistische Verfolgung und Vernichtung der Juden, Heidelberger Untersuchungen zu Widerstand, Judenverfolgung und Kirchenkampf im Dritten Reich Band 5, Christian Kaiser Verlag, München 1990

34 Dietrich Bonhoeffer, Gesammelte Schriften, hg. von Eberhard Bethge Band 2, Christian Kaiser Verlag, München 1959, S. 44-53

35 Dietrich Bonhoeffer Werke, London 1933-1935, (DBW 13), Christian Kaiser Verlag/Gütersloher Verlagshaus, Gütersloh 1994, S. 204f.

36 Dietrich Bonhoeffer, Gesammelte Schriften, hg. von Eberhard Bethge, Band 3, Christian Kaiser Verlag, München 1960, S. 323f.

37 Eberhard Bethge, Dietrich Bonhoeffer und die Juden, S.195 in: Konsequenzen.Dietrich Bonhoeffers Kirchenverständnis heute, hg. von Ernst Feil und Ilse Tödt, IBF Band 3, Christian Kaiser Verlag München 1980, S.174-214

38 Dietrich Bonhoeffer, Predigten, Auslegungen, Meditationen Bd 2, hg. von Otto Dudzus, Christian Kaiser Verlag, München 1985, S. 73f.

39 Dietrich Bonhoeffer, Gesammelte Schriften, hg. von Eberhard Bethge, Band 3, Christian Kaiser Verlag, München 1960, S. 327

40 Dietrich Bonhoeffer Werke, Ethik (DBW 6), Christian Kaiser Verlag, München 1992, S. 95

41 vgl. hierzu Eberhard Bethge, Dietrich Bonhoeffer und die theologische Begründung seines Widerstands, S.57ff., in: ders.: Am gegebenen Ort, Aufsätze und Reden, Christian Kaiser Verlag, München 1979, S.48-62

42 Dietrich Bonhoeffer, Gesammelte Schriften, hg. von Eberhard Bethge Band 1, Christian Kaiser Verlag, München 1958, S. 577, vgl. S. 320

43 siehe hierzu: Christoph Strohm, Teilnehmen am Schicksal Deutschlands – Dietrich Bonhoeffers Weg und Entscheidung, in: IBG Bonhoeffer Rundbrief – Mitteilungen der internationalen Bonhoeffer-Gesellschaft, Sektion Bundesrepublik Deutschland Nr. 46, Februar 1995, S. 5-39

44 Der Darmstädter Historiker Christof Dipper sieht hier die entscheidende Differenz zwischen Bonhoeffers Familie und der Mehrheit der Verschwörer. Er schreibt in »Die Zeit« vom 1.7.1994, S.70: »Die Überzeugung, es gebe wirklich eine ›Judenfrage‹, die der Staat zu lösen habe, schwächte von vornherein die Kritikfähigkeit und Abwehrbereitschaft. ... Waren die Offiziere erst zwischen 1939 und 1941, und zwar durch schockierende Begegnungen mit den Vernichtungspraktiken, zu Gegnern des Regimes geworden, ... so hatte Bonhoeffer solcher Erlebnisse bedurft. Rassenantisemitismus war ihm seit jeher gänzlich fremd, der Unrechtscharakter des Regimes erschloß sich ihm, sobald dieses die Juden zu verfolgen begonnen hatte, also schon 1933 und später. Dies war auch das wichtigste Motiv seines Entschlusses zum politischen Widerstand. »Für die Mehrheit der Verschwörer hingegen gelte – im Unterschied zu den Angehörigen der Familie Bonhoeffer oder zu von Dohnanyi – »daß die ›Judenpolitik‹ des Nationalsozialismus bis 1938 und unter Umständen sogar bis 1940 kein Motiv zum Widerstand war.«

45 Dietrich Bonhoeffer Werke, Ethik (DBW 6), Christian Kaiser Verlag, München 1992, S. 130f.

46 vgl. dazu Winfried Meyer, Unternehmen Sieben. Eine Rettungsaktion für vom Holocaust Bedrohte aus dem Amt Ausland/Abwehr im Oberkommando der Wehrmacht, Verlag Anton Hain, Frankfurt a. M. 1993

47 vgl. dazu Christine-Ruth Müller, a.a.O. S. 329ff.

48 vgl. Brautbriefe Zelle 92, Dietrich Bonhoeffer – Maria von Wedemeyer 1943-1945, herausgegeben von Ruth-Alice von Bismarck und Ulrich Kabitz, Verlag C.H.Beck, München 1993

49 Dietrich Bonhoeffer, Widerstand und Ergebung Neuausgabe (WEN), Christian Kaiser Verlag, München 1977, S. 413-416

50 Dietrich Bonhoeffer Werke, Ethik (DBW 6), Christian Kaiser Verlag, München 1992, S. 256-299

51 Heinz Eduard Tödt, Theologische Perspektiven nach Dietrich Bonhoeffer, Christian Kaiser/Gütersloher Verlagshaus, 1993, S. 67 et passim

52 Dietrich Bonhoeffer, Widerstand und Ergebung Neuausgabe (WEN), Christian Kaiser Verlag, München 1977, S. 15

53 ebda., S. 27

54 ebda., S. 414ff.

55 ebda., S. 382, 395 und 402

56 Dietrich Bonhoeffer Werke, Ethik (DBW 6), Christian Kaiser Verlag, München 1992, S. 268

57 Dietrich Bonhoeffer Werke, Ethik, (DBW 6), Christian Kaiser Verlag, München 1992, S. 95

58 Nach diesem evangelischen Pastor heißt neuerdings eine katholische bischöfliche Einrichtung zur Förderung von Straßenkindern und arbeitslosen Jugendlichen in San Felipe, Chile, »Casa Walter Zielke«!

59 Es handelt sich um einen Teil der Gesamtauflage der von José J. Alemany besorgten Übersetzung der Neuausgabe von »Widerstand und Ergebung« bei den Ediciones Sigueme in Salamanca, Spanien 1983, die in der Editorial Nueva Nicaragua – Editiciones Monimbo erschien.

60 IBK. Bonhoeffer-Rundbrief, Mitteilungen des Internationalen Bonhoeffer-Komitees, Sektion Bundesrepublik Deutschland, Nummer 16, März 1984, S. 10f.

61 vgl. Christian Gremmels, Seine Erben müssen wir noch werden – Anmerkungen zur Bonhoeffer-Rezeption in der Dritten Welt, in: Der Überblick, 3/1986, S. 37ff., besonders auch Anm. 5

62 Ernesto Bernhoeft (geb. 1917), ein aus Rostock emigrierter Angehöriger der Bekennenden Kirche jüdischer Abstammung, ist der erste Vermittler des Werks Dietrich Bonhoeffers in Brasilien. Er versteht sich als Kreuzestheologe, nicht als Befreiungstheologe. 1966 veröffentlichte er in der Casa publicadora Batista, Rio de Janeiro eine Bonhoefferbiographie: No caminho para a liberdade – Vida e obra de Dietrich Bonhoeffer.

63 Dietrich Bonhoeffer, Resistencia e Submissao, Editora Paz e Terra, Rio de Janeiro, und Editora Sinodal, Sao Leopoldo – RS, 1. Auflage 1968, 2. Auflage 1980, S. 10. Bernhoeft übersetzte auch Bonhoeffers Buch »Versuchung«.

64 Ajejandro Zorzin, ein 1955 in Montevideo, Uruguay, geborener evangelischer Kirchenhistoriker, der derzeit am ISEDET in Buenos Aires, Argentinien, lehrt, veröffentlichte in Nr. 4, Vol.VII, 1986, S. 281-301 der Cuadernos de Teología des ISEDET einen Aufsatz »La violencia y la paz en las teologías de Thomas Müntzer y Dietrich Bonhoeffer«.

65 Horst Goldstein, Art.: »Prophetie«, in: Kleines Lexikon zur Theologie der Befreiung, Patmos Verlag, Düsseldorf 1991, S. 181

66 Für die katholische Kirche wurden die entscheidenden Beschlüsse dazu auf den Generalkonferenzen der lateinamerikanischen Bischofssynoden in Medellin (1968) und Puebla (1979) gefaßt, vgl. die Dokumente in »Stimmen der Weltkirche 8«, hg. vom Sekretariat der Deutschen Bischofskonferenz, Bonn. Wie sich die Evangelische Kirche lutherischen Bekenntnisses in Brasilien (IECLB) an die Seite der Armen gestellt hat, zeigt die Textsammlung von Ulrich Schoenborn (Hg.), Nachfolge Jesu – Wege der Befreiung, Brasilienkundeverlag, Mettingen 1989

67 vgl. Gottfried Deelen, Kirche auf dem Weg zum Volke – Soziologische Betrachtungen über kirchliche Basisgemeinden in Brasilien, 2. erweiterte Auflage, Brasilienkunde Verlag, Mettingen 1982; und: Antonio Reiser/Paul Gerhard Schoenborn (Hg.), Basisgemeinden und Befreiung, Lesebuch zur Theologie und christlichen Praxis in Lateinamerika, Jugenddienst Verlag, Wuppertal 1981

68 vgl. die Praxisberichte wie die gottesdienstlichen Texte in: Paul Gerhard

Schoenborn (Hg.), Kirche der Armen, Peter Hammer Verlag, Wuppertal 1989

69 vgl. den katechetischen Bilderbogen: »Was ist die Kirche der Armen?« in: Paul Gerhard Schoenborn, 1989, S. 140ff., aber auch Antonio Carlos de Melo Magalhaes, Christologie und Nachfolge – Eine systematisch-ökumenische Untersuchung zur Befreiungschristologie bei Leonardo Boff und Jon Sobrino, Perspektiven der Weltmission, wissenschaftliche Beiträge, hg. von der Missionsakademie an der Universität Hamburg, Bd. 11, Verlag an der Lottbeck Peter Jensen, Hamburg 1991

70 bezeichnend hierfür ist das Bekenntnis des brasilianischen Dominikaners Frei Betto:

»Der Gott, an den ich glaube:
... Ich glaube nicht an den Gott des Glücks der Reichen;
auch nicht an den Gott der Angst der Wohlhabenden
oder der Freude jener, die das Volk berauben.
Ich glaube nicht an den Gott des erlogenen Friedens;
auch nicht an den Gott der Ungerechtigkeit gegen das Volk.
...Ich glaube nicht an den Gott, der nach dem Bild
und Modell der Mächtigen geschaffen wurde;
auch nicht an den Gott, der als Beruhigungsmittel für das Elend
und das Leiden der Armen erfunden wurde.
... Ich glaube nicht an den Gott, den die Menschen aus Lügen
und wie aus zerbrechlichem Lehm modelliert haben;
auch nicht an den Gott der herrschenden Ordnung
auf der Grundlage einer zugelassenen Unordnung.
Der Gott, an den ich glaube,
ist in einer Höhle zur Welt gekommen,
war Jude,
wurde von einem ausländischen König verfolgt
und zog wie ein Fremder in Palästina umher.
Er ließ sich begleiten von Leuten aus dem Volk;
er gab denen, die Hunger hatten, zu essen;
denen, die im Dunkeln lebten, Licht;
denen, die im Gefängnis saßen, Befreiung;
denen, die Gerechtigkeit verlangten, Frieden.
Der Gott, an den ich glaube, stellte den Menschen über das Gesetz
und die Liebe über die alten Traditionen.
Er hatte keinen Stein, worauf sein Kopf ruhen konnte,
und war von den Armen gar nicht zu unterscheiden.
Er ging zu den Gelehrten nur dann,
wenn diese sein Wort in Frage stellten.
Er war bei den Richtern, die ihn verurteilen wollten;
man hat ihn bei der Polizei gesehen, aber als Häftling.

Er hat das Regierungsgebäude betreten, um geschlagen zu werden.
Der Gott, an den ich glaube, trug eine Krone aus Dornen
und einen Mantel, der wie aus Blut gewebt war.
Er hatte Leibwächter, die ihm den Weg freimachten,
wohlgemerkt: zum Kalvarienberg,
wo er mit Räubern am Kreuz sterben mußte.
Der Gott, an den ich glaube,
ist kein anderer als der Sohn Marias,
Jesus von Nazaret.
Alle Tage stirbt er, gekreuzigt von unserm Egoismus.
Alle Tage steht er wieder auf, durch unsere Liebe.«
(in: Antonio Reiser/Paul Gerhard Schoenborn (Hg.), Basisgemeinden und Befreiung, S. 335f.

71 vgl. Paul Gerhard Schoenborn, Strukturelemente der lateinamerikanischen Theologie der Befreiung, S. 31ff., Wechsel-Wirkungen, Traktate zur Praktischen Theologie und ihren Grundlagen, Nr. 4, Spenner, Waltrop 1991; Hermann Brandt, Gottes Gegenwart in Lateinamerika – Inkarnation als Leitmotiv der Befreiungstheologie, Hamburger theologische Studien; Band 4, Steinmann und Steinmann, Hamburg 1992

72 Dietrich Bonhoeffer Werke, London 1933-1935, (DBW 13) Christian Kaiser Verlag/Gütersloher Verlagshaus, Gütersloh 1994, S. 273 – Eberhard Bethge, Dietrich Bonhoeffer – Theologe, Christ, Zeitgenosse, Christian Kaiser Verlag, München 1967, S. 248ff.

73 vgl. das Themenheft der Evangelischen Theologie 1/1991 »Lateinamerikanische Exegese; Carlos Mesters, In unserm Alltag finden wir Dein Wort – Die Bibel: wie sie wurde – wie sie wirkt, Brasilienkunde Verlag, Mettingen/Verlag der Ev.-Luth. Mission Erlangen, 1991

74 vgl. oben Anm. 28

75 Gustavo Gutiérrez, Aus der eigenen Quelle trinken – Spiritualität der Befreiung, Christian Kaiser Verlag, München, und Matthias-Grünewald-Verlag, Mainz, 1986, S.150; Leonardo und Clodovis Boff, Wie treibt man Theologie der Befreiung, Patmos Verlag, Düsseldorf 1986, S. 13ff.

76 vgl. Oscar A. Romero, Die politische Dimension des Glaubens – Erfahrungen der Kirche in El Salvador, in: Antonio Reiser/Paul Gerhard Schoenborn (Hg.), Basisgemeinden und Befreiung, S. 54ff.

77 Nelio Schneider, »Kämpferisch, revolutionär, gewaltfrei – Zu Bedeutung von Gewalt in der lateinamerikanischen christlichen Befreiungsbewegung« in: Ulrich Schoenborn (Hg.), 1989, S. 162ff., ferner Paul Gerhard Schoenborn (Hg.), Kirche der Armen, S. 65ff. und S. 240ff.

78 Antonio Reiser/Paul Gerhard Schoenborn (Hg.), Sehnsucht nach dem Fest der freien Menschen, Jugenddienst Verlag, Wuppertal/Gelnhausen 1982, S. 104

79 a.a.O. S. 158ff.

80 Auf Korrelationen mit Freire hat bereits G. Clarke Chapman Jr. hingewiesen in dem Aufsatz: Bonhoeffer and Liberation Theology, in: John D Godsey/Geffrey B. Kelly; Ethical Responsibility: Bonhoeffer's Legacy to the Churches, Toronto Studies in Theology 6, Edwin Mellen Press, New York and Toronto 1981, S. 147ff.

81 vgl. das dritte Kairosdokument: »Der Weg nach Damaskus«, EMW-Information Nr. 84, Hamburg 1989; Horst Goldstein, Artikel »Aufklärung«, in: ders.: Kleines Lexikon ... , S. 14ff.,

82 Der Brasilianer Frei Betto wurde 1969 mit mehreren anderen Dominikanern, darunter der Märtyrer Frei Tito de Alencar, wegen subversiver Tätigkeit verhaftet. Seine Briefe aus dem Gefängnis beziehen sich mehrfach auf Bonhoeffers »Widerstand und Ergebung« (Carlos Alberto Libanio Christo (Frei Betto), Brasilianische Passion, Kösel Verlag, München 1973). Vgl. dazu meinen Werkstattbericht: »Bonhoeffer in Lateinamerika« in der Festschrift für Günther van Norden, Rheinland Verlag, Köln 1993, S. 399-403

83 Gustavo Gutiérrez an entscheidenden Stellen seiner »Theologie der Befreiung«, erweiterte Neuausgabe, Matthias-Grünewald-Verlag, Mainz 1992, S. 103, 129, 244, 265, 354 und in seinem Aufsatz »Die Grenzen der modernen Theologie« mit dem Untertitel: »Zu einem Text von Dietrich Bonhoeffer« in: Concilium 15 (1979), 291-297. Der Aufsatz liegt nun überarbeitet vor in: Gustavo Gutiérrez, Die historische Macht der Armen, Christian-Kaiser-Verlag, München und Matthias-Grünewald-Verlag Mainz 1984, S. 190-203. Vgl. dazu meinen Werkstattbericht: »Bonhoeffer in Lateinamerika« in der Festschrift für Günther van Norden, Rheinland Verlag, Köln 1993, S. 418-426

84 Jon Sobrino SJ, theologischer Berater Oscar Romeros und der Christologe unter den Befreiungstheologen, bezieht sich in fast allen seinen Werken auf Bonhoeffer, z.B. in: Christology at the Crossroads, A Latin American Approach, Orbis Books, Maryknoll NY 1978, The true Church and the Poor, Orbis Books, Maryknoll NY 1984, Jesus in Latin America, Orbis Books, Maryknoll NY. 1987. Der Jesuit Sobrino beruft sich übrigens mehrfach im selben Gedankengang auf seinen Ordensgründer Ignatius wie auf Bonhoeffer! Vgl. dazu meinen Werkstattbericht: »Bonhoeffer in Lateinamerika« in der Festschrift für Günther van Norden, Rheinland Verlag, Köln 1993, S. 426-434

85 Franz J. Hinkelammert, Religionskritik im Namen des Christentums: Dietrich Bonhoeffer in befreiungstheologischer Sicht, in: Der Glaube Abrahams und der Ödipus des Westens, Opfermythen im christlichen Abendland, Edition Liberación, Münster 1989, S. 121-141. Vgl. dazu meinen Werkstattbericht: »Bonhoeffer in Lateinamerika« in der Festschrift für Günther van Norden, Rheinland Verlag, Köln 1993, S. 434-440

86 vgl. Geffrey B. Kelly, Liberating Faith: Bonhoeffer's Message for Today, Augsburg Publishing House, Minneapolis 1984, besonders S. 153ff.

87 Ulrich Schoenborn, Gekreuzigt im Leiden der Armen, Beiträge zur kontextuellen Theologie in Brasilien, bTb 7, Brasilienkunde Verlag, Mettingen 1986, S.9

88 vgl. Sie leben im Herzen des Volkes, Lateinamerikanisches Martyriologium, Patmos Verlag, Düsseldorf 1984; Paul Gerhard Schoenborn (Hg), Kirche der Armen, S. 265ff.

89 Pasos, 13 (1987), S.6-9 (Zeitschrift des Departamento Ecuménico de Investigaciones - DEI, Costa Rica)

90 vgl. Geffrey B. Kelly: Bonhoeffer and Romero – Prophets of Justice for the Oppressed, in: Union Seminary Quarterly Review, Vol. 46, 1992, S. 85-105

91 vgl. Jon Sobrino, Sterben muß, wer an Götzen rührt – Das Zeugnis der ermordeten Jesuiten in San Salvador: Fakten und Hintergründe, Edition Exodus, Fribourg/Brig 1990

92 Das Heilsgeschehen ist ein Vorgang im Bereich der profanen, politischen Geschichte. Ignacio Ellacuría und Jon Sobrino nennen die damit verbundenen Konflikte den Kampf zwischen »Reich Gottes« und »Anti-Reich« (»reino de Dios« und »antireino«); vgl. Jon Sobrino: »Die zentrale Stellung des Reiches Gottes in der Theologie der Befreiung«, in: Ignacio Ellacuría/Jon Sobrino (Hg.), Mysterium liberationis, Band I, Edition Exodus, Luzern 1995, S.461ff., besonders S. 478ff.

93 Für eine Kultur solidarischen Lebens – Die Stimme der lateinamerikanischen Kirchen vor der IV. Konferenz in Santo Domingo 1992: Secunda Relatio, Misereor, Reihe: Berichte und Dokumente 8, Aachen 1993, S. 226f, vgl. auch S. 224

94 Norbert Arntz in: Orientierung, 56. Jahrgang, Zürich 1992, S.183; ders.: Retten was zu retten ist? Die Bischofskonferenz von Santo Domingo zwischen prophetischem Freimut und ideologischem Zwang, Edition Exodus. Luzern 1993, S. 178

95 Jon Sobrino, Die Winde, die in Santo Domingo wehten, und die Evangelisierung der Kultur, »Grüne Reihe« Nr. 55, der Missionszentrale der Franziskaner, Bonn 1993, hier S. 45f.

96 Mittelamerikanische Liturgie (Eine Meditation über die Märtyrer unseres Volkes) in: Antonio Reiser/Paul Gerhard Schoenborn (Hg.), Sehnsucht nach dem Fest der freien Menschen, S. 144-147

Oscar Arnulfo Romero – Verteidiger der Armen

Erstmals veröffentlicht in TRANSPARENT – Zeitschrift für die kritische Masse in der Rheinischen Kirche – 9. Jahrgang, Heft 39, Duisburg 1995.

1 Die umfassendsten Informationen über Romero findet man in: James R. Brockman, Oscar Romero, eine Biographie, Paulusverlag, Freiburg-

Schweiz 1990. Unter Beratung von Pater Brockman entstand ein beachtenswerter Film über Leben und Ermordung Oscar Romeros.

- Unmittelbare Betroffenheit nach dem Märtyrertod Romeros spiegelt sich in: Plácido Erdozaín, San Romero de America – das Volk hat dich heilig gesprochen. Die Geschichte des Bischofs Oscar A. Romero von San Salvador, Jugenddienst-Verlag, Wuppertal 1980.
- Rechenschaft über die tägliche Ausübung seines Erzbischofsamtes kann man nachlesen in: Oscar A. Romero, In meiner Bedrängnis, Tagebuch eines Märtyrerbischofs 1978-1980, Herder Verlag, Freiburg 1993. Es handelt sich um eine gekürzte Fassung, vgl. die englische Version: Archbishop Oscar Romero, A Shepherd's Diary, St. Anthony Messenger Press, Cincinnati-Ohio 1993, die die spanische Ausgabe vollständig bringt.
- Predigten und Hirtenworte Oscar Romeros sind publiziert in: Oscar Arnulfo Romero, Die notwendige Revolution, Matthias-Grünewald-Verlag, Mainz/Chr.Kaiser Verlag, München 1982, ferner: Oscar A. Romero – für die Armen ermordet. Wie der Erzbischof von Salvador das Evangelium verkündet hat, Herder Verlag, Freiburg 1982; Oscar Arnulfo Romero – Blutzeuge für das Volk Gottes, Walter Verlag, Olten und Freiburg im Breisgau 1985, sowie in Adveniat Zeugnisse/Berichte/Kommentare Nr. 5 (Predigtauszüge) und Nr. 8 (Der letzte Hirtenbrief). Romeros Rede anläßlich der Verleihung der Ehrendoktorwürde am 2. Februar 1980 in Löwen »Die politische Dimension der Glaubens« findet man in: Antonio Reiser/Paul Gerhard Schoenborn, Basisgemeinden und Befreiung – Lesebuch zur Theologie und christlichen Praxis in Lateinamerika, Jugenddienst-Verlag Wuppertal 1981, S. 154-164
- Die theologische Bedeutung Romeros hat Jon Sobrino vielfach herausgearbeitet: Oscar Arnulfo Romero, Märtyrer der Befreiung – Theologische Analyse seiner Gestalt und seines Werkes, in: Oscar Arnulfo Romero, Die notwendige Revolution, Matthias-Grünewald-Verlag, Mainz/Chr.Kaiser Verlag, München 1982; S. 7-60; Meine Erinnerungen an Bischof Romero, in Giancarlo Collet/Justin Rechsteiner (Hg.), Vergessen heißt verraten – Erinnerungen an Oscar A. Romero zum 10. Todestag, Peter Hammer Verlag, Wuppertal 1990, S. 31-88; vor allem: Archbishop Romero – Memories and Reflections, Orbis Books, Maryknoll NY 1990.
- Eine gründliche Arbeitshilfe für Schule und Erwachsenenbildung über Oscar Romero als Exempel der lateinamerikanischen Befreiungstheologie: Norbert Göttker-Plate: Prophetisches Zeugnis der Umkehr und des Widerstandes heute: O. A. Romero – Eine Unterrichtsreihe, Münster 1993 (zu beziehen über: Christliche Initiative Romero e.V., Kardinal-von-Galen-Ring 45, 48149 Münster); 1990 hat die CIR ferner eine Werkmappe anläßlich des 10. Todestages von Oscar Romero herausgegeben.

2 Oscar A. Romero, In meiner Bedrängnis, S. 335f.

3 vgl. das Referat von Maria Julia Hernández, der Direktorin des Rechtshilfebüros des Erzbistums San Salvador: »Straflosigkeit, Gerechtigkeit und Versöhnung« in: Presente, Bulletin der Christlichen Initiative Romero 1/1996, S. 13

4 vgl. James R. Brockman, S. 328-336

5 Paul Gerhard Schoenborn (Hg.), Kirche der Armen, S. 278

6 vgl. Oscar A. Romero, In meiner Bedrängnis, S. 101 »Zum Mittagessen war ich bei den Priestern des Opus Dei in ihrer neuen Wohnung und ließ ihnen mein Bild zurück mit der Widmung: Dem Opus Dei des Erzbistums, mit meinem Segen als Hirte und Freund ...«; S. 189f. » ... zuletzt das Essen, zu dem mich die Priester des Opus Dei (in El Salvador) eingeladen hatten. Sie berichteten mir von ihrem ganzen Werk bei Akademikern, Studenten und auch Arbeitern und Dienstmädchen. Es ist ein stilles Werk von großer Spiritualität. Nach dem Essen konnte ich eine Reportage des italienischen Fernsehens über den Gründer des Opus Dei sehen, bei der er den Laien die Werte des Gebets und die Heiligung ihrer eigenen Berufung ans Herz legte. In der Heiligkeit des Laien in seinem eigenen Beruf scheinen mir für unsere Kirche reiche Schätze verborgen zu liegen.« Sodann äußert er sich anerkennend über die Glaubenskurse dieser kirchlichen Arbeit. Nach Brockman, S. 321 fuhr Romero noch wenige Stunden vor seinem letzten Gottesdienst mit einem Opus-Dei-Priester zum Strand und traf sich zu einer Studiensitzung mit einer Priestergruppe.

7 Rivera, mit dem Romero sich immer hervorragend verstand, wurde später sein Nachfolger; er verstarb am 26. 11. 1994

8 dazu: Johannes Meier, Selig, die hungern nach Gerechtigkeit – Aus dem Leben der Kirche in Mittelamerika, Echter Verlag, Würzburg 1981, S. 41ff.

9 ebda., S. 41

10 Jon Sobrino, Meine Erinnerungen an Bischof Romero: S. 33

11 James R. Brockman, S. 25

12 Zur politischen Lage in El Salvador die Darstellungen und Analysen: Manfred Heckhorn, Die Enkel des Jaguar – El Salvador, Einblicke in ein kleines Land, Rotbuch Verlag, Berlin 1983; El Salvador: Der Aufschrei eines Volkes – Ein Bericht der Zentralamerikanischen Universität in San Salvador, Matthias Grünewald Verlag, Mainz 1984/Christian Kaiser Verlag, München 1984; Ignatio Martín-Baró in: Oscar Arnulfo Romero – Blutzeuge für das Volk Gottes; Johannes Meier, Die Kirche, der Bischof Romero diente: Das Erzbistum San Salvador – in: Giancarlo Collet/Justin Rechsteiner (Hg.), Vergessen heißt verraten

13 Mehr Einzelheiten dazu in: El Salvador: Der Aufschrei eines Volkes, S. 18-20

14 Manfred Heckhorn, Die Enkel des Jaguar, S. 67

15 ebda., S. 108f., vgl. auch Antonio Reiser/Paul Gerhard Schoenborn, Basisgemeinden und Befreiung, S. 71ff. »... als hätten wir Erdöl entdeckt – pastorale Arbeit in einer Basisgemeinde in El Salvador«

16 James R. Brockman, S. 50

17 Organogramm und Information über das Entstehungsjahr aller demokratisch-revolutionären Kräfte in: El Salvador: Der Aufschrei eines Volkes, S. 52f.

18 vgl. hierzu: Ich habe das Schreien meines Volkes gehört – Die Kirchen in El Salvador 10 Jahre nach der Ermordung von Oscar Arnulfo Romero, hg. von Martin Bogdahn und Immanuel Zerger, Claudius Verlag, München 1990

19 Ignatio Martín-Baró, in: Oscar Arnulfo Romero – Blutzeuge für das Volk, S. 24

20 Manfred Heckhorn, S. 143f.

21 vgl. hierzu: Helmut Frenz/Norbert Greinacher/Ursula Junk/Bernd Päschke, El Salvador – Massaker im Namen der Freiheit, rororo aktuell 5027, Hamburg 1982; Bernd Päschke, Salvadorianische Passion – Semana Santa in El Salvador, edition liberación, Münster 1985, Bernd Päschke, Befreiung von unten lernen – Zentralamerikanische Herausforderung theologischer Praxis, edition liberación, Münster 1986; Maria López Vigil, Tod und Leben in Morazan – Das Zeugnis eines Priesters, Signal Verlag, Baden-Baden 1987; Das Zeugnis von Zacamil – Aus dem Leben einer Basisgemeinde – Publik-Forum Dokumentation, hg. von der Christlichen Initiative Romero o. J.

22 Zusammenstellung der militärischen und wirtschaftlichen Unterstützung der USA in: El Salvador: Der Aufschrei eines Volkes, S. 54-62

23 vgl. hierzu: terre des hommes (Hg.), Kinder und Krieg in Lateinamerika, Lamuv TB 60, Göttingen 1989, S. 19-18; Ulrich Duchrow/Gert Eisenbürger/Jochen Hippler, Totaler Krieg gegen die Armen – Geheime Strategiepapiere der amerikanischen Militärs, Kaiser Taschenbücher 62, München 1989, besonders S. 16-61

24 James R. Brockman, S. 109f.

25 vgl. etwa die Notiz im Diensttagebuch unter dem 28. Dezember 1979: »Viele Mitglieder der Regierung und der Armee fragen mich um Rat. Das zeigt das Ansehen, das die Kirche genießt und dem ich mit aller Ehrlichkeit zu dienen versuche, ohne meine Aufgabe als Seelsorger zu verlassen.« Oscar A. Romero: In meiner Bedrängnis, S. 253

26 Jon Sobrino, Oscar Arnulfo Romero, Märtyrer der Befreiung; in: Oscar Arnulfo Romero, Die notwendige Revolution, S. 24

27 vgl. Oscar A. Romero: In meiner Bedrängnis, S. 265ff., S. 316

28 ebda., S. 296

29 Predigt vom 17. Februar 1980, in: Oscar A. Romero – für die Armen ermordet, S. 99

30 Jon Sobrino, Oscar Arnulfo Romero, Märtyrer der Befreiung; in: Oscar Arnulfo Romero, Die notwendige Revolution, S. 24
31 Oscar Arnulfo Romero – Blutzeuge für das Volk Gottes, S. 57f.
32 Zu diesen Märtyrern: Johannes Meier, Selig, die hungern nach Gerechtigkeit, S. 44-50
33 ebda., S. 50
34 Zu den Fakten der Verfolgung der salvadorianischen Kirche siehe: El Salvador: Der Aufschrei eines Volkes, S. 94-101
35 dazu Jon Sobrino, Sterben muß, wer an Götzen rührt – Das Zeugnis der ermordeten Jesuiten in San Salvador: Fakten und Hintergründe, Edition Exodus, Fribourg/Brig 1990
36 vgl. Martin Lange/Reinhold Iblacker SJ (Hg.), Christenverfolgung in Lateinamerika – Zeugen der Hoffnung, Herder Tb 770, Herder Verlag, Freiburg, 2, erweiterte Auflage 1981; Sie leben im Herzen des Volkes – Lateinamerikanisches Martyriologium, hg. vom Instituto Histórico Centroamericano, Patmos Verlag, Düsseldorf 1984
37 James R. Brockman, S. 40ff.
38 ebda., S. 113-119, Zitate auf S. 115 und 117
39 Ignatio Martín-Baró in: Oscar Arnulfo Romero – Blutzeuge für das Volk Gottes, S. 24f.
40 Text auf deutsch in: Oscar Arnulfo Romero – Blutzeuge für das Volk Gottes, S. 45-90
41 ebda., S. 54
42 ebda., S. 77
43 Text (gekürzt) in: Oscar Arnulfo Romero, Die notwendige Revolution, S. 61-85, ein anderer Auszug über die Stellung zu Marxismus und Kapitalismus in: Oscar Arnulfo Romero – Blutzeuge für das Volk Gottes, S. 91-93
44 Oscar Arnulfo Romero, Die notwendige Revolution, S. 69
45 ebda., S. 81
46 ebda., S. 83
47 ebda., S. 83
48 ebda., S. 84
49 ebda., S. 70
50 Oscar Arnulfo Romero – Blutzeuge für das Volk Gottes, S. 92
51 Oscar Romero führte es lehrhaft aus in seiner Pastoralbotschaft »Die Mitarbeit der Kirche am Befreiungsprozeß« an den Nationalen Rat der Kirchen der USA im November 1979 (Oscar Arnulfo Romero – Blutzeuge für das Volk Gottes, S. 102f.) und in seinem Vortrag in Löwen anläßlich der Verleihung der Ehrendoktorwürde am 2. Februar 1980 »Die politische Dimension des Glaubens« (Antonio Reiser/Paul Gerhard Schoenborn, Basisgemeinden und Befreiung, S. 161). Das dritte Kairospapier »Der Weg nach Damaskus – Umkehr und Befreiung« EMW-Informationen Nr. 84,

Hamburg 1989, an dem Mitarbeiter Romeros mitformulierten, hat in der Ökumene die Entlarvung der und den Kampf gegen die Götzen des Todes fortgeführt; vgl. dazu auch: Paul Gerhard Schoenborn, Das dritte Kairos-Dokument ›Der Weg nach Damaskus – Kairos und Bekehrung‹, Entstehung, Hintergründe, Konsequenzen für uns, in: Rosch Pina – der Eckstein, exegetische (u.a.) Ausgrabungen, Nr. 16, Mülheim 1992, S. 30ff.

52 James R. Brockman, S 91

53 Oscar A. Romero: In meiner Bedrängnis, S. 269f.

54 James R. Brockman, S. 144f.

55 ebda., S. 216f.

56 Text in: Oscar Arnulfo Romero – Blutzeuge für das Volk Gottes, S. 94-108

57 ebda., S. 104

58 Text in Antonio Reiser/Paul Gerhard Schoenborn (Hg.), Basisgemeinden und Befreiung, S. 154-164 (vgl. auch James R. Brockman, S. 299, über die Mitarbeit Jon Sobrinos an diesem Text)

59 ebda., S. 162f.

60 Text in: Oscar Arnulfo Romero – Blutzeuge für das Volk Gottes, S. 127-130

61 Die Predigt ist abgedruckt in: Oscar A. Romero – für die Armen ermordet, S. 71-103

62 Brockman berichtet offen darüber. In Romeros Amtstagebuch finden sich viele Einzelheiten, allerdings weniger in der gekürzten, deutschen Fassung; doch siehe: Oscar A. Romero: In meiner Bedrängnis, S. 16ff.; 170; 232f.; 240.

63 ebda. S. 137. Das zehnseitige Dokument wurde 1988 in El Salvador veröffentlicht. Brockman, Oscar Romero, bringt auf den S. 237-239 ein ausführliches Exzerpt und bemerkt dazu: »Selbst in Anbetracht der langen Geschichte von Streit und Beschuldigungen seitens der vier Bischöfe ist das Dokument erschreckend. Es läßt fast alles, was Romero öffentlich gesagt oder getan hat, außer acht, um ein Zerrbild seiner Lehre und seiner Praxis darzustellen.«

64 Oscar A. Romero: In meiner Bedrängnis, S. 122-126; 137

65 James R. Brockman, S. 220f.

66 ebda., S. 288ff.

67 ebda., S. 325

68 Oscar A. Romero: In meiner Bedrängnis, S. 171f., 186f., 191, vgl. auch James R. Brockman, S. 259f.

69 James R. Brockman, S. 260

70 Oscar A. Romero: In meiner Bedrängnis, S. 63

71 ebda., S. 262

72 ebda., S. 150

73 ebda., S. 191

74 ebda., S.192
75 James R. Brockman, S. 271f., siehe auch Oscar A. Romero: In meiner Bedrängnis, S. 231
76 Aus der Predigt vom 24. Februar 1980 in: Oscar Arnulfo Romero – Blutzeuge für das Volk Gottes, S. 121f.
77 James R. Brockman, S. 308 (Bericht in Orientacion, 11. Mai 1980)
78 deutsche Übersetzung aus: Ignatius von Loyola, »Gott suchen in allen Dingen«, hg. von Josef Stierli, Walter Verlag, Olten und Freiburg im Breisgau 1981, S. 121
79 James R. Brockman, S.310
80 ebda., S. 327
81 Übersetzung: Johannes Meier, Selig, die hungern nach Gerechtigkeit, S. 55 – Die ganze Predigt in: Oscar A. Romero – für die Armen ermordet, S. 162-211

Margarida Maria Alves – Gewerkschaftsführerin

Horst Goldstein danke ich für Beratung und Archivmaterial, Christel Voß-Goldstein für ihren Aufsatz in »Schritte ins Offene« und Ellen Dobberahn für die Übersetzung unverzichtbarer Quellen.

1 amnesty international, Brasilien – straffrei töten, Bonn 1988, S. 57f.
2 Sebastião Barbosa, »A Mão Armada do Latifundio« – Margarida, quantos ainda morrerão? Editora »A União«, João Pessoa 1984, S. 17ff, Übersetzung: Ellen Dobberahn
3 a.a.O., S. 10f.
4 Christel Voß-Goldstein, Margarida Maria Alves, Gewerkschaftsführerin, in: »Schritte ins Offene«, 17. Jahrgang, Heft 5, Zürich 1987, S. 22
5 Sebastião Barbosa, a.a.O., S. 158
6 ebda., S. 158
7 »De olho na vida e na bíblia« Nr. 3 »Margarida Maria Alves - Mártir do movimento sindical« (Heft zur Arbeit in kirchlichen Basisgemeinden) Olinda 1983, S. 2-4 – Übersetzung: Ellen Dobberahn
8 Sebastião Barbosa, a.a.O., S. 126f.,
9 amnesty international, a.a.O., S. 56
10 amnesty international, a.a.O., S. 37
11 amnesty international, a.a.O., S. 40
12 Arbeitsgrundlage der Brasilianischen Bischofskonferenz zur Kampagne der Brüderlichkeit 1986 »Land Gottes – Land der Brüder, deutsche Übersetzung hg. von Misereor, Aachen 1986, S. 23
13 José Marins, Teolide M. Trevisan, Carolee Chanona; Martirio: memoria perigosa na América Latina hoje, São Paulo 1984, S.9, nach: Michael Ranft, Die Intervention der katholischen Kirche in Agrarkonflikten in

Nordostbrasilien – eine neue Praxis sozialen Handelns der Kirche, Diplomarbeit Würzburg 1989
14 Horst Goldstein, »Zwischenruf« am 12. August 1988 in Radio Niedersachsen
15 Revista de Liturgia, S.26, Übersetzung: Ellen Dobberahn
16 Michael Ranft, a.a.O., S. 165
17 Christel Voß-Goldstein, a.a.O., S. 22
18 Revista de Liturgia, S. 26
19 »De olho na vida e na bíblia« Nr. 3, S. 12

Das gekreuzigte Volk

1 Fernando Bermudez, Kirche in den Katakomben – Zeugnisse des Martyriums in Guatemala – mit einem Hintergrundbericht von Horst Goldstein, Edition Exodus, Freiburg/Schweiz 1986, S. 76
2 hierzu: Guatemaltekische Kirche im Exil (Hg.), Aufstandsbekämpfung in Guatemala – Demokratisierung als Waffe der Militärs, Schmetterling Verlag, Stuttgart 1991
3 Christenverfolgung in Guatemala, EMW-Informationen Nr. 35, Hamburg 1982, S. 26f.
4 Johannes Meier, Selig, die hungern nach der Gerechtigkeit, Aus dem Leben der Kirche in Mittelamerika, Echter Verlag, Würzburg 1981, S. 31
5 Weltkirche, Heft 7, 15. Jahrgang 1995, S. 212f. – Einzelheiten in: Presente, Bulletin der Christlichen Initiative Romereo 4/95, Münster 1995, S. 22-24
6 nach: P. Ricardo Falla SJ, Völkermord in Guatemala – Das Massaker auf dem Landgut San Francisco vom 17. Juli 1982, hg. von amnesty international, Schweizer Sektion, Bern 1983, S. 3
7 Albert Sterr, Guatemala – Lautloser Aufstand im Land der Maya, ISP-Verlag, Köln 1994, S. 52
8 In einem Interview, das der Politologe Albert Sterr 1990 mit ihm führte, entwichtigte Ríos Montt die Angaben von Amnesty International und Amerikas über Menschenrechtsverletzungen während seiner Amtszeit als Propaganda dieser »kommunistischen Tarnorganisationen«. Über die Resultate seiner Regierungspolitik sagte er: »Ich habe die Schlacht gewonnen. Zwanzig Jahre Kommunismus wurden in 16 Monaten des Glaubens besiegt, mit einer Politik, die ›den Fischen das Wasser entzog‹. Ich habe ihnen die Unterstützung des Volkes weggenommen, und die Subversion ging zurück. Aber ich habe keine ›Politik der verbrannten Erde‹ durchgeführt.« Albert Kerr, a.a.O., S. 187. Friedrich Kassebeer in der Süddeutschen Zeitung vom 19. August 1994 in seinem Artikel »Efraín Ríos Montt – Führer der Ultrarechten in Guatemala« schrieb: »... der ehemalige

Militärdiktator Guatemalas ist das lauteste Sprachrohr der evangelisch-fundamentalistischen Verbo-Sekte in Mittelamerika. ... Jetzt hat er mit seiner neuen ultrarechten Partei, der Guatemaltekischen Republikanischen Front (FRG) auf Anhieb die Parlamentswahl gewonnen.«

9 vgl. hierzu Fernando Bermudez, S. 27ff., ferner Horst Goldstein, ebda., S. 100-108

10 P. Ricardo Falla SJ, Völkermord in Guatemala, S. 5f.

11 ebda., S. 5

12 ebda., S. 8

13 ebda., S. 36f.

14 ebda., S. 38-44

15 ebda., S. 20f.

16 Die Acción Católica – »Katholische Aktion« ist eine in den sechziger Jahren gegründete christliche Basisbewegung mit sozialreformerischen Zielsetzungen, die besonders unter den Indios im Hochland von Guatemala verbreitet war. vgl. Albert Sterr a.a.O. S. 46

17 Fernando Bermudez, S. 86f.

18 ebda., S. 62ff.

19 P. Ricardo Falla SJ, Völkermord in Guatemala, S. 11

20 Julia Esquivél, Paradies und Babylon – Guatemaltekische Visionen und Gebete, Jugenddienst-Verlag, Wuppertal 1985, S. 89

21 Jon Sobrino, Die zentrale Stellung des Reiches Gottes in der Theologie der Befreiung, in: Ignacio Ellacuría/Jon Sobrino (Hg.), Mysterium liberationis, Band I, Edition Exodus, Luzern 1995, S. 461ff., besonders S. 478ff.

Jesus von Nazaret – Urbild der Märtyrer des Reiches Gottes

1 Hierzu gibt es viele Einzeldarstellungen in Michel Clevenots monumentalem Werk: Geschichte des Christentums, Edition Exodus, bisher 9 Bände, Fribourg/Luzern ab 1987

2 Erik Peterson zeigt in seiner theologisch-exegetischen Studie »Zeuge der Wahrheit« (in: Theologische Traktate, Kösel Verlag, München 1950, S. 67-224), daß mit dem Offenbarwerden Jesu Christi zugleich auch der Antichrist offenbar wird. Deshalb erleiden Menschen das Martyrium. »Angesichts des Offenbarwerdens Jesu Christi muß auch die Sphäre des Politischen offenbar werden.« (S.195) Die Weisen aus dem Morgenland beten das Jesuskind an, und gleichzeitig befiehlt Herodes den Kindermord von Bethlehem. (S.203f.)

3 Das Heilsgeschehen ist ein Vorgang auf der Erde. Ignacio Ellacuría und Jon Sobrino nennen die im Zusammenhang damit sich ereignenden Konflikte in der Geschichte den Kampf zwischen »Reich Gottes« und »Anti-Reich« (»reino de Dios« und »antireino«); vgl. Jon Sobrino: »Die zentra-

le Stellung des Reiches Gottes in der Theologie der Befreiung«, in: Ignacio Ellacuría/Jon Sobrino (Hg.), Mysterium liberationis, Band I, Edition Exodus, Luzern 1995, S.461ff., besonders S. 478ff., Zum Wesen des »Anti-Reiches« gehört nach Ansicht der lateinamerikanische Befreiungstheologie eine Verehrung der »Götzen des Todes«, die bis heute Menschenopfer verlangen und erhalten.

4 vgl. dazu: Ludwig Kaufmann/Nikolaus Klein, Ökumene der Märtyrer, in: Edward Schillebeeckx (Hg.), Mystik und Politik, Theologie im Ringen um Geschichte und Gesellschaft, Festschrift für Johann Baptist Metz, Matthias-Grünewald-Verlag, Mainz 1988, S. 383ff.

5 Werner Kahl hat mich auf eine Stelle in Josephus, Antiquitates, XVIII, 23-24 aufmerksam gemacht, wo es über Judas den Galiläer heißt: »Seine Gruppe stimmt mit allen anderen Ansichten der Pharisäer überein, außer daß sie eine Leidenschaft für die Freiheit besitzen, die sie unbesiegbar macht. Denn sie sind davon überzeugt, daß Gott allein ihr Herr und Meister ist. Sie achten es für gering, wenn sie auf ungewöhnliche Art zu Tode gebracht werden, und sie lassen sich nicht dadurch erpressen, daß man sich an ihren Verwandten und Freunden rächt. Wenn sie nur nicht einen Menschen ihren Herrn und Meister nennen müssen.«

6 vgl. die Predigt Eberhard Bethges am 20. Juli 1994: Plötzensee – die kostbare Gabe, in: Evangelische Theologie 54. Jg. 1994, Heft 6, S. 485-490

ABBILDUNGSVERZEICHNIS

- Franz Jägerstätter 1939 (Archiv Erna Putz)
- Kaj Munk (Archiv Arne Munk)
- Dietrich Bonhoeffer 1944 (Christian Kaiser Verlag, Gütersloher Verlagshaus)
- Oscar Arnulfo Romero (Archiv P. G. Schoenborn)
- Margarida Maria Alves (Schritte ins Offene, Luzern, Heft 5/1987)
- Maya-Zeichnung – Guatemaltekische Kirche im Exil 1983